Die Förderung der Rule of Law durch außergerichtliche Streitbeilegung

Studien des Instituts für Ostrecht München

Begründet von Professor Dr. Reinhart Maurach
Herausgegeben von
Professor Dr. Friedrich-Christian Schroeder,
Dres. h. c., Regensburg

Band 82

PETER LANG

Tina de Vries (Hrsg.)

Die Förderung der Rule of Law durch außergerichtliche Streitbeilegung

Deutschland, Polen, Ukraine

PETER LANG

Bibliografische Information der Deutschen Nationalbibliothek
Die Deutsche Nationalbibliothek verzeichnet diese Publikation in der Deutschen Nationalbibliografie; detaillierte bibliografische Daten sind im Internet über http://dnb.d-nb.de abrufbar.

Auswärtiges Amt

DAAD Deutscher Akademischer Austauschdienst
German Academic Exchange Service

Gefördert vom DAAD aus Mitteln des Auswärtigen Amtes (AA).

Umschlaggestaltung:
© Olaf Gloeckler, Atelier Platen, Friedberg

Gedruckt auf alterungsbeständigem, säurefreiem Papier.
Druck und Bindung: CPI books GmbH, Leck

ISSN 0073-8492
ISBN 978-3-631-66077-5 (Print)
E-ISBN 978-3-653-05478-1 (E-PDF)
E-ISBN 978-3-653-70264-2 (EPUB)
E-ISBN 978-3-653-70265-9 (MOBI)
DOI 10.3726/ b14382

Peter Lang – Berlin · Bern · Bruxelles · New York ·
Oxford · Warszawa · Wien

Diese Publikation wurde begutachtet.
www.peterlang.com

Vorwort

Im Jahr 2014 wurde vom DAAD im Rahmen seines Förderungsprogramms: „Unterstützung der Demokratie in der Ukraine", aus Mitteln des Auswärtigen Amts das Projekt: Das Verhältnis zwischen alternativen Streitbeilegungsverfahren und der ordentlichen Gerichtsbarkeit: Neue Tendenzen in der Ukraine, Deutschland und Polen gefördert, dessen Ergebnisse in dem vorliegenden Band veröffentlicht werden.

Das Projekt bestand aus einer Tagung in München, die zusammen mit der DIS sowie dem Schiedsgericht bei der *Krajowa Izba Gospodarcza* (KIG) organisiert wurde und der Durchführung eines Workshops in Kiew. Auf der Tagung in München zum Thema: „ADR – ein Standortfaktor im globalen Wettbewerb, Deutschland, Polen, Ukraine im Fokus" vom 18.11.2014–19.11.2014 wurden die rechtliche Regelung der Schiedsgerichtsbarkeit und anderer ADR-Verfahren, insbesondere der Mediation, länderübergreifend verglichen und analysiert. Dabei wurde maßgeblich auch auf die Schiedspraxis Bezug genommen. Die Beiträge im vorliegenden Themenband bestehen zum Teil aus den überarbeiteten Vorträgen und Seminarbeiträgen des Projekts. Ziel des Bandes ist es jedoch auch darzustellen, dass funktionierende ADR-Verfahren der Rechtsstaatlichkeit zuträglich sind und somit einen Justizstandort stärken können. Die Frage des Verhältnisses von ADR-Verfahren zur „*Rule of Law*" wird heutzutage vielfältig diskutiert.[1] Es wird vorgebracht, dass die Privatisierung der Streitbeilegung problematisch ist, weil die Konkretisierung und damit auch die Erarbeitung von Recht, die in öffentlichen Verfahren erreicht wird, sowie veröffentlichte Gerichtsentscheidungen notwendig für den Schutz und die Steigerung von individuellen Rechten ist,[2] ein Argument, das besonders im Bereich des *Common Law* von Bedeutung ist. Es wird auch argumentiert, dass die Behandlung von Streitigkeiten als individuelle und nicht als öffentliche Angelegenheiten die öffentliche Verantwortlichkeit unterminieren würde, dass die wichtige erzieherische Funktion wegfallen würde oder dass sich sogar die Position der schwächeren Mitglieder der Gesellschaft

---

1 Vgl. *J.R. Sternlight*, Is Alternative Dispute Resolution Consistent with the rule of law? Lessons from abroad, 56 De Paul Law Review 569 (2006), zugänglich unter: http://ssrn.com/abstract=979787 (zuletzt: 10.11.2017). W. *F. Ebke, K.P. Berger*, Vorwort ZVglRWiss, 114, 2015, S. 385–386.

2 *J.R. Sternlight*, a.a.O., Fn. 1, S. 570.

weiter verschlechtern würde.[3] Die Schiedsgerichtsbarkeit ist in den letzten Jahren aufgrund der Diskussionen über Streitbeilegungsmechanismen in Freihandelsabkommen, z. B. Transatlantic Trade and Investment Partnership (TTIP), in die Kritik geraten.[4] Hier wird ebenfalls die Vertraulichkeit der Schiedsverfahren kritisiert, allerdings geht es in dieser Debatte auch um die Angst vor einer zu großen Liberalisierung der Märkte, einer Abnahme der Verbraucherschutzstandards, um die Vertraulichkeit der TTIP-Verhandlungsdokumente[5] u. a.[6] Insgesamt kann man diese Kritik dahin gehend zusammenfassen, dass behauptet wird, ADR-Verfahren verletzten den Rechtsstaat, bzw. die *Rule of Law*, oder stellten zumindest Herausforderungen hiertür dar.[7]

Auf der anderen Seite wird aber auch herausgestellt, dass ADR-Verfahren gerade zu einer Stärkung der *Rule of Law* beitragen. Seit Mitte der 1990er Jahre haben internationale Hilfsorganisationen ausländische Staaten dabei unterstützt, ADR-Verfahren zu implementieren, um ihr Rechtssystem zu modernisieren und auch explizit um die *Rule of Law* weiter zu entwickeln und zu stärken.[8] Auch das diesem Band zugrunde liegende DAAD-Projekt bezweckt – in Übereinstimmung mit den DAAD-Förderkriterien – die Förderung des Rechtsstaats in der Ukraine.

ADR-Verfahren können den Rechtsstaatsgedanken in verschiedener Weise fördern: Durch diese Verfahren kann ein größerer Zugang zur Justiz für ärmere Leute geschaffen werden, die Kosten und der Zeitaufwand für Streitbeilegung können verringert werden, ADR-Verfahren können eine Alternative zu korrupten oder parteilichen Gerichtssystemen sein, ausländische Investitionen können gefördert werden, ADR-Verfahren können Minderheiten besseren Zugang zur Justiz verschaffen, deren Interessen im formellen Rechtssystem nicht gewahrt werden, die Eigenverantwortlichkeit und der Zusammenhalt von Bürgern kann gestärkt werden und diese Zusammenarbeit der Bürger kann auch zu einem größeren Schutz ihrer Grundrechte beitragen.[9]

Dabei darf jedoch nicht verkannt werden, dass ADR-Verfahren und das Gerichtssystem aufeinander angewiesen sind. Es führt zu einem besseren Ver-

3 Ebd.

4 *F. Ebke, K.P. Berger,* a. a. O., Fn. 1 S. 385.

5 Mittlerweile wurden die Dokumente unautorisiert veröffentlicht, Text des Streitbeilegungskapitels, Stand Juni 2015: https://www.ttip-leaks.org/#docdoc15 (zuletzt: 10.11.2017).

6 *F. Ebke, K.P. Berger,* a. a. O., Fn. 1, S. 385.

7 CS.ST_R0_G14_B140R0_G14_B140_CS.END *J.R. Sternlight,* a. a. O., Fn. 1, S. 571.

8 Ebd.

9 Ebd. S. 576.

ständnis, wenn ADR- und Gerichtsverfahren nicht als Alternative zueinander verstanden werden, sondern als gegenseitige Ergänzung und dies im internationalen wie auch im nationalen Umfeld.[10]

Der Rechtsstaat ist sicher am besten verwirklicht, wenn es unabhängige und funktionierende Gerichte gibt und zudem damit verwobene ADR-Verfahren. Die Schiedsgerichtsbarkeit beispielsweise ist auf die Unterstützung der Gerichte angewiesen. Mediation kann als gerichtsinterne oder gerichtsnahe Mediation durchgeführt werden usw.

In dem Band wird diesen Fragen nachgegangen. Zunächst wird in dem Beitrag von *Prof. Herbert Küpper* der Rechtsstaat in seiner Entstehung und in seinem Verhältnis zur *Rule of Law* des *Common Law* dargestellt. Anschließend wird der Beitrag des Bayerischen Staatsministers der Justiz, *Prof. Winfried Bausback*, wiedergegeben, der für die Stärkung des Justizstandorts durch Verbesserung der Zusammenarbeit zwischen ordentlichen Gerichten und Schiedsgerichten bzw. anderen ADR-Verfahren plädiert. Für Deutschland stellt anschließend *Dr. Reinmar Wolff* die Anforderungen an die Justiz aus Sicht der Schiedsgerichtsbarkeit dar. Er kommt zu dem Ergebnis, dass diesen Anforderungen in Deutschland allgemein Rechnung getragen wird und der Justiz- bzw. Schiedsstandort Deutschland gut aufgestellt ist. An einigen Stellen gibt es jedoch noch Reform- und Verbesserungsbedarf, um diesen Faktor weiter zu stärken.

Prof. Jewhen Bersheda stellt die Grundlagen des Assoziierungsabkommens zwischen der EU und der Ukraine zur Implementierung von Schiedsgerichtsbarkeit und Mediation in der Ukraine vor.

In dem Teil zur Schiedsgerichtsbarkeit werden verschiedene Aspekte in Deutschland, Polen und der Ukraine behandelt. *Dr. Markian Malskyi* geht auf den aktuellen Stand und weitere Reformmöglichkeiten der Schiedsgerichtsbarkeit in der Ukraine aus der Sicht der Schiedspraxis ein.

Prof. Mykola Selivon und *Prof. Tetjana Sachartchenko* stellen in ihrem gemeinsamen Beitrag „die rechtliche Regelung der Schiedsgerichtsbarkeit in der Ukraine als effektives Mittel zur Beilegung von Außenhandelsstreitigkeiten“ die Entwicklung des ukrainischen Schiedsrechts dar. Für Polen beleuchtet der Beitrag von *Dr. Witold Jurcewicz* und *Dr. Cesary Wisniewski* zur Schiedsfähigkeit von Gesellschaftsstreitigkeiten diese besondere Problematik der Schiedsgerichtsbarkeit vor dem Hintergrund des polnischen Rechts.

10 Vgl. Ebd. S. 581.

Der Beitrag von *Prof. Sebastian Spinei* ergänzt die Ausführungen zur Schiedsgerichtsbarkeit durch die Darstellung der Neuregelung der Schiedsgerichtsbarkeit in Rumänien.

Ein weiterer Teil ist der Mediation gewidmet.

Zunächst wird ein ukrainisches Projekt zur Regelung der Mediation von *Prof. Kopylenko* und *Nina Petscherowa* vorgestellt. Die ukrainische Mediationspraxis wird von *Dr. Galyna Yeromenko* dargestellt. Anschließend beschreibt *Dr. Tatjana Kyselova* die Mediationsbewegung in der Ukraine, die zum Teil durch Spenden gefördert wird, sich mittlerweile aber auch selbstständig als „Grass Roots-Bewegung" etabliert hat. *Dr. Alla Sanchenko* untersucht die Regelungen des Europarats zur Mediation, die für die Ukraine eine weitere wichtige Rechtsgrundlage zur rechtlichen Regelung der Mediation sind.

Der Beitrag von *Prof. Dr. Andriy Girnyk* schildert aus psychologischer Sicht die Analyse von Konflikten. Er stellt verschiedene Konfliktebenen dar, wobei er nicht nur auf individuelle Konflikte eingeht, sondern auch politische Konflikte analysiert.

Regensburg, im November 2017
Tina de Vries,
Wiss. Referentin für Polen IOR München.

Inhaltsverzeichnis

I. Grundsatzfragen

Prof. Dr. Dr. h.c. Herbert Küpper*, Regensburg

Der Rechtsstaat in kulturgeschichtlicher Perspektive

I. Recht und Rechtskultur in Westeuropa

Der Rechtsstaat zeichnet sich dadurch aus, dass für alle sozial relevanten menschlichen Beziehungen das Recht das „Maß aller Dinge" ist. Damit unterscheidet sich der Rechtsstaat von anderen Systemen, die andere Normen oder Normquellen an die oberste Stelle der Regularien des menschlichen Verhaltens setzen, z. B. von einer Theokratie, wo das „Maß aller Dinge" der Wille der Götter – erkannt, authentisch interpretiert und durchgesetzt durch die Kaste ihrer irdischen Diener – ist, von einer Technokratie, deren „Maß aller Dinge" der jeweilige Stand der Wissenschaft – so, wie ihn die dazu berufenen Experten (Technokraten) interpretieren oder festlegen – ist, oder auch vom Sozialismus/Kommunismus leninistischer Prägung, wo das „Maß aller Dinge" ein pseudowissenschaftlich-objektiv verstandenes Klasseninteresse – erkannt, authentisch interpretiert und durchgesetzt durch die „Avantgarde der Proletarierklasse", die Partei – war, jedenfalls so lange, bis sich die historisch notwendige klassenfreie eschatologische Endgesellschaft durchgesetzt haben würde.

Der Rechtsstaat ist ein Produkt der westeuropäischen Rechtskultur. Mit Westeuropa ist in diesem Zusammenhang der römisch-lateinisch und ursprünglich katholisch, später auch protestantisch geprägte Westen des Kontinents gemeint, während die andere Hälfte – Osteuropa – ihre kulturelle Prägung durch das griechische Byzanz und die Orthodoxie, später stellenweise auch durch den Islam erhalten hat[1].

Diese westeuropäische Rechtskultur wurzelt ihrerseits im römischen Recht und der römischen Rechtskultur. Am römischen Recht fällt auf, dass es – für seine Zeit durchaus ungewöhnlich – ein rein profanes, auf jenseitige Legitimation verzichtendes Rechtsverständnis hervorgebracht hat. Auch wenn das „ius" zu

---

* *Geschäftsführer des Instituts für Ostrecht München, Regensburg.*

1 Zu diesen beiden Kulturregionen und zu den unterschiedlichen Rahmenbedingungen, die die Idee der Rechtsstaatlichkeit im lateinischen Westeuropa und im griechischen Osteuropa vorfindet, s. *Brunner, Georg*: Rechtskultur in Osteuropa: Das Problem der Kulturgrenzen, in: *Brunner, Georg* (Hrsg.): Politische und ökonomische Transformation in Osteuropa, 3. Aufl., Berlin 2000, S. 111–132.

Beginn noch die Attribute magisch-religiöser Herkunft hatte, so war die „LEX“ von Anfang an weltlich, da menschengemacht. Auch wenn dieses römische Recht durch das Mittelalter, das die Religion sehr in den Vordergrund rückte und keine andere Legitimation als eine als göttlich gedachte gelten ließ, der Nachwelt vermittelt wurde, konnte sein weltlich-rationaler Charakter mit der Reformation und der Aufklärung wieder in den Vordergrund treten. Neben der formalen Legitimation der Setzung durch das dazu kompetente Organ (der Monarch, in zunehmendem Maße das Parlament, im Fall von Gewohnheitsrecht auch das Volk oder die rechtsanwendenden Organe wie Gerichte) schöpfte und schöpft das Recht in der westeuropäischen Rechtskultur seine innere, materielle Legitimation daraus, dass es „gerecht“, „vernünftig“, „sachgerecht“ und „angemessen“ ist. Diese innere Legitimation des Rechts wird verwaltet durch einen eigenen Berufsstand, den des Juristen, der dank einer wissenschaftlichen Ausbildung v. a. der Eigengesetzlichkeit des Rechts und nicht externen Faktoren wie Moral, religiösem oder weltanschaulichem Dogma etc. verpflichtet ist.

II. Recht und Staat: die Schaffung des staatlichen Gewalt-, Rechtsetzungs- und Rechtsprechungsmonopols

Der moderne Staat geht auf den Absolutismus zurück, als die zentrale Staatsmacht den mittelalterlichen Gewaltenpluralismus beseitigte und ein Gewaltmonopol zu eigenen Händen schuf. Zuvor war die öffentliche Gewalt auf eine Vielzahl feudaler Träger zersplittert, von denen der Zentralstaat und seine Instanzen nur einer unter vielen waren. Hoheitsgewalt wurde z. B. durch die Stände, durch die Kirchen und ihre verschiedenen Institutionen, durch freie Städte, durch Zünfte und durch eine Vielzahl weiterer Korporationen ausgeübt. Alle diese feudalen Hoheitsträger konnten auch Recht erlassen, sodass die Landschaft der Rechtsquellen überaus dezentral und entsprechend unübersichtlich war. Auch im Bereich der Rechtsquellen war der Zentralstaat nur ein Emittent unter vielen; königliche Erlasse und Gesetze des Reichsparlaments mussten sich gegenüber zahlreichen anderen Rechtsquellen kirchlicher und weltlicher Natur behaupten. Gerade die königliche Rechtssetzung war vor der Schaffung des absolutistischen Zentralstaats weniger abstrakt-generell, sondern häufig abstrakt-individuell oder gar konkret-individuell („Privileg“).

Getragen von der Erfahrung existenzieller Unsicherheit durch die kontinuierlichen Fehden und Machtanmaßungen im Feudalismus, trat der Absolutismus an, dessen Gewaltenpluralismus zu beseitigen und ihn durch ein rational gedachtes Gewaltmonopol des Zentralstaates zu ersetzen, das die von der Gesellschaft gewünschte Sicherheit vor unkontrollierter (v. a. physischer) Gewalt sichern sollte.

Diese einheitliche Staatsgewalt verkörperte sich in den meisten Staaten im Monarchen: „L'État c'est moi". Im Gegenzug wurde der neue gewaltmonopolistische Staat ideologisch gebunden: Er schöpfte seine Legitimität und die Legitimität seiner Herrschaftsausübung aus seiner Bindung an die Vernunft und das gemeine Wohl - im zeitgenössischen Sprachgebrauch: an die „gute Policey"[2]. Der Staat und allem voran sein Repräsentant, der Monarch, hatten dafür zu sorgen, dass es dem Untertanen gut gehe und dass staatliche Aktivitäten das Wohl der Gesellschaft und des Einzelnen respektieren und mehren.

Nach dem Extrem des überaus dezentralen feudalen Gewaltenpluralismus fiel der absolutistische Staat in das andere Extrem und verwirklichte zunächst ein überaus zentralisiertes Gewaltmonopol bei den Institutionen des Zentralstaates, sodass fast überall sogar traditionsreiche Institutionen wie die lokale Selbstverwaltung oder die kirchliche Autonomie abgeschafft wurde. Auch die vielfältigen feudalen Rechtsquellen wurden abgeschafft und an ihre Stelle das vom Zentralstaat gesetzte Recht gesetzt. Dasselbe galt für die Rechtspflege. Die zahlreichen Gerichtsbarkeiten feudaler Hoheitsträger wurden verstaatlicht, und Recht wurde nur noch im Namen des Zentralstaates, meist des Monarchen, gesprochen. Nicht nur die politische Macht wurde beim Staat konzentriert, sondern auch das Recht: Der Staat wurde die einzige (oder jedenfalls die höchste) Quelle allen Rechts und sorgte im Wege einer staatlichen Gerichtsbarkeit auch für dessen Durchsetzung. Das ging zugleich mit einer Pflicht des Staates einher: Vom Staat wurde nunmehr im Sinne einer „guten Policey" erwartet, dass er ein vernünftiges Recht schuf und dieses auf vernünftige Weise durchsetzte. Wegen des staatlichen Gewalt-, Rechts- und Justizmonopols gab es allerdings im Absolutismus keine Möglichkeiten, einen schlechten Umgang des Staates mit seinen Befugnissen zu korrigieren, zumal der Zentralstaat noch als über dem Recht stehend gedacht wurde: Mit dem Recht band der Staat den Untertan, aber nicht sich selbst.

Auf die hieraus fließende Bevormundung von Gesellschaft und Individuum und auf die Missbräuche seitens der durchaus nicht immer nach den Erfordernissen einer „guten" Policey handelnden Staatsgewalt und ihrer Amtswalter reagierte die politische Kultur der Aufklärung mit einer Mäßigung der Staatsgewalt: Es entstand der sog. aufgeklärte Absolutismus, in dem sich der Monarch als „ersten Diener des Staates" begriff, und die Bindung des Staates an die Postulate der Vernunft und des gemeinen Wohls verstärkt wurden. Während der „reine" Ab-

2 Statt vieler s. *Iseli, Andrea*: Gute Policey – Öffentliche Ordnung in der Frühen Neuzeit, Stuttgart 2009; *Wüst, Wolfgang*: Die „gute" Policey im Reichskreis. Zur frühmodernen Normensetzung in den Kernregionen des Alten Reichs, 6 Bde., Berlin 2001–2013.

solutismus sich v. a. dort hielt, wo er früh entstanden war, z. B. in Frankreich und auf der iberischen Halbinsel, setzte sich der „aufgeklärte" Absolutismus v. a. dort durch, wo der Staat erst vergleichsweise spät die Macht der Stände, Kirchen und anderer feudaler Herrschaftsträger hatte brechen und ein Gewaltmonopol hatte erkämpfen können, d. h. v. a. in Mitteleuropa: in den deutschsprachigen Ländern und den Gebieten östlich davon.

Einen wieder anderen Weg gingen die britischen Inseln und Skandinavien, wo der Absolutismus ein mehr oder weniger kurzes Experiment blieb und dem Monarchen alsbald Parlamente, Ombudsleute und ähnliche Institutionen der politischen Partizipation und Kontrolle an die Seite gestellt wurden. Die historische Leistung des Absolutismus, die Schaffung eines staatlichen Gewaltmonopols und einer zentralen Staatsmacht, stellte man aber auch auf den britischen Inseln und im europäischen Norden nicht infrage.

III. Recht, Staat und Individuum: rule of law, légalité, Rechtsstaat

Der Absolutismus beruhte sowohl in seiner reinen als auch in seiner aufgeklärten Form auf der Entmündigung der Gesellschaft und des Einzelnen. Es wurde unterstellt, dass der Staat besser wisse als der Einzelne, was gut für diesen sei, weshalb der Staat den Einzelnen zur Not auch gegen dessen Willen „beglücken" dürfe. Neben diesem eher theoretischen Ungemach ging der Absolutismus mit einem praktischen, weitverbreiteten Missstand einher: der Willkür. Da sich die Staatsgewalt über alles andere stellte und sich jeder Kontrolle entzog, war Willkür derer, die die Staatsgewalt ausüben durften, an der Tagesordnung. Willkür wurde somit zur zentralen Erfahrung des Untertanen in einem absolutistischen Staat, wobei es höchstens einen graduellen Unterschied machte, ob diese Willkürerfahrung in einem reinen oder einem aufgeklärten absolutistischen Regime entstand.

Auf diese Willkürerfahrung reagierten die politischen Kulturen der einzelnen westeuropäischen Staaten mit ähnlichen, aber im Detail durchaus verschiedenen Mitteln. Die Grundidee ist gleich: die Bindung der Staatsgewalt und ihrer Ausübung an das Recht oder zumindest mit den Mitteln des Rechts. Aus der theoretischen Bindung des Staates an Vernunft und gemeines Wohl wurde eine praktische, mit Geltungsanspruch auftretende Bindung des Staates und seiner Akteure an geltendes Recht. In ihrer britischen Ausprägung entstand aus dieser Idee die rule of law, in Frankreich nahm sie die Form der légalité an, und im deutschen Sprachraum schließlich entstand aus ihr der Rechtsstaat.

Für alle drei Doktrinen stellt sich das Problem des „Grundparadoxon des Rechtsstaats": Der Staat wird an das Recht gebunden, das er selbst erlässt, d. h. der

Staat ist sowohl Quelle einer Rechtsvorschrift als auch ihr Unterworfener. Damit erlässt er selbst genau das Recht, das ihn und seine Machtausübung zähmen und Willkür ausschließen soll.

1. Rule of Law

Die englisch-britische rule of law entstand als rechtlich-politische Doktrin im 17. Jh. Sie konnte zwar aus älteren Traditionslinien schöpfen, erhielt aber ihre moderne Form in dem genannten Zeitraum in Auseinandersetzung mit dem englischen Absolutismus und der Glorious Revolution. Seit dem 17. Jh. galt die Freiheit des Einzelnen als Ausgangspunkt des common law. Normativen Niederschlag erhielt dieser Ausgangspunkt in der Petition of Right von 1628, im Habeas Corpus Act von 1679 und insbesondere in der Bill of Rights von 1689. Wirkungsmächtiger noch scheinen einige zentrale Präzedenzfälle zu den Rechten des Einzelnen, die die Staatsgewalt nicht willkürlich beeinträchtigen, verletzen oder gar aufheben kann[3], sowie die rechtstheoretischen Schriften v.a. von *William Blackstone*[4] und die Staatstheorie von *John Locke*[5].

Danach war seit dem 18. Jh. etablierter Rechtsgrundsatz im common law, dass der Einzelne alles tun darf, was das Recht nicht ausdrücklich verbietet, während die Staatsgewalt für ihr Tätigwerden eine ausdrückliche Gestattung durch das Gesetz oder das Gewohnheitsrecht bedurfte. In Freiheit und Eigentum des Einzelnen durften grundsätzlich nur die Gerichte oder aber die Exekutive mit rechtlicher Ermächtigung und unter der Kontrolle der Gerichte eingreifen. In der Praxis war

---

3 Erwähnenswert sind Dr. Bonham's Case (1610), entschieden von *Sir Edward Coke*, der ebenfalls entscheidenden Anteil an der Herausbildung der Freiheitsdoktrin des common law hatte, sowie Ashby v. White (1703), Entick v. Carrington (1765) und R. v. Knowles, ex parte Somerset (1772). Hierzu s. *Baker, J.H.*: An Introduction to English Legal History, 3. Aufl., London 1990, S. 530–543.

4 Besonders einflussreich war sein Großwerk „Commentaries on the Laws of England" (1765–1769): „Of great importance to the public is the preservation of this personal liberty; for if once it were left in the power of any the highest magistrate to imprison arbitrarily whomever he or his officers thought proper […] there would soon be an end of all other rights and immunities". Die Bezugnahme auf „arbitrarily" zeigt, dass der Auslöser dieser Freiheitsideologie des common law die erwähnte Willkürerfahrung unter dem englischen Absolutismus war.

5 Besonders erwähnenswert ist „Two Treatieses of Government" (1689): Aus diesem Buch zitierte *Lord Camden* fast wörtlich, um in Entick v. Carrington (1765) den Common-law-Grundsatz zu formulieren, dass der Einzelne alles darf, was ihm das Recht nicht verbietet, während der Staat nur dann tätig werden darf, wenn ihm das Gesetz oder das Gewohnheitsrecht die Tätigkeit ausdrücklich gestatten.

die Freiheit des Einzelnen lange Zeit die Freiheit des vermögenden Angehörigen der Ober- und der oberen Mittelschicht, und das Erfordernis einer Ermächtigungsgrundlage für staatliches Handeln wurde lange Zeit durch die sehr weiten royal prerogatives relativiert, die dem Staat in vieler Hinsicht ein Tätigwerden gestatteten und in ihrem Bereich jede gerichtliche Kontrolle ausschlossen. Erst im 20. Jh. begann die Reichweite der königlichen Prärogativen zu schmelzen, und erst 1977/83 wurde erstmals die Ausübung der Staatsgewalt unter einer royal prerogative gerichtlich überprüft[6].

Das genannte Grundparadoxon des Rechtsstaats stellt sich in der rule of law nicht in voller Schärfe. Das common law einschließlich der royal prerogatives ist in weitem Umfang Gewohnheitsrecht, d. h. Fall- oder Richterrecht. Unabhängig davon, wie man die Rechtsquelle „Richterrecht" bewertet, wird das durch Gerichte gesprochene Gewohnheitsrecht jedenfalls nicht von den politischen – und als Träger der zu zähmenden Staatsgewalt im Vordergrund stehenden – Gewalten Exekutive und Legislative erlassen. Insoweit die Trennung der Justiz von diesen beiden Gewalten gelingt, bewirkt bereits diese Gewaltentrennung eine partielle Auflösung des Paradoxons, denn die Regeln, die das Tätigwerden von Exekutive und Legislative ermöglichen, werden durch die davon unabhängige Staatsgewalt der Judikative formuliert und kontrolliert.

2. Légalité

Ähnlich wie die rule of law hat auch die légalité eine Revolution zum Ausgangspunkt. Sie ist ein Produkt der Französischen Revolution und damit letztlich auch eine Reaktion auf Missstände im vorrevolutionären spätabsolutistischen Frankreich. Während die britische rule of law in den Gerichten und dem von ihnen gemachten und verkündeten Recht die Garantie der Freiheit des Einzelnen sah, war die Lage in Frankreich genau umgekehrt. Die légalité setzt ihr Vertrauen nicht in die Gerichte, sondern in das Parlament, und ihr Hauptaugenmerk ist nicht so sehr die Freiheit des Einzelnen, sondern v. a. die Durchsetzung des Volkswillens,

6 Zunächst erkannte die Rechtsprechung in R. v. Criminal Injuries Compensation Board, ex parte Lain (1967), die gerichtliche Kontrolle nur über die Ausübung königlicher Prärogativrechte „mit justizartigem Charakter" an. Hiervon lösten sich der Laker Airways Case (Laker Airways Ltd. v. Department of Trade, 1977) und v. a. der Leitfall Council of Civil Service Unions v. Minister for the Civil Service (1983, der sog. GCHQ case), die die Justizfreiheit der Prärogativrechte als Grundsatz in Frage stellten und sie nur noch dort anerkannten, wo es aus der Natur der Sache folge, z. B. bei Fragen der auswärtigen Gewalt oder der nationalen Sicherheit.

der seit *Jean-Jacques Rousseau* hoch gehaltenen volonté générale[7], welcher seit der Revolution seine oberste Verkörperung und authentischen Ausdruck in der Volksvertretung und ihren Akten, den Gesetzen, findet. Der Volksvertretung und ihren Gesetzen wurde auch der Schutz des Einzelnen, seiner Freiheit und seiner Rechte vor Willkür anvertraut[8].

Da das Parlament die Volkssouveränität – und damit die Werte der Revolution – verkörpert, ist es die oberste Autorität im Staat. Zwar setzen die Grundrechtekataloge der Erklärungen der Menschen- und Bürgerrechte vom 3.9.1791 und vom 24.6.1793 sowie spätere Verfassungen auch der Gesetzgebung Grenzen und verlangen, dass auch der Gesetzgeber die garantierten Menschen- und Bürgerrechte beachte. Eine Rechtskontrolle hierüber sah das französische Recht lange nicht vor, d. h. die Kontrolle, ob Gesetze gegen Grundrechte verstoßen, oblag bis vor Kurzem nur dem Parlament selbst, dem somit die Wahrung der Freiheit des Einzelnen vor staatlicher Willkür anvertraut war. Die Selbstkontrolle des Parlaments ist notwendig eine politische. Anders als in Großbritannien misstraute man in Frankreich angesichts der Erfahrungen mit dem Richterstand vor der Französischen Revolution einer rechtlichen – d. h. gerichtlichen – Kontrolle[9]. Erst seit 2008 kann der Conseil Constitutionnel verkündete Gesetze im Rahmen der konkreten Normenkontrolle auf ihre Grundrechtskonformität hin überprüfen und ggf. aufheben[10].

Da das Parlament die Volkssouveränität verkörpert, bilden seine Willensakte, die Gesetze, die volonté générale. Hieraus ergibt sich logisch, dass alle Staatsorgane dieses

---

7 Zentral ist in diesem Zusammenhang sein Werk „Du contrat social ou principes du droit politique“ (1762).

8 So bereits die Erklärung der Menschen- und Bürgerrechte v. 3.9.1791 in ihrer Präambel und in Art. 2, 5, 6 sowie Titel I der Verfassung vom selben Tag. Dem folgte Art. 4 der Erklärung der Menschen- und Bürgerrechte der Verfassung v. 24.6.1793.

9 Die Geringschätzung gerichtlicher Kontroll- und Gestaltungsmacht geht auf vorrevolutionäre Traditionen zurück. So umschrieb bereits *Charles de Montesquieu* in seinem zentralen Wert „De l’esprit des lois“ (1748) die Funktion des Richters als „en quelque façon nulle“, weil er eben den Willen des Gesetzes blind nachzuvollziehen und nichts auszulegen habe.

10 Art. 61–1, Art. 62 Abs. 2 Verfassung v. 4.10.1958. Hingegen ist Art. 120 der niederländischen Verfassung v. 24.8.1815 i.d.F. v. 22.8.2008 bei der französischen Tradition geblieben und verbietet die richterliche Überprüfung von Gesetzen nach wie vor. Zu diesem niederländischen Standpunkt s. *Besselink, Leonhard*: § 6 Niederlande, in: *Bogdandy, Armin von/Cruz Villalón, Pedro/Huber, Peter* (Hrsg.): Handbuch Ius Publicum Europaeum Bd. I: Grundlagen und Grundzüge staatlichen Verfassungsrechts, Heidelberg 2007, Rn. 146–149; *de Meij, J.M.*: Inleiding tot het staatsrecht en het bestuursrecht, 6. Aufl., Groningen 1996, S. 235.

Recht einzuhalten haben. Dies kann auch rechtlich (gerichtlich) kontrolliert werden; lediglich die Einhaltung der übergeordneten Grundrechte durch das gesetzgebende Parlament war, wie erwähnt, lange Zeit einer rein politischen Kontrolle unterworfen. Aus der Volkssouveränität ergibt sich mithin, dass deren Repräsentant, das Parlament, für den gesamten Staatsapparat verbindliche Regeln aufstellen kann und der Staatsapparat diesen Regeln gehorchen muss: Das ist der Inbegriff der légalité[11]. Die légalité ist mithin nicht der Schutz des Bürgers vor dem Gesetz, sondern durch das Gesetz, weshalb die légalité streng genommen kein Begriff des Verfassungsrechts, sondern des Verwaltungsrechts und der Strafrechtspflege ist. Dass das Parlament als Hort der revolutionären Werte nicht gegen die Freiheit des Einzelnen verstoßen würde, ist eine politische – aber eben keine rechtlich kontrollierbare – Selbstverständlichkeit und zugleich Erwartungshaltung der politischen Kultur.

Das genannte rechtsstaatliche Paradoxon trifft auf die französische légalité zunächst in vollem Umfang zu: Der Staat ist die Quelle des Rechts, das zugleich die Ausübung seiner Hoheitsgewalt kanalisieren und kontrollieren soll. Das Dilemma wird dadurch scheinbar gelöst, dass man dem Staatsorgan, das das Recht erlässt, eine besondere politische Qualität zuschreibt und insofern politisch – aber eben nicht rechtlich oder gar rechtlich/gerichtlich kontrollierbar – von ihm erwartet, dass das von ihm gesetzte Recht seiner Kontrollaufgabe, die es zur Vermeidung der Willkür hat, gerecht werden wird.

3. Rechtsstaat

Während sich die rule of law und die légalité als Folge von Revolutionen herausbildeten und der Emanzipation der Gesellschaft und des Einzelnen von staatlicher Bevormundung verpflichtet war, war die Rechtsstaatsidee des deutschen Sprachraums dem Ursprung nach das genaue Gegenteil: Sie sollte eine als revolutionär gefürchtete Fortentwicklung der Gesellschaft und des Staates verhindern. Nach dem Sieg über den Napoleonismus 1818 ebenso wie nach der gescheiterten Revolution von 1848/49 kamen in Deutschland Kräfte der politischen Restauration an die Macht, die die Gesellschaft und den Einzelnen denselben Willkürerfahrungen aussetzten, wie sie vor der Französischen Revolution geherrscht hatten. Hierauf reagierte die deutsche Gesellschaft nach 1818 teils mit einem Rückzug aus dem Politischen (Biedermeier), teils mit Forderungen nach politischer Partizipation,

---

11 Den Zusammenhang zwischen Revolution, Menschenrechtserklärungen und Gesetzesbindung der Verwaltung analysiert *Mestre, Jean-Louis*: § 43 Frankreich, in: *Bogdandy, Armin von/Cassese, Sabino/Huber, Peter* (Hrsg.): Handbuch Ius Publicum Europaeum. Bd. III: Verwaltungsrecht in Europa: Grundlagen, Heidelberg 2010, Rn. 18–31.

letztlich nach Demokratie, wie sie in Frankreich oder Großbritannien bereits herrschte.

Um diesen Forderungen nach Ausbau von Partizipation und Demokratie entgegenzutreten, entwickelte sich die Idee des Rechtsstaats: Der Staat solle sich selbst mäßigen, indem er sich an das von ihm selbst gesetzte Recht hält, und Eingriffe in Freiheit und Eigentum des Einzelnen sollten nur noch zulässig sein, wenn und insoweit das Gesetz dies gestattet. Damit sollte der Bürger seine Freiheit und sein Eigentum frei von Willkür in Ruhe und mit dem Gefühl der Sicherheit genießen können – was ihn davon abhalten sollte, weiter gehende Forderungen nach politischer Mitbestimmung zu stellen.

Dieses Kalkül ging jedoch auf lange Sicht nicht auf: Dass das Recht – genauer gesagt: das Gesetz – den Umfang von Freiheit und Eigentum des Einzelnen bestimmten sollte, lenkte den Blick auf das Erlassorgan des Gesetzes: das Parlament. Das Bürgertum konnte nur dann seiner Freiheit und seines Eigentums sicher sein, wenn es selbst und nicht die alten politischen Kräfte bestimmen konnte, wo die rechtlichen Grenzen von Freiheit und Eigentum liegen, d. h. wenn es selbst im Parlament maßgeblich vertreten war. So entwickelte sich mit der Zeit aus einer „Beruhigungspille" für das Bürgertum ein weiteres Betätigungsfeld für emanzipatorische und demokratische Forderungen; spätestens seit dem 20. Jh. wird auch im deutschen Sprachraum der Zusammenhang zwischen Rechtsstaat und Demokratie nicht mehr geleugnet.

Die deutsche Rechtsstaatsidee wirkte auf Italien und auf die ostmitteleuropäischen Länder. Insbesondere in Ungarn wurde sie eifrig rezipiert; von 1902 bis 1938 bestand dort sogar eine juristische Fachzeitschrift mit dem Titel „Jogállam" (Rechtsstaat)[12].

Während der Rechtsstaat ursprünglich nur formal gesehen wurde und nicht mehr verlangte, als dass der Staat das von ihm gesetzte Recht auch selbst einhalte, war diese Position nach den Erfahrungen mit dem Nationalsozialismus unhaltbar geworden. Diese deutsche Diktatur hatte gezeigt, dass auch höchstes Unrecht die äußere Form korrekt gesetzten Rechts annehmen kann. Daher war der Rückgriff auf eine rein formale Position verschlossen, und der Rechtsstaat

---

12 *Brunner* (Fn. 11); *Küpper, Herbert*: Einführung in die Rechtsgeschichte Osteuropas, Studien des Instituts für Ostrecht München Bd. 54, Frankfurt/M. 2005, S. 312–314. Zur Ausstrahlung von rule of law, légalité und Rechtsstaat auf Osteuropa vor dem Ersten Weltkrieg s. die Beiträge in *Giaro, Tomasz* (Hrsg.): Modernisierung durch Transfer im 19. und frühen 20. Jahrhundert, Frankfurt/M. 2006, für die Zwischenkriegszeit s. die Beiträge in *Giaro, Tomasz* (Hrsg.): Modernisierung durch Transfer zwischen den Weltkriegen, Frankfurt/M. 2007.

musste sich mit dem Problem auseinandersetzen, dass im Rechtsstaat das Recht eine bestimmte Minimalqualität aufweisen muss, d. h. ein Minimum an materieller Gerechtigkeit verwirklichen muss[13]. Auch diese Fortentwicklung des bislang formalen Rechtsstaats zu einem materiellen Rechtsstaat wurde außerhalb von Deutschland rezipiert.

Das rechtsstaatliche Paradoxon trat in Deutschland in der nationalsozialistischen Diktatur voll zutage: Der Staat erließ formell korrekt Rechtssätze, die aber nicht zur Vermeidung, sondern zur Ermöglichung von Willkür dienten. Hierauf reagierte die deutsche Doktrin mit der genannten materiellen Rechtsstaatlichkeit, die nur solches Recht als rechtsstaatlich anerkennt, das ein Minimum von Gerechtigkeit verwirklicht, d. h. das nicht willkürlich ist.

4. Die zunehmende Konvergenz von rule of law, légalité und Rechtsstaat

Im 20. Jh. und verstärkt im Zuge der europäischen Einigung näherten sich die Konzepte der rule of law, der légalité und des Rechtsstaats einander an. Spätestens mit dem Sieg der Demokratie in Deutschland 1918 verlor der deutsche Rechtsstaat seinen antidemokratischen Impetus und konnte sein demokratisch-emanzipatorisches Potenzial entfalten. Mit der Zunahme des Gesetzesrechts in Großbritannien und der damit verbundenen Zurückdrängung von common law und royal prerogative sowie mit der Verankerung der Garantien von Freiheit und Eigentum in völkerrechtlichen Verträgen und förmlichen Gesetzen[14] musste dort die Frage nach der freiheitssichernden Wirkung des überkommenen Gewohnheitsrechts neu gestellt und beantwortet werden. Die légalité schließlich glich sich ab den 1960er Jahren, nicht zuletzt unter dem Eindruck eines stärker werdenden Gewichts der Gerichte gegenüber dem Politischen, immer mehr dem deutschen Konzept des Rechtsstaats an und machte in der französischsprachigen Fachliteratur auch terminologisch dem État de droit Platz, nicht zuletzt, weil der

---

13 Diese sog. Radbruchsche Formel wurde zuerst entwickelt von *Radbruch, Gustav*: Gesetzliches Unrecht und übergesetzliches Recht, Süddeutsche Juristen-Zeitung 1946, S. 105–108. In der Rechtsprechung des Bundesverfassungsgerichts tauchte das Gerechtigkeitspostulat als Element des Rechtsstaats erstmals in BVerfGE 7, 89 und 20, 323 auf. Zur Entwicklung erst des formellen und dann des materiellen Rechtsstaats in Deutschland s. *Schmidt-Aßmann, Eberhard*: § 24 Der Rechtsstaat, in: *Isensee, Josef/Kirchhof, Paul* (Hrsg.): Handbuch des Staatsrechts der Bundesrepublik Deutschland, Bd. I: Grundlagen von Staat und Verfassung, 2. Aufl. Heidelberg 1995, S. 987–1043 (992–999).

14 Britischer Beitritt zur Europäischen Menschenrechtskonvention 1950/1953; Human Rights Act v. 9.11.1998.

État de droit einen weiteren Begriffsraum hat als die vorwiegend verwaltungs- und strafrechtliche légalité und zudem begrifflich an die ausgefeilte deutsche Dogmatik des Rechtsstaats besser anschlussfähig ist.

Bei aller Konvergenz sind rule of law, légalité und Rechtsstaat nach wie vor unterscheidbare Phänomene mit teils gleichen, teils aber auch verschiedenen Schwerpunktsetzungen. So legt die rule of law – entsprechend ihrem Ursprung aus dem gerichtlichen Rechtsschutz – nach wie vor sehr viel Wert auf prozedurale Fairness und sieht ihr Ziel der Willkürfreiheit und des Rechtsschutzes im Wesentlichen als erfüllt an, wenn staatliche Eingriffe einem fairen Verfahren, durchgeführt und kontrolliert von wirklich unabhängigen Institutionen, ergangen sind[15]. Im US-amerikanischen Verfassungsrecht findet sich dies als due process[16] wieder. Hingegen hat sich der materielle Rechtsstaat im Nachkriegsdeutschland dahin gehend entwickelt, dass die Verhältnismäßigkeit allen Handels im Mittelpunkt rechtsstaatlicher Betrachtung und Kontrolle steht[17]. Und in Frankreich hat sich das Konzept von légalité und État de droit, gestützt auf die Doktrin von der Volkssouveränität, ein im Vergleich starkes, wenn auch schwindendes politisches Element bewahrt[18].

Diese Annäherung der Rechtsordnungen und der dahinter stehenden Konzepte beruht zum Teil auf den parallelen Entwicklungen der Gesellschaften seit 1945. Überall in Westeuropa entwickelte sich der Nachtwächterstaat des 19. Jh. zu einem Wohlfahrts- oder Sozialstaat. Der Staat betrieb nun verstärkt Wirtschaftslenkung und -kontrolle, verteilte einen Teil des Bruttosozialproduktes um und stellte zahlreiche Güter in Bildung, Gesundheit, sozialer Sicherheit, Infrastruktur und Daseinsvorsorge zur Verfügung. Das ging mit einem enormen Anwachsen der Staatstätigkeit v. a. in der Exekutive, d. h. der Eingriffs- und v. a. der Leistungsverwaltung einher. Zugleich wurde das Individuum von staatlichen Leistungen existenziell abhängig, weshalb die Perspektive der Freiheitssicherung und Willkürabwehr sich nicht länger auf den staatlichen Eingriff beschränken konnte, sondern sich um die

15 In vergleichender Perspektive *Loughlin, Martin*: § 4 Großbritannien, in *v. Bogdandy/Cruz Villalón/Huber*, IPE I (Fn. 20), Rn. 80–84.

16 5. Zusatzartikel zur Verfassung der Vereinigten Staaten v. 1791: „No person shall … be deprived of life, liberty, or property, without due process of law" (prozedurales Rechtsstaatsverständnis).

17 In vergleichender Perspektive *Dreier, Horst*: § 1 Deutschland, in *v. Bogdandy/Cruz Villalón/Huber*, IPE I (Fn. 20), Rn. 130–132. Hierzu s. auch *Sachs, Michael*: Grundgesetz. Kommentar, 4. Aufl. München 2007, Art. 20 Rn. 145–157.

18 In vergleichender Perspektive *Jouanjan, Olivier*: § 2 Frankreich, in *v. Bogdandy/Cruz Villalón/Huber*, IPE I (Fn. 20), Rn. 104–108.

staatliche Leistungserbringung erweitern musste. Rule of law, légalité und Rechtsstaat mussten parallele Problemlagen bewältigen und näherten sich daher einander an. Ein weiterer Faktor war und ist die einigende Wirkung der Mitgliedschaft in der Europäischen Union. In ihr rücken die Staaten und ihre Rechtsordnungen so eng zusammen, dass sie sich gegenseitig beeinflussen und befruchten. Zugleich entsteht ein Grundkonsens in vielen Dingen, so auch über den Schutz des Einzelnen und seiner Rechte vor Willkür und überbordendem Staat, und dieser Grundkonsens strahlt wiederum zurück auf die nationalen Konzepte, aus denen er entstanden ist.

Rule of law, légalité und Rechtsstaat meinen heute im europäischen Rechtsraum mehr oder weniger dasselbe; Unterschiede bestehen höchstens noch in einzelnen Akzenten[19]. Das zeigt sich auch am Sprachgebrauch des europäischen Primärrechts, das sich in Art. 2 EUV zur „Rechtsstaatlichkeit" bekennt: In einigen Sprachversionen wird dies mit „Rechtsstaat(lichkeit)"[20] bezeichnet, in anderen als „Herrschaft des Rechts".[21]

Aus ursprünglich ähnlichen, aber dennoch angesichts der verschiedenen nationalen Traditionen, historischen Erfahrungen und gewählten Lösungsansätze konzeptionell durchaus gut unterscheidbaren Konzepten wie rule of law, légalité und Rechtsstaat wurde v. a. seit der zweiten Hälfte des 20. Jh. ein Verschmelzungsprodukt, das die besten Ansätze aller Konzepte bewahrt und fortentwickelt und zugleich in allen politischen und Rechtskulturen in Europa – und darüber hinaus, wie die Transfer- und Rezeptionsgeschichte von rule of law und Rechtsstaat in der ganzen Welt zeigt – auf Akzeptanz rechnen kann, ohne die nationalen Traditionen und Begriffe zu beseitigen. In dieser gemeineuropäischen Rechtsstaatlichkeit mit ihren Wurzeln in der rule of law, in der légalité und im Rechtsstaat zeigt sich beeindruckend Europas „Einheit in Vielfalt".

---

19 *Cruz Villalón, Pedro*: § 13 Grundlagen und Grundzüge staatlichen Verfassungsrechts: Vergleich, in *v. Bogdandy/Cruz Villalón/Huber*, IPE I (Fn. 20), insbes. Rn. 73; *Heuschling, Luc*: § 54 Verwaltungsrecht und Verfassungsrecht, in *v. Bogdandy/Cassese/Huber*, IPE III (Fn. 21).

20 Bulgarisch: pravova dăržava; dänisch: retsstaten; deutsch: Rechtsstaatlichkeit; estnisch: õigusriik; finnisch: oikeusvaltio; französisch: État de droit; griechisch: krátos dikaíou; italienisch: Stato di diritto; lettisch: tiesiskuma; litauisch: teisinė valstybė; maltesisch: istat tad-dritt; niederländisch: rechtsstaat; polnisch: państwo prawne; portugiesisch: Estado de direito; rumänisch: statul de drept; schwedisch: rättsstaten; slowakisch: právny štát; slowenisch: pravna država; spanisch: Estado de Derecho; tschechisch: právní stát; ungarisch: jogállamiság.

21 Englisch: rule of law; Gälisch: smacht reachta; Kroatisch: vladavina prava (dieser Ausdruck findet sich auch in Art. 3 der kroatischen Verfassung v. 22.12.1990, zuletzt geändert durch Änderungsgesetz v. 1.12.2013).

Prof. Dr. Winfried Bausback*, München

Alternative Streitbeilegung als Standortfaktor im globalen Wettbewerb der Justiz- und Wirtschaftssysteme[1]

Zunächst einmal ein herzliches Dankeschön für Ihre freundliche Einladung.

Es freut mich sehr, dass ich heute vor einem so erlesenen internationalen und hochkarätig besetzten Auditorium sprechen kann.

Ich danke ganz herzlich den Veranstaltern und dem Deutschen Akademischen Austauschdienst, dass sie diese Veranstaltung hier in München ermöglicht haben.

Es spricht für den Anspruch und die Qualität dieser Konferenz, dass so viele hochrangige Vertreter und Experten hier in München zusammenkommen, um gemeinsam ihre Kenntnisse und Erfahrungen zu bündeln und die alternative Streitbeilegung weiter zu stärken.

Alternative Streitbeilegung als Standortfaktor?

Ein spannendes Thema. Heißt das weiter gedacht: weniger Staat?

Kann sich der Staat gar zurücklehnen und die Rechtsordnung und Gerichtsstrukturen vernachlässigen und auf kostengünstigere private Streitschlichtungsalternativen setzen?

Da erinnert sich vielleicht mancher an das Zitat des US-amerikanischen Wirtschaftswissenschaftlers *Milton Friedman*. Der hatte im Jahr 1962 seinen Bestseller „Kapitalismus und Freiheit" herausgebracht und darin die Minimierung der Rolle des Staates gefordert – mit dem Ziel, die politische und gesellschaftliche Freiheit zu fördern.

Gefragt nach seinem Rezept für eine funktionierende, wohlfahrtsproduzierende Staatlichkeit, hatte er dann konsequenterweise die Parole – ich zitiere: *„privatise, privatise, privatise"* – formuliert. Das wäre ja ein klares Votum für private alternative Streitbeilegung statt staatlicher Gerichtsverfahren.

---

* *Bayerischer Staatsminister der Justiz; Lehrstuhl für öffentliches Recht – insb. Europäisches und Internationales Wirtschaftsrecht, Schumpeter School of Business and Economics, Bergische Universität Wuppertal.*

1 Rede des Bayerischen Staatsministers der Justiz vom 18. November 2014 bei der Tagung des Instituts für Ostrecht. Die Form der Rede wurde für die Druckfassung beibehalten.

Dann sollte man aber beachten, dass Friedmann später eine beachtliche Kehrtwende vollzog: Im Jahr 2004 nahm er deutlich Abstand von seiner dreifach betonten Privatisierungsformel und vertrat das Gegenteil: Heute würde er einer anderen Losung den Vorzug geben – nämlich – ich zitiere wieder: ***„rule of law, rule of law, rule of law“***.

In beiden Feststellungen steckt viel Wahres. Sie sind – wie ich noch näher ausführen werde – auch kein Widerspruch, sondern gehören untrennbar zusammen. Eine funktionierende, effektive alternative Streitbeilegung ist ein genauso wichtiger Standortfaktor wie eine effiziente, kostengünstige und verlässliche staatliche Rechtsordnung mit schnellen, kompetenten und berechenbaren Gerichtsentscheidungen.

Beides sind zwei Seiten derselben Medaille. Beides sind wichtige und starke Säulen eines starken Wirtschaftsstandortes. Denn Unternehmer brauchen zwar einerseits keinen Staat, der sie bei jedem Handgriff mit Vorschriften und Genehmigungsanforderungen gängelt und ihrer Geschäftstätigkeit behindert. Unternehmer, die neue Ideen und Projekte haben, wollen sie schnell umsetzen – ehe es ein anderer tut – und dafür brauchen sie möglichst viel Freiheit und möglichst wenig Bürokratie und schon gar keinen Streit.

Sie brauchen also nicht nur eine gute Verkehrsinfrastruktur, gut ausgebildete Arbeitnehmer. Sie brauchen auch schnelle Gerichts- und Verwaltungsverfahren – gerade wenn es um Handelsregister- und Grundbucheintragungen oder Genehmigungen für Patente geht.

Andererseits brauchen sie aber auch Rechtssicherheit, wenn es Streit geben sollte. In einer globalen Wirtschaftsordnung sind die verlässlichen rechtlichen Rahmenbedingungen ein wichtiger Standortfaktor. Deutschland profitiert als starker Wirtschaftsstandort auch von seiner stabilen Rechtsordnung und seiner effektiven Justiz.

Denn verlässliche rechtliche Rahmenbedingungen und zügige schlanke Entscheidungsverfahren spielen für Investitionsentscheidungen und für den unternehmerischen Erfolg eine wichtige Rolle.

Unternehmerische Freiheit heißt auch Wettbewerb, Wettbewerb heißt Konkurrenz und Konkurrenz heißt auch Konflikte. Und für solche Streitfälle müssen effektive streitschlichtende bzw. streitentscheidende Institutionen zur Verfügung stehen.

Deutschland bietet mit seiner Rechtsordnung und seinen Gerichten im internationalen Wettbewerb hervorragende Rahmenbedingungen für die Wirtschaft.

Deutschland setzt seine Ressourcen im Justizwesen sehr effizient ein. In den meisten Fällen kommt es gar nicht erst zu einem Rechtsstreit, da bereits bei der

Vertragsgestaltung eine Rechtskontrolle vorgenommen wird. Deutsche Anwälte und Notare, die kompetent und vorsorgend beraten, tragen wesentlich zur Entlastung und damit zur Funktionsfähigkeit der Gerichte bei. Daher werden in Deutschland bezogen auf die Einwohnerzahl und das Bruttosozialprodukt europaweit die wenigsten Prozesse geführt.

Wenn es aber zum Prozess kommt, bieten deutsche Gerichte und besonders die bayerischen Gerichte – sehen Sie mir das kleine Selbstlob bitte nach – schnelle und kompetente Entscheidungen. Deutschlands Gerichte stehen im internationalen Vergleich bei der Verfahrensdauer hervorragend da und innerhalb Deutschlands haben die bayerischen Gerichte die Nase vorn.

Bei uns in Bayern dauert ein erstinstanzliches Zivilverfahren beim Amtsgericht durchschnittlich 3,9 Monate – das ist Platz 1 im deutschlandweiten Vergleich – und beim Landgericht rund 7 Monate – das ist Platz 2 in Deutschland.

Es gibt für uns aber keinen Grund sich auf Justizstandort diesen Lorbeeren auszuruhen. Angesichts der hohen Dynamik des modernen Wirtschaftslebens ist es ganz entscheidend, dass die Justiz stets am Puls der Zeit ist und sich als Dienstleister begreift, der einerseits für den Streitfall effektive rechtliche und gerichtliche Strukturen zur Verfügung stellt, der andererseits aber auch dafür offen ist und es unterstützt, dass es erst gar nicht zum Streit vor staatlichem Gericht kommt.

Dazu gehört, dass die Akteure auf dem Rechtsstandort sich als Partner begreifen und miteinander reden. Die Justiz muss einen ständigen intensiven Kontakt zu Unternehmern, Rechtsanwälten, Wirtschaftsverbänden und Universitäten stehen.

Wir müssen von unseren „Partnern" wissen, wo der Schuh drückt und was man wo noch besser machen kann und wo es im Interesse des Wirtschaftsstandortes besser ist, dem streitigen Gerichtsverfahren ein alternatives, streitschlichtendes Verfahren vorzuschalten. Ein intensiver vertrauensvoller Dialog ist hier wichtig. Hierfür haben wir in Bayern im Jahr 2010 eine neue Institution geschaffen: die Initiative „Rechts- und Justizstandort Bayern." Dort treffen sich regelmäßig hochrangige Vertreter der Justiz mit herausragenden Repräsentanten der Wirtschaftskammern und Verbände, mit Repräsentanten bayerischer Universitäten und den Interessenverbänden von Rechtsanwälten und Richtern, um gemeinsam konkrete Vorschläge zur Förderung des Rechtsstandortes Bayern zu erarbeiten und umzusetzen.

Seit 2010 gab es 10 mehrstündige Plenarsitzungen mit jeweils 40 bis 50 Personen. Die Initiative hat bereits erfolgreich zahlreiche Themen behandelt. Nennen möchte ich hier zum Thema der heutigen Veranstaltung vor allem die Evaluation des Rechts- und Justizstandorts, bei der Bürger, Wirtschaftsunternehmen und Rechtsanwälte umfassend nach ihrer Meinung zur bayerischen Justiz befragt wurden.

Thema war ferner die Einführung des elektronischen Rechtsverkehrs, die Verbesserung der Attraktivität der Justiz für die Wirtschaft und die außergerichtliche Konfliktlösung.

Zum Teil wurden auch Arbeitsgruppen eingerichtet, um bestimmten Themen noch vertiefter bearbeiten zu können als im Plenum – etwa zu den Themen Juristenausbildung, Internationalität, Corporate Identity, Steigerung der Attraktivität des Rechts- und Justizstandortes für die „Wirtschaft" und die Arbeitsgruppe Außergerichtliche Streitbeilegung.

Und ein „Kind" der Initiative Rechts- und Justizstandort Bayern ist mittelbar auch die Initiative heutige Veranstaltung zur alternativen Konfliktlösung.

Initiiert und gestaltet durch Herrn Rechtsanwalt Pörnbacher ist sie sicher auch als ein Ergebnis der von der Initiative gegründeten Arbeitsgruppe zur außergerichtlichen Streitbeilegung zu sehen. Ich hoffe, lieber Herr Pörnbacher, Sie als Leiter dieser Arbeitsgruppe stimmen mir darin zu. Ziele dieser Arbeitsgruppe sind die Information über alternative Streitbeilegungsformen und damit verbunden die Förderung dieser Mechanismen in Bayern.

Diesem Ziel dient auch die heutige Veranstaltung, lenkt sie doch unser Augenmerk auf die Bedeutung alternativer Konfliktlösungsverfahren für unseren Rechts- und Wirtschaftsstandort, auf die ich später noch genauer zu sprechen kommen werde.

Neben der Förderung alternativer gerichtlicher Streitbeilegungsformen ist es für unseren Verfahren Rechts- und Wirtschaftsstandort essentiell, die Effektivität der gerichtlichen Verfahren zu gewährleisten. Auch hier hat die Initiative Rechts- und Justizstandort Bayern zu einigen Verbesserungen beigetragen.

Die Evaluation des Rechts- und Justizstandorts Bayern, anschließende Gespräche mit der Wirtschaft sowie die Ergebnisse der durch die Initiative Rechts- und Justizstandort Bayern eingesetzten Arbeitsgruppe haben gezeigt, dass gerade in Streitigkeiten aus Bau- und Architektenverträgen die Effizienz und Dauer der Gerichtsverfahren oftmals von Bürgern, Rechtsanwälten und der Wirtschaft als Problem angesehen werden. Gerade in komplexen Verfahren, die die Einbeziehung von Sachverständigen erforderlich machen, besteht hier Unzufriedenheit.

Wir haben deshalb bereits ein mit Praktikern erarbeitetes Informationsblatt zu Auswahl, Führung und Anleitung von Sachverständigen an unsere Richterinnen und Richter ausgegeben und in unser Intranet eingestellt. Wir möchten aber auch die Spezialisierung unserer Richter selbst fördern. Die mangelnde Spezialisierung und fehlende Fachkunde der Richter wurde in vielen von uns befragten Gremien immer wieder als eine Hauptursache für die Unzufriedenheit mit der Bearbeitung von komplexen Zivilprozessen, die ein hohes Maß von Spezialwissen erfordern, genannt.

Der Koalitionsvertrag zwischen CDU/CSU und SPD, an dessen Erstellung ich gerade in diesem Bereich maßgeblich beteiligt war, sieht hier ebenfalls Handlungsbedarf. Um die Spezialisierung zu fördern, soll die Einrichtung von Spezialkammern und die Schaffung überregionaler Zuständigkeiten erleichtert werden. Auf diese Weise kann besondere Sachkompetenz generiert werden, die in bestimmten Spezialgebieten unabdingbar ist und nur durch eine häufige und längere Beschäftigung mit der jeweiligen Materie erworben werden kann. Besondere Kenntnisse und Erfahrungen können auf diese Weise gebündelt und besser nutzbar gemacht werden.

So werden die Gerichte in die Lage versetzt, spezialisierten Rechtsanwälten und Unternehmen auf Augenhöhe gegenüber zu treten.

Gerade bei komplexen Streitigkeiten ist eine gezielte Streitanalyse und Ablaufplanung des Gerichts zu Beginn des Prozesses von entscheidender Bedeutung für eine effiziente Führung des Verfahrens. Deshalb sind wir dabei, mit einer Gruppe erfahrener Richter Empfehlungen zu erarbeiten, die zu einer besseren Bewältigung von komplexen Prozessen führen sollen. Es geht mir dabei um eine Strukturierung und Straffung der Verfahren und der möglichen Vermeidung von Leerlaufzeiten.

Hier wollen wir uns den reichen Erfahrungsschatz von erfahrenen Praktikern zu Nutzen machen. Unsere Bemühungen, Gerichtsverfahren effizienter zu gestalten, will ich aber hier nur am Rande erwähnen. In diesem Kreis erscheint es mir wichtiger, auf unsere Ansätze zur Förderung der Angebote alternativer Konfliktlösungen hinzuweisen.

Ich sehe es als Aufgabe einer modernen Justiz, bei Rechtsstreitigkeiten nach gütlichen Lösungen zu suchen und an diesen mitzuwirken. Und Letzteres tun wir mit unseren bayerischen Güterichterinnen und Güterichtern. Bereits seit 2004 gibt es an bayerischen Gerichten Güterichterprojekte, die so erfolgreich waren, dass wir nunmehr flächendeckend an allen bayerischen Zivil- und Familiengerichten Güterichterverhandlungen anbieten. Unsere Güterichterinnen und Güterichter, die mit viel Engagement, persönlichem und zeitlichem Einsatz, Empathie und auch Kreativität helfen, Streitigkeiten unterschiedlichster Art einvernehmlich beizulegen, leben so ein Stück neue Streitkultur.

Und dass wir damit richtig liegen, zeigen die vielen Gespräche, die wir anlässlich der Evaluation des Justizstandorts Bayern geführt haben. Gerade auch die Wirtschaft wünscht sich eine Verbesserung und einen Ausbau der einvernehmlichen Streitbeilegung als Alternative zu oft langwierigen und sich über mehrere

Instanzen hinziehenden Prozessen. Mir liegt aber nicht nur die gerichtsinterne einvernehmliche Streitbeilegung am Herzen.

Daneben gilt es, als weitere Säule eines starken Wirtschaftsstandorts, die vor- und außergerichtliche Konfliktlösung zu stärken und weiter auszubauen.

Sie werden sich sicher fragen: Was hat die Justiz mit alternativer Konfliktlösung außerhalb gerichtlicher Verfahren zu tun? Wo es doch ureigene Aufgabe der staatlichen Gerichte ist, Recht zu sprechen und Prozesse zu entscheiden. Das ist natürlich richtig, aber eine moderne und bürgernahe Justiz kann mehr und will auch mehr.

Ich sehe meine Aufgabe als Justizminister darin, unseren rechtsuchenden Bürgerinnen und Bürgern – seien es Privatleute oder Wirtschaftsunternehmen – die Lösung ihres Konflikts anbieten zu können, die für sie am gewinnbringendsten ist und die den Rechtsfrieden nachhaltig und dauerhaft fördert.

Das bedeutet einerseits, dass wir unseren Bürgern und Unternehmen mit unseren Gerichten eine effiziente, qualitativ hochwertige und zügige Rechtsgewährung bieten müssen, für deren Aufrechterhaltung und Verbesserung wir uns auch in Zukunft einsetzen werden. Das bedeutet aber auch, dass wir als Justiz daneben die Angebote der außergerichtlichen und der gerichtsnahen alternativen Streitbeilegung fördern sollen. Ich sehe hier kein Konkurrenzverhältnis, bei dem jeder Beteiligte versucht, seine Position oder gar seinen Marktanteil zu erhalten oder zu stärken.

Deshalb möchte ich mich auch nicht an der leider gerade aktuellen Diskussion beteiligen, ob alternative Streitbeilegungsmöglichkeiten den Gerichten Konkurrenz machen und die gewinnbringendsten Fälle wegnehmen.

Ich sehe es als eine gemeinsame Aufgabe der staatlichen Gerichte und der Anbieter alternativer Methoden an, für jeden Konflikt das passende Verfahren anzubieten. Dies mag ein Schiedsverfahren oder ein anderes Verfahren der alternativen Konfliktlösung oder eben ein effizientes Gerichtsverfahren sein. Beide Säulen der Streitbeilegung haben ihre Berechtigung. Erst das aufeinander abgestimmte Nebeneinander von beiden Säulen macht unseren Standort attraktiv.

Ein schönes Beispiel für dieses koordinierte Nebeneinander ist das Projekt „Wirtschaftsmediation".

Dieses gemeinsame Projekt der Rechtsanwaltskammer München, der IHK für München und Oberbayern und des Landgerichts München I bietet den Parteien die Möglichkeit, eine gerichtsnahe Mediation während eines anhängigen Verfahrens durchzuführen, wobei mehr als 200 qualifizierte Mediatoren aus 70 verschiedenen Fachgebieten zur Auswahl stehen. Leider ist die Nachfrage hier noch nicht allzu groß. Deshalb ist ein weiterer Punkt ganz entscheidend: Die Rechtssuchenden müssen wissen, was die Justiz einerseits und die Anbieter alternativer Konfliktlösungen andererseits zu bieten haben. Information und Vernetzung sind also unerlässlich.

Diese Tagung heute und morgen ist ein gutes Beispiel dafür, richtet sich allerdings bereits an ausgewiesene Fachleute. Daneben sind mir Informationsveranstaltungen für Bürger und Unternehmen, aber auch für Angehörige der rechtsberatenden Berufe und der Justiz ein wichtiges Anliegen.

Gleich zu Beginn meiner Amtszeit im letzten Herbst konnte ich hier in München den Ersten Bayerischen Mediationstag eröffnen. Unter dem Motto Konfliktbehandlung nach Maß – für jeden Konflikt das passende Verfahren hat mein Ministerium zusammen mit weiteren Organisatoren diese Tagung veranstaltet. Sie hat einen umfassenden Überblick über das breite Spektrum der alternativen Konfliktlösung gegeben und war mit etwa 400 Teilnehmern sehr erfolgreich.

Wir werden deshalb im nächsten Frühjahr – genauer am 30. April 2015 – den 2. Bayerischen Mediationstag veranstalten. Diesmal unter dem Motto „Konflikte optimal managen – Herausforderung für Wirtschaft und Rechtspraxis". Auch hier steht wieder mein Grundgedanke im Mittelpunkt, dass es entscheidend ist, für jeden Konflikt das richtige Konfliktmanagement zu finden und anzuwenden. Als Anbieter von Konfliktlösungsverfahren – auch hier sehe ich die Justiz und die ADR-Stellen im gleichen Boot – müssen wir uns an den Bedürfnissen unserer Kunden orientieren. Die Bereitschaft dazu ist ein entscheidendes Kriterium, wenn es um die Bewertung von Standortfaktoren geht.

Lassen sie mich dies an zwei Beispielen veranschaulichen: Zum einen möchte ich kurz auf die Verbraucherstreitigkeiten eingehen und zum anderen auf Streitigkeiten zwischen Unternehmen. Hier liegen so unterschiedliche Ausgangsvoraussetzungen vor, die natürlich auch nach unterschiedlichen Lösungen verlangen.

Zu den Verbraucherstreitigkeiten: Die EU verlangt von den Mitgliedsstaaten, für vertragliche Streitigkeiten zwischen Verbrauchern und Unternehmen bis Juli nächsten Jahres die Möglichkeit einer umfassenden außergerichtlichen Streitbeilegung zu schaffen.

Wir haben damit jetzt die Chance, ein sinnvolles, sachgerechtes und bedarfsorientiertes Konzept der Verbraucherschlichtung zu entwickeln. Dies stellt eine gemeinsame Aufgabe der Wirtschaft, des Verbraucherschutzes und der Justiz dar. Mein Ziel ist es, das in vielen Bereichen bereits vorhandene und von der Wirtschaft getragene Schlichtungsangebot zu erhalten und zu nutzen.

In den Bereichen, in denen noch kein Schlichtungsangebot besteht, sollten von der Wirtschaft branchenspezifische und möglichst bundeseinheitliche Schlichtungsstellen geschaffen werden.

Für eine dann noch notwendige Auffangschlichtungsstelle bleibt so nur noch ein enger Anwendungsbereich.

So eine Ausgestaltung sehe ich als vorteilhaft sowohl für Verbraucherinnen und Verbrauchern als auch für Unternehmen an. Branchenspezifische Angebote, so zeigt die Erfahrung, schaffen durch ihre hohe Fachkompetenz Akzeptanz bei Unternehmen und Verbraucherinnen und Verbrauchern.

Unternehmen profitieren bei einer Teilnahme an Schlichtungsverfahren darüber hinaus: Hier darf ich nur die Schlagworte Imagepflege, Kundenzufriedenheit und Verbesserung des Qualitätsmanagements nennen. Das Angebot alternativer Konfliktlösungsmodelle macht hier also Sinn. Es darf allerdings nicht dazu führen, dass wichtige Grundsatzentscheidungen im Verbraucherschutzrecht dadurch verhindert werden. Hier muss sichergestellt werden, dass die Schlichtungsstellen zur Information und Empfehlung einer gerichtlichen Klärung in entsprechenden Fällen verpflichtet sind. Ebenso muss eine hohe Qualität der Schlichtung sichergestellt werden, damit die Vorteile einer außergerichtlichen Konfliktlösung nicht durch Angebote minderer Qualität in ihr Gegenteil verkehrt werden. Hier haben wir noch ein Stück Arbeit vor uns.

Ganz anders sehen die Bedürfnisse bei Streitigkeiten zwischen Unternehmen aus. Wichtige Erwartungen an die Konfliktlösungsmechanismen sind hier Schnelligkeit, Ressourcen- und Beziehungsschonung, Vertraulichkeit, aber auch Transparenz, Fachkompetenz, Vorhersehbarkeit und Flexibilität. Insoweit müssen wir die jeweiligen Konfliktlösungsmethoden auf den Prüfstand stellen. Sei es die private Schiedsgerichtsbarkeit oder Mediation, sei es das staatliche gerichtliche Verfahren. Das Bestreben aller, die sich mit Konfliktlösung beschäftigen, muss sein, die jeweiligen Verfahren an den Bedürfnissen der Konfliktparteien zu messen und – wenn Handlungsbedarf besteht – Verbesserungen voranzutreiben. Und hier bin ich auch durchaus offen, für weitere Verbesserungsvorschläge, die derzeit diskutiert werden.

Ich denke dabei an eine flexiblere Verfahrensgestaltung der Zivilprozesse, die sogar innerhalb des Rahmens der geltenden Zivilprozessordnung ohne weitere Gesetzesänderung möglich wäre. So kann zumindest über eine Einschränkung des Öffentlichkeitsgrundsatzes nachgedacht werden, die den Vertraulichkeitsinteressen der Parteien entgegen kommt. Oder über das Zulassen von Englisch in gewissen Grenzen als Gerichtssprache. Die Grenze zu einer Zweiklassenjustiz darf hier allerdings nicht überschritten werden.

Für die Konfliktparteien selbst ist aber noch ein anderer Aspekt viel wichtiger, nämlich die Frage: Welche Konfliktlösungsmethode ist für meinen spezifischen Konflikt am besten geeignet?

Hier sehe ich ein großes Potential, aber auch noch großen Handlungsbedarf sowohl für Gerichte als auch für die Anbieter alternativer Konfliktlösungsmodelle. Konfliktmanagement in dem Sinne, dass für den spezifischen Konflikt die passgenaue Konfliktlösungsmethode gefunden wird, stellt eine Herausforderung für alle an Konflikten und deren Lösung arbeitenden Beteiligten dar.

Und ich denke, ein so verstandenes und vorhandenes Konfliktmanagement kann sich durchaus als positiver Standortfaktor im globalen Wettbewerb der Rechts- und Wirtschaftsstandorte etablieren.

Ich bin daher fest davon überzeugt, dass alternative Streitbeilegung und staatliche Rechtsprechung zusammengehören und beide einen festen Platz in einem starken Rechtsstaat haben müssen. Beide sind damit auch Garanten und Markenkern eines attraktiven Wirtschaftsstandortes.

Die Experten-Konferenz ist eine hervorragende Plattform, um die Möglichkeiten und Vorzüge der alternativen Streitbeilegung herauszuarbeiten und darüber hinaus auch ganz konkrete Verbesserungsmöglichkeiten aufzuzeigen und Lösungsstrategien auszutauschen. Vor diesem Hintergrund wünsche ich Ihnen eine interessante und produktive Konferenz, bei der alle Teilnehmer wichtige Erkenntnisse für ihren engagierten Einsatz zur Stärkung der alternativen Streitbeilegung gewinnen können!

II. Schiedsgerichtsbarkeit

Dr. Reinmar Wolff, Marburg*

Anforderungen an die Justiz aus Sicht der Schiedsgerichtsbarkeit

I. Justiz als zentraler Standortfaktor

Was erwartet die Schiedsgerichtsbarkeit von der Justiz? Nur auf den ersten Blick hat diese Frage etwas Belangloses. Tatsächlich geht ihre Bedeutung weit über das bloße Formulieren politischer Wünsche hinaus. Denn Deutschland befindet sich im Wettbewerb mit anderen Standorten um die Austragung internationaler Schiedsverfahren. Mehr als in anderen Rechtsbereichen ist es den Teilnehmern am internationalen Wirtschaftsverkehr ein Leichtes, Schiedsverfahren genau dort auszutragen, wo die Rahmenbedingungen als optimal empfunden werden. Für den Staat ist Attraktivität für ausländische Schiedsverfahren kein Selbstzweck, sondern hat mit Blick auf die beteiligten hochqualifizierten Akteure durchaus volkswirtschaftliche Bedeutung.[1] Darüber hinaus stärkt die Austragung internationaler Schiedsverfahren den Rechtsstandort Deutschland insgesamt.

Für die Attraktivität eines Standorts im Wettbewerb um internationale Schiedsverfahren spielen viele Faktoren eine Rolle, darunter die allgemeine Sicherheit, die Verkehrsanbindung, die Verfügbarkeit geeigneter Infrastruktur einschließlich Tagungsräumen und unterstützender Dienste wie die der court reporter oder Übersetzer. Eine besondere Rolle aber spielt die Justiz. Denn wichtiger als physische Infrastruktur ist für internationale Schiedsverfahren ein ebenso verlässlicher wie schiedsfreundlicher Rechtsrahmen und für diesen spielen die Gerichte eine zentrale Rolle. Die Justiz erweist sich damit, gemeinsam mit dem von ihr zur Anwendung gebrachten Recht, als zentraler Standortfaktor.[2]

---

* Der Autor ist Rechtsanwalt und Habilitand an der Philipps-Universität Marburg. Der Beitrag geht auf einen Vortrag zurück, den der Autor auf der Tagung „Alternative Dispute Resolution – A Location Factor in Global Competition" am 18.11.2014 in München gehalten hat. Das Manuskript befindet sich auf dem Stand vom 02.11.2016; anlässlich der Drucklegung konnten lediglich die Onlinequellen aktualisiert werden.

1 S. *Illmer*, ZRP 2011, 170; *Wilske/Fox*, Austrian Yearbook on International Arbitration 2009, S. 383, 385 ff., jeweils m. w. N.

2 S. dazu auch die UNCITRAL Notes on Organizing Arbitral Proceedings (2016), Tz. 29: „Among the more prominent legal factors are: (i) The suitability of the arbitration law at

II. Anforderungen innerhalb des geltenden Rechtsrahmens

Bei den Anforderungen der Schiedsgerichtsbarkeit an die Justiz ist zu unterscheiden zwischen solchen Anforderungen, die eine Rechtsänderung voraussetzen (dazu unten III), und dem, was die Gerichte bereits nach geltendem Recht leisten können, und zwar sowohl hinsichtlich des Verfahrens (unten 1) als auch des Inhalts der Entscheidungen (unten 2).

1. Anforderungen an die Gestaltung des Verfahrens

Schiedsverfahrensbezogene Gerichtsverfahren müssen im Wesentlichen den allgemeinen Erwartungen an die Ziviljustiz genügen, die die deutsche Ziviljustiz allerdings bereits sehr weitgehend erfüllt (unten a). Besondere Anforderungen an die Verfahrensgestaltung gibt es kaum; im Wesentlichen ist hier der Umgang mit fremdsprachigen Dokumenten zu nennen (unten b).

a) Allgemeine Anforderungen

Da der Rechtsstaat seinen Bürgern die Rechtsdurchsetzung auf eigene Faust untersagt und sie auf das staatliche Gewaltmonopol verweist, muss er ihnen im Gegenzug auch eine funktionierende Gerichtsbarkeit zur Durchsetzung ihrer Rechte zur Verfügung stellen. Die Zivilgerichtsbarkeit muss Zugang zum Recht zu einem angemessenen Preis und in angemessener Geschwindigkeit gewährleisten, sie muss neutral sein, also in ihrer Entscheidung frei von Diskriminierung, Korruption und Einflussnahme durch Regierung und Verwaltung, und ihre Entscheidungen müssen effektiv vollstreckt werden.[3]

Die deutsche Ziviljustiz schneidet in dieser Hinsicht im internationalen Vergleich sehr gut ab; der Rule of Law Index des World Justice Project sieht

---

the place of arbitration; (ii) The law, jurisprudence and practices at the place of arbitration regarding (a) court intervention in the course of arbitral proceedings, (b) the scope of judicial review or of grounds for setting aside an award, and (c) any qualification requirements with respect to arbitrators and counsel representation" (abrufbar unter <http://www.uncitral.org/uncitral/en/uncitral_texts/arbitration/2016Notes_proceedings.html>, zuletzt abgerufen am 26.04.2018) und die 2010 International Arbitration Survey: Choices in International Arbitration, S. 17: „The most important factor is the ‚formal legal infrastructure' at the seat (62 %), which includes the national arbitration law and also the track record in enforcing agreements to arbitrate and arbitral awards in that jurisdiction and its neutrality and impartiality." (abrufbar unter <http://www.arbitration.qmul.ac.uk/research/2010/index.html>, zuletzt abgerufen am 26.04.2018).

3 Zu diesen Faktoren WJP Rule of Law Index 2016, S. 32, abrufbar unter <http://worldjusticeproject.org/rule-of-law-index> (zuletzt abgerufen am 26.04.2018).

Deutschland weltweit auf Rang 2 von 113 untersuchten Ländern.[4] Die deutschen Gerichtsgebühren sind gerade im internationalen Vergleich moderat.[5]

Die Dauer aller Verfahren vor deutschen Gerichten bewegt sich im europäischen Mittelfeld[6] und gibt damit – von Einzelfällen abgesehen – zwar keinen Anlass zur Sorge, verschafft Deutschland gegenüber seinen Nachbarstaaten aber auch nicht eben einen Standortvorteil.[7] So dauert ein Verfahren über die Aufhebung eines Schiedsspruchs vor dem schweizerischen Bundesgericht rund sechs Monate,[8] was der österreichische Oberste Gerichtshof mit einer durchschnittlichen Verfahrensdauer von vier Monaten (über alle Verfahren)[9] nochmals unterbietet. Für den Bundesgerichtshof fehlen statistische Angaben zur durchschnittlichen Verfahrensdauer (auch detailliertere Statistiken wären ein Wunsch an die Justiz); die veröffentlichten Entscheidungen auf Rechtsbeschwerden nach § 1062 Abs. 1 Nr. 4, § 1065 ZPO ergingen im Durchschnitt knapp zwölf Monate nach Eingang.[10] Eine bessere personelle Ausstattung der deutschen Gerichte mag zu schnelleren Verfahren beitragen und so die Attraktivität des Rechtsstandorts Deutschland weiter erhöhen.

b) Übersetzungen

Die Gerichtssprache ist durch § 184 GVG bindend vorgegeben. Das geltende Recht stellt es den Gerichten allerdings frei, fremdsprachige Urkunden ohne Überset-

---

4 WJP Rule of Law Index 2016 (o. Fn. 3), S. 32, 77.

5 Sogar im Vergleich zu den unmittelbaren Nachbarn; so wird etwa in Österreich für die Aufhebungsklage gegen einen Schiedsspruch eine Gerichtsgebühr in Höhe von 5 % des Streitwerts des Schiedsspruchs fällig, und zwar ohne Deckelung, mindestens aber 5.000 EUR (*Oberhammer/Koller,* ZZPInt 17 (2012), 75, 86).

6 The 2016 EU Justice Scoreboard, Quantitative Data, April 2016, S. 7 (Fig. 5), abrufbar unter <https://ec.europa.eu/info/strategy/justice-and-fundamental-rights/effective-justice/eu-justice-scoreboard_en> (zuletzt abgerufen am 26.04.2018); dazu *Baldus u. a.,* GPR 2016, 108 ff.

7 Zur Verfahrensdauer als Hauptkritikpunkt am deutschen Justizsystem *Poseck,* DRiZ 2015, 303 und Liber Amicorum Landau, 2016, S. 561, 571 f.

8 *Dasser/Wójtowicz,* ASA Bulletin 2016, 280, 286 f.

9 OGH, Tätigkeitsbericht 2015, S. 11, abrufbar unter <http://ogh.gv.at/de/taetigkeitsberichte> (zuletzt abgerufen am 26.04.2018).

10 Zahlengrundlage sind die von 2006 bis 2015 vom Bundesgerichtshof gefällten und auf <www.bundesgerichtshof.de> veröffentlichten Entscheidungen. Zwischen dem angegriffenen Beschluss des OLG und dem Beschluss des BGH lagen im Schnitt 12,9 Monate. Davon ist die Zeit zwischen Erlass des OLG-Beschlusses und Einlegen der Rechtsbeschwerde abzuziehen, was sich der Monatsfrist des § 575 Abs. 1 S. 1 ZPO regelmäßig zumindest annähern wird.

zung zu akzeptieren oder sich aber Übersetzungen durch einen ermächtigten oder öffentlich bestellten Übersetzer vorlegen zu lassen (§ 142 Abs. 3 ZPO). Das gilt insbesondere auch für Schiedssprüche, deren Aufhebung oder Vollstreckbarerklärung beantragt wird, und bei denen es sich nicht selten um längere englischsprachige Dokumente handelt.

Manche Oberlandesgerichte ordnen in solchen Fällen stets die Vorlage einer beglaubigten Übersetzung an. Andere trauen ihrem Leseverständnis jedenfalls insoweit, als – was häufig der Fall ist – nicht das genaue Verständnis einzelner Textpassagen maßgeblich ist. Diese Handhabung liegt im Interesse der Schiedsgerichtsbarkeit, da sie zeit- und kostenaufwendige Übersetzungen vermeidet, denen letztlich doch kein Nutzen zukommt.[11]

2. Anforderungen an die Entscheidung

Stärker als die Verfahrensgestaltung steht meist der Inhalt gerichtlicher Entscheidungen in Schiedssachen im Zentrum der Aufmerksamkeit.

a) Vorhersehbarkeit, Widerspruchsfreiheit und Vertrautheit mit Schiedssachen

Die Schiedsgerichtsbarkeit hat ein Interesse an qualitativ guten Entscheidungen der staatlichen Gerichte, die in weitem Umfang vorhersehbar sind und von Richtern gefällt werden, die mit der Schiedsgerichtsbarkeit vertraut sind. Gerade wegen ihrer insgesamt geringen Zahl kommt den Schiedssachen zugute, dass § 1062 ZPO für fast alle Verfahren nach dem zehnten Buch der Zivilprozessordnung die Zuständigkeit des Oberlandesgerichts begründet. In erheblichem Umfang hat zur Hebung der Entscheidungsqualität in Schiedssachen außerdem beigetragen, dass inzwischen die Geschäftsverteilungspläne der meisten Oberlandesgerichte die Zuständigkeiten für Schiedssachen bei einem Senat konzentrieren.[12] Bei der zuvor üblichen Verteilung nach Eingang war ein Richter im Laufe seiner Tätigkeit am Oberlandesgericht bestenfalls mit einigen wenigen Schiedssachen befasst. Eine ausgeprägte Kompetenz in Schiedssachen, wie sie heute die Schiedssenate großer Oberlandesgerichte erworben haben, ließ sich mit derart geringen Fallzahlen nicht aufbauen. Daher sollten alle Oberlandesgerichte die Sonderzuständigkeit eines Senats für Schiedssachen schaffen.

Aus demselben Grund wäre wünschenswert, dass die Länder von den Konzentrationsermächtigungen des § 1062 Abs. 5 ZPO nicht nur zögerlich Gebrauch

---

11 Zu diesem Gesichtspunkt in anderem Zusammenhang UNCITRAL Notes on Organizing Arbitral Proceedings (o. Fn. 2), Tz. 21.

12 Übersicht bei *Kraft*, SchiedsVZ 2008, 144.

machen.[13] Gegenwärtig haben allein Bayern und Rheinland-Pfalz eine Konzentration auf eines ihrer Oberlandesgerichte verordnet (§ 1062 Abs. 5 S. 1 ZPO); von der Möglichkeit der länderübergreifenden Zuständigkeitskonzentration nach § 1062 Abs. 5 S. 2 ZPO wurde bislang noch kein Gebrauch gemacht. Welches Potential durch weitere Konzentration zu heben ist, zeigt ein Vergleich der Fallzahlen: In den zehn Jahren von 2006 bis 2015 war das OLG München, das auch für die OLG-Bezirke Bamberg und Nürnberg zuständig ist, mit 542 Schiedssachen nach § 1062 Abs. 1 ZPO befasst (davon 362 Überprüfungen von Schiedssprüchen nach § 1062 Abs. 1 Nr. 4 ZPO, nach dem Aktenzeichen sog. Sch-Sachen), das OLG Frankfurt, das nur für seinen eigenen Bezirk zuständig ist, mit 405 Schiedssachen (davon 306 Sch-Sachen) und das OLG Hamburg mit 362 Schiedssachen (davon 278 Sch-Sachen). Das untere Ende der Fallzahlenliste bilden das OLG Brandenburg mit 34 Schiedssachen (davon 21 Sch-Sachen), das OLG Bremen mit 32 Schiedssachen (davon 20 Sch-Sachen) und das OLG Saarbrücken mit 15 Schiedssachen (davon 14 Sch-Sachen) in zehn Jahren.[14] Die Schiedssachen auf wenige Oberlandesgerichte bundesweit zu konzentrieren würde angesichts derart unterschiedlicher Fallzahlen die Vertrautheit der Gerichte mit Schiedssachen insgesamt noch einmal deutlich steigern.

b) *Schiedsfreundlichkeit*

Eine vorhersehbare und stimmige Spruchpraxis ist das eine – um Standortfaktor im positiven Sinn sein zu können, muss sie zudem schiedsfreundlich sein. Der Begriff der Schiedsfreundlichkeit ist schwer zu fassen. Am ehesten wird es um das Grundverständnis gehen, dass – in den Worten des Reformgesetzgebers 1998 – „die Schiedsgerichtsbarkeit einen der staatlichen Gerichtsbarkeit grundsätzlich gleichwertigen Rechtsschutz bietet",[15] und um die daraus zu ziehenden

---

13 S. auch Legal Instruments and Practice of Arbitration in the EU – Study, 2014, S. 102 (abrufbar unter <http://www.europarl.europa.eu/studies>, zuletzt abgerufen am 26.04.2018). Die Studie vermutet als Grund für die als geringfügig unterdurchschnittlich wahrgenommene Schiedsfreundlichkeit deutscher Gerichte (bei gleichzeitig als überdurchschnittlich schiedsfreundlich wahrgenommenem Schiedsverfahrensrecht) die „diversity amongst German courts regarding their levels of exposure to arbitration". Allgemein zur Notwendigkeit einer (auch länderübergreifenden) Spezialisierung *Poseck*, DRiZ 2015, 303 und Liber Amicorum Landau, 2016, S. 561, 573.

14 Zahlengrundlage: Statistisches Bundesamt, Fachserie 10 (Rechtspflege), Reihe 2.1 (Zivilgerichte), abrufbar unter <https://www.destatis.de/GPStatistik/receive/DESerie_serie_00000101> (zuletzt abgerufen am 26.04.2018).

15 Begr. RegE, BT-Drucks. 13/5274, S. 34, ähnlich S. 46, 66.

Folgerungen. Ein Beispiel für Schiedsunfreundlichkeit dagegen vermittelt das Bild der Investitionsschiedsgerichtsbarkeit, wie es die öffentliche Diskussion der letzten Jahre zeichnet: eine Hinterzimmerjustiz, die im Verborgenen unter sich ausmacht, was eigentlich vor die öffentlichen Gerichte gehört.

Schiedsfreundlich ist die Justiz beispielsweise, wenn sie Institute wie Schiedsfähigkeit und ordre public nicht dazu verwendet, die Schiedsgerichtsbarkeit an die kurze Leine zu nehmen, wenn sie bei Ersatzbestellungen nicht nur aus dem Kreis der Vorsitzenden Richter am jeweiligen Oberlandesgericht schöpft, sondern bestenfalls auch perspektivisch einen Pool möglicher Schiedsrichter aufbaut, oder wenn sie gerichtliche Unterstützung schnell und unkompliziert gewährt[16].

Gewiss mag man bei der einen oder anderen Entscheidung der Oberlandesgerichte oder des Bundesgerichtshofs darüber streiten, ob sie in diesem Sinne schiedsfreundlich ist. Insgesamt sind die meisten mit Schiedssachen befassten Gerichte der Schiedsgerichtsbarkeit gegenüber aber wohlwollend eingestellt.[17]

Innerhalb des geltenden Rechtsrahmens bleiben daher insgesamt nur verhältnismäßig geringe Wünsche an die Justiz offen.

III. Anforderungen, die eine Änderung des Rechtsrahmens voraussetzen

Umso mehr stellt sich die Frage, ob ein Handeln des Gesetzgebers dazu beitragen kann, Deutschland als Austragungsort internationaler Schiedsverfahren attraktiver zu machen. Bevor es um einzelne Regelungen geht, deren Änderung im Raume steht, ist zunächst ein Blick auf den Maßstab zu werfen, an dem Änderungsvorschläge zu messen sind. Messen lassen müssen sich Gesetzesänderungen vor allem an ihren Regelungszielen.

1. Regelungsziele einer Gesetzesänderung

Dabei kommen ganz unterschiedliche Regelungsziele in Betracht.

a) Interessengerechtere Regelung und bessere Regelungstechnik

Die ersten beiden Ziele gelten für jede Art der Änderungsgesetzgebung: Gesetzesänderungen sind umso eher geboten, je größer der damit verbundene Gewinn an „guten", also interessengerechten, praktikablen und stimmigen

---

16 Praxisbericht bei *Wirth/Hoffmann-Nowotny*, SchiedsVZ 2005, 66.

17 S. aber die kritische Haltung der Präsidentin des Bundesgerichtshofs *Limperg*, BRAK-Mitt. 2016, 225 (zur außergerichtlichen Streitbeilegung, hier: Schlichtungsstellen).

Regelungen ist. Unabhängig vom Regelungsgehalt kann eine Gesetzesänderung außerdem mit einem Gewinn an Rechtsklarheit verbunden sein, etwa weil Rechtsprechung kodifiziert wird, weil über mehrere Gesetze verstreute Regelungen zusammengefasst werden oder weil unübersichtliche Regelungen klarer gefasst werden.[18]

b) Internationale Vereinheitlichung

Im Schiedsverfahrensrecht kommt eine Besonderheit hinzu: Das deutsche Schiedsverfahrensrecht beruht seit 1998 auf dem Modellgesetz zur internationalen Handelsschiedsgerichtsbarkeit der Handelsrechtskommission der Vereinten Nationen (UNCITRAL). Seine Regelungen entsprechen damit weitgehend einem international vereinheitlichten Standard. In dieser Vereinheitlichung liegt ein selbständiger, von der Qualität der Regelungen (oben a) losgelöster Gesetzgebungszweck, weil ein international vereinheitlichter Rechtsrahmen ausländischen Parteien die Wahl eines deutschen Schiedsorts erleichtert.[19]

c) Beständigkeit des Rechts

In jedem Fall schließlich ist bei allen Änderungsdiskussionen die Beständigkeit des Rechts als Wert an sich zu berücksichtigen.[20] Nur wenn der damit erstrebte Gewinn an interessengerechtem und/oder vereinheitlichtem Recht eine gewisse Mindestschwelle übersteigt, sollte das Gesetz geändert werden. Bloß andere oder nur graduell bessere Regelungen sind der Verlässlichkeit und Beständigkeit des Rechts abträglich.

---

18 Zur Rechtsklarheit als Element der Rechtssicherheit *Sachs,* in: Sachs, GG, 7. Aufl. 2014, Art. 20 Rn. 123 ff.

19 Begr. RegE, BT-Drucks. 13/5274, S. 1: „Der Entwurf schlägt vor, das von der Kommission der Vereinten Nationen für internationales Handelsrecht (UNCITRAL) ausgearbeitete und von der Vollversammlung der Vereinten Nationen im Jahre 1985 den Mitgliedstaaten zur Annahme empfohlene UNCITRAL-Modellgesetz über die internationale Handelsschiedsgerichtsbarkeit in das deutsche Recht zu übernehmen. Damit wird erreicht, daß sich das Schiedsverfahren für die Parteien und die sonstigen Verfahrensbeteiligten durchschaubarer gestaltet. Ein weltweit bewährtes und vertrautes Normengefüge kann insbesondere dazu führen, daß internationale Schiedsverfahren häufiger als bisher in der Bundesrepublik Deutschland ausgetragen werden."

20 Vgl. Handbuch der Rechtsförmlichkeit, Rn. 493 (abrufbar unter <http://hdr.bmj.de/page_d.1.html>, zuletzt abgerufen am 26.04.2018); zur Rechtsbeständigkeit als Element der Rechtssicherheit *Sachs,* in: Sachs (o. Fn. 18), Art. 20 Rn. 131.

Insgesamt ergibt sich damit ein bewegliches System[21] aus dem Zuwachs an Regelungsqualität und/oder Vereinheitlichung und aus der Rechtsbeständigkeit, innerhalb dessen jeder Änderungsvorschlag auszutarieren ist.

2. Änderungen zwecks Vereinheitlichung des Schiedsverfahrensrechts

Das deutsche Schiedsverfahrensrecht entspricht weitgehend dem UNCITRAL-Modellgesetz 1985. Deshalb liegt es nahe, zunächst die Abweichungen vom Modellgesetz in Blick zu nehmen, und zwar sowohl die anfänglichen Abweichungen vom Modellgesetz 1985 als auch die späteren Abweichungen, die sich durch die Änderung des Modellgesetzes im Jahr 2006 ergeben haben.

a) Deutsche Abweichungen vom Modellgesetz 1985

Das deutsche Schiedsverfahrensrecht weist eine größere Zahl meist kleinerer Abweichungen vom Modellgesetz 1985 auf.[22] Während Abweichungen als solche dem Vereinheitlichungszweck zuwiderlaufen, sehen die meisten Abweichungen mindestens ebenso sinnvolle und schiedsfreundliche Regelungen vor wie das Modellgesetz.[23] So erspart die Erweiterung des Anwendungsbereichs des zehnten Buchs auf rein nationale und auf nichtwirtschaftliche Schiedsverfahren (§ 1025 ZPO) schwierige Abgrenzungsfragen.[24] Die Öffnung gerichtlicher Unterstützungshandlungen für Schiedsverfahren mit nichtdeutschem Schiedsort (§ 1025 Abs. 2 ZPO) und die Erweiterung dieser Maßnahmen über die Beweisaufnahme hinaus (§ 1050 ZPO) stellen Schiedsfreundlichkeit sogar dort unter Beweis, wo ausländische Schiedsorte begünstigt werden. Die gerichtliche Bestellung des Schiedsgerichts bei ungleichgewichtiger Schiedsvereinbarung (§ 1034 Abs. 2 ZPO) dient dem Grundgedanken des Modellgesetzes, die Parteien an ihrer Schiedsvereinbarung festzuhalten,[25] und erlaubt gleichzeitig eine Lösung für Fälle der Mehrparteienschiedsgerichtsbarkeit.[26] Die Vollziehung einstweiliger Maßnahmen des

---

21 Im Sinne von *Wilburg,* Die Elemente des Schadensrechts, 1941, S. 28 f. und Entwicklung eines beweglichen Systems im bürgerlichen Recht, 1950, insbes. S. 12 f.

22 Zusammenfassend Begr. RegE, BT-Drucks. 13/5274, S. 26 ff.

23 So auch Legal Instruments and Practice of Arbitration in the EU – Study (o. Fn. 13), S. 102.

24 Begr. RegE, BT-Drucks. 13/5274, S. 25.

25 Begr. RegE, BT-Drucks. 13/5274, S. 34.

26 KG NJW 2008, 2719, 2720; a. A. *Voit,* in: Musielak/Voit, ZPO, 13. Aufl. 2016, § 1034 Rn. 3, jeweils m. w. N.

Schiedsgerichts (§ 1041 Abs. 2–4 ZPO) verleiht dieser schiedsgerichtlichen Zuständigkeit des Modellgesetzes 1985 erst Zähne.[27]

Aus dem alten Recht herübergerettet hat sich § 1032 Abs. 2 ZPO, der bis zur Bildung des Schiedsgerichts einen Antrag zum Oberlandesgericht auf Feststellung der (Un-)Zulässigkeit eines schiedsrichterlichen Verfahrens ermöglicht. Dieser Rechtsbehelf wird zuweilen kritisch beäugt, weil er die Kompetenz-Kompetenz des Schiedsgerichts unterlaufe. Während für gewöhnlich das Schiedsgericht das erste (§ 1040 Abs. 1 ZPO) und das staatliche Gericht das letzte Wort (§ 1040 Abs. 3 ZPO bzw. § 1059 Abs. 2 Nr. 1 lit. a ZPO) hat, kommt hier dem staatlichen Gericht das erste und letzte Wort zu. § 1032 Abs. 2 ZPO wird praktisch nicht zu anderen Ergebnissen führen, erspart den Parteien aber, den gesamten Streit samt damit notwendig verbundenem Aufwand und entsprechenden Kosten beim Schiedsgericht oder beim staatlichen Gericht anhängig zu machen, um die – praktisch nicht selten zweifelhafte – Zuständigkeitsfrage zu klären.[28]

Einen Fremdkörper im deutschen Schiedsverfahrensrecht bildet § 1031 Abs. 5 ZPO, der für Verbraucherschiedsvereinbarungen prohibitiv hohe Formanforderungen stellt. Diese Regelung hat kein Vorbild im Modellgesetz, weil sich dieses auf wirtschaftliche Streitigkeiten beschränkt.[29] Infolge dieser Bestimmung hat die Verbraucherschiedsgerichtsbarkeit in Deutschland keine praktische Bedeutung erlangt, was seinerseits aber bislang auch keinen Anlass zu Klagen gegeben hat. Wertungswidersprüchlich ist allerdings der Warnzweck, den § 1031 Abs. 5 ZPO nachdrücklich verfolgt[30]. Das Bedürfnis nach einer Warnung des Verbrauchers in der außergewöhnlichen Form des § 1031 Abs. 5 ZPO (eigenhändig unterzeichnete Urkunde, die nur auf das schiedsrichterliche Verfahren bezogene Vereinbarungen enthalten darf) passt nicht zum Leitbild der Schiedsgerichtsbarkeit als gleichwertige Rechtsschutzmöglichkeit. Vor etwas Gleichwertigem braucht der Verbraucher nicht eigens gewarnt zu werden. Diese Wertung liegt auch der ständigen Rechtsprechung des Bundesgerichtshofs[31] zugrunde, wonach Allgemeine Geschäftsbedingungen selbst bei Verwendung

27 Begr. RegE, BT-Drucks. 13/5274, S. 45.

28 Begr. RegE, BT-Drucks. 13/5274, S. 38; s. auch Legal Instruments and Practice of Arbitration in the EU – Study (o. Fn. 13), S. 105 („significant improvement over the provisions of the Model Law“).

29 Begr. RegE, BT-Drucks. 13/5274, S. 26.

30 S. Begr. RegE, BT-Drucks. 13/5274, S. 37 („Nur hierdurch wird dem betreffenden Personenkreis in der notwendigen Deutlichkeit vor Augen geführt, daß er auf die Entscheidung eines evtl. Rechtsstreits durch die staatlichen Gerichte verzichtet.“).

31 BGHZ 162, 9, 15 ff.; BGH SchiedsVZ 2007, 163, 164 Tz. 15.

gegenüber Verbrauchern Schiedsklauseln enthalten können, ohne dass darin eine unangemessene Benachteiligung des Vertragspartners entgegen den Geboten von Treu und Glauben (§ 307 Abs. 1 S. 1 BGB) läge.[32] Aus Gründen des Wertungsgleichlaufs vorzugswürdig wäre eine Regelung, die nur vor einer für den Verbraucher nachteiligen Ausgestaltung der Schiedsvereinbarung warnt.[33] Ob allerdings tatsächlich ein Bedürfnis für die Schaffung einer Verbraucherschiedsgerichtsbarkeit besteht, ist angesichts der zunehmenden Verbreitung „weicherer" Streitbeilegungsmechanismen für Verbrauchergeschäfte[34] durchaus zweifelhaft. Das bestätigt ein Blick auf die benachbarte Problematik der Online-Streitbeilegung. So wurde die UNCITRAL Working Group III im Frühjahr 2016 nach langjährigen Beratungen beendet, ohne umsetzbare Vorschläge zur Online-Streitbeilegung unterbreitet zu haben.[35]

Zweifelhaft bleibt auch die Entscheidung des deutschen Reformgesetzgebers, die eigenständige Regelung der Vollstreckbarerklärung (in- und) ausländischer Schiedssprüche in Art. 35 f. ModellG durch einen schlichten Verweis in § 1061 Abs. 1 S. 1 ZPO auf das UN-Übereinkommen über die Anerkennung und Vollstreckung ausländischer Schiedssprüche (UNÜ) zu ersetzen. Damit hat der deutsche Gesetzgeber (ungewollt?) davon abgesehen, ein eigenes Regime der Anerkennung und Vollstreckbarerklärung ausländischer Schiedssprüche bereitzustellen, das über die Günstigerprüfung des Art. VII Abs. 1 UNÜ zur Anwendung kommen könnte. Der Bundesgerichtshof behilft sich mit der – dogmatisch wenig überzeugenden[36] – Annahme, als möglicherweise günstigeres nationales Regime kämen die Vorschriften über inländische Schiedssprüche zur Anwendung.[37] § 1061 ZPO ist damit kein Gewinn gegenüber dem Regelungsvorbild des Modellgesetzes. Andererseits ist der entstehende Flurschaden so überschaubar, dass allein § 1061

---

32 Auch das Klauselverbot der Nr. 1 lit. q des Anhangs der Richtlinie 93/13/EWG vom 5. April 1993 über mißbräuchliche Klauseln in Verbraucherverträgen (ABl. EG L 95 vom 21.4.1993, S. 29), wonach der Verbraucher nicht „ausschließlich auf ein nicht unter die rechtlichen Bestimmungen fallenden Schiedsgerichtsverfahren verwiesen" werden darf, untersagt lediglich unangemessen ausgestaltete Schiedsvereinbarungen (*Münch,* in: MünchKommZPO, 4. Aufl. 2013, § 1029 Rn. 26 m. w. N.).

33 Zu möglichen Kriterien *Wagner/Quinke,* JZ 2005, 932, 934 ff.

34 S. etwa das Gesetz über die alternative Streitbeilegung in Verbrauchersachen (Verbraucherstreitbeilegungsgesetz – VSBG) vom 19.02.2016, BGBl. I 254.

35 Die rein beschreibenden Technical Notes on Online Dispute Resolution als einziges Arbeitsergebnis sind unter <http://www.uncitral.org/uncitral/en/uncitral_texts/odr/2016Technical_notes.html> abrufbar (zuletzt abgerufen am 26.04.2018).

36 *Voit,* in: Musielak/Voit (o. Fn. 26), § 1031 Rn. 18.

37 BGH NJW-RR 2011, 569, 571 Tz. 11; NJW 2011, 1290, 1292 Tz. 15.

ZPO nicht zum Anlass für eine Reform des Schiedsverfahrensrechts genommen werden sollte.

b) Änderungen des Modellgesetzes 2006

Im Jahr 2006 hat die UNCITRAL das Modellgesetz in vierfacher Hinsicht geändert: Eingefügt wurde eine Regelung zur einheitlichen Auslegung und Lückenschließung (Art. 2A), eine Erleichterung der Formvorschriften für Schiedsvereinbarungen (Art. 7) in zwei Varianten, ein Regelungskomplex zu einstweiligen Maßnahmen (Art. 17A–J) sowie eine Neuregelung der mit dem Antrag auf Vollstreckbarerklärung vorzulegenden Dokumente (Art. 35 Abs. 2).

aa) Einheitliche Auslegung, Art. 2A ModellG 2006

Art. 2A ModellG verweist für die Auslegung des nationalen Schiedsverfahrensrechts auf seine internationale Herkunft sowie die Notwendigkeit einheitlicher Anwendung und enthält Vorgaben zum Schließen von Regelungslücken. Die Vorschrift dient nicht dazu, die Funktions(un)fähigkeit ausländischer Gerichte maßgeblich in die Auslegung der §§ 1025 ff. ZPO einfließen zu lassen.[38] Vielmehr geht es darum, im Rahmen der einzelnen Auslegungsmethoden auch nach Aufnahme des Modellgesetzes in nationales Recht den Gesichtspunkt der Rechtsvereinheitlichung im Blick zu behalten.[39] Für die geltenden Auslegungsgrundsätze des deutschen Rechts hat Art. 2A ModellG bloß klarstellenden Charakter;[40] seine Übernahme ist angesichts der eher gering ausgeprägten Bereitschaft der Rechtsprechung zur rechtsvergleichenden Auslegung gleichwohl sinnvoll.[41]

bb) Form der Schiedsvereinbarung, Art. 7 ModellG 2006

Bis 1998 war der Abschluss einer Schiedsvereinbarung unter Vollkaufleuten nach deutschem Recht nicht formbedürftig (§ 1027 Abs. 2 ZPO a. F.). Seit dann Art. 7 ModellG 1985 weitgehend in deutsches Recht übernommen wurde, muss die Schiedsvereinbarung in der Regel in einer Form der Nachrichtenübermittlung, die einen Nachweis der Vereinbarung sicherstellt, enthalten sein (§ 1031 Abs. 1

---

38 So aber *Raeschke-Kessler*, FS Elsing, 2015, S. 433, 435 und Stellungnahme 10/2015 des Deutschen Anwaltvereins durch den Ausschuss Zivilverfahrensrecht zu erforderlichen Änderungen der §§ 1025 ff. ZPO, März 2015, S. 4.

39 Näher *Wolff*, Austrian Yearbook on International Arbitration 2014, S. 51, 69 ff.

40 S. näher *Wolff*, Austrian Yearbook on International Arbitration 2014, S. 51, 56 ff.

41 So auch *Raeschke-Kessler*, FS Elsing, 2015, S. 433, 434 f. und Stellungnahme 10/2015 des Deutschen Anwaltvereins (o. Fn. 38), S. 4 f.

ZPO). In § 1031 Abs. 2 ZPO wurden darüber hinaus Formerleichterungen für kaufmännische Bestätigungsschreiben geschaffen, in § 1031 Abs. 4 ZPO eine (inzwischen aufgehobene) Erleichterung für Konnossemente.

Die Form der Schiedsvereinbarung stand dann im Mittelpunkt der Überarbeitung des Modellgesetzes im Jahr 2006, die in einem doppelten Art. 7 mündete: Option I hält am Schriftlichkeitserfordernis für die Schiedsvereinbarung fest, fasst es aber noch weiter. Lediglich der Inhalt der Schiedsvereinbarung muss in irgendeiner Form festgehalten sein, und zwar unabhängig davon, ob die Schiedsvereinbarung mündlich, stillschweigend oder auf andere Weise geschlossen wurde (Option I Art. 7 Abs. 3 ModellG 2006). Option II dagegen verzichtet auf jedes Schriftlichkeitserfordernis für Schiedsvereinbarungen.

Option I gibt Anlass zu dem Bonmot, „schriftlich" im Sinne des Gesetzes sei auch „mündlich".[42] Die überweite Ausdehnung des Schriftlichkeitsbegriffs hat ihren guten Sinn als Auslegungshilfe für Art. II UNÜ, denn das UN-Übereinkommen samt seines in die Jahre gekommenen Formerfordernisses ist zu erfolgreich, als dass sein Text sinnvoll geändert werden könnte. Art. II UNÜ kann daher sinnvollerweise nur im Wege der autonomen Auslegung an die Bedürfnisse des modernen Rechtsverkehrs angepasst werden, und eben hier leistet die weite Begriffsbestimmung in Option I Art. 7 gute Dienste.[43] In ihrem eigentlichen Anwendungsbereich ist die Vorschrift weit kritischer zu sehen. So verschiebt sie den Bezugspunkt der Schriftlichkeit, da nicht die Schiedsvereinbarung selbst (also die zu ihrem Abschluss führenden Willenserklärungen), sondern bloß ihr Inhalt der Aufzeichnung bedarf. Das kann so aber nicht gemeint sein, weil es unsinnig wäre, beispielsweise einen rein internen Aktenvermerk über eine mündlich geschlossene Schiedsvereinbarung ausreichen zu lassen. Auch die Wiedergabe einer mündlich geschlossenen Schiedsvereinbarung im Schiedsantrag (s. § 1044 S. 2 ZPO) kann nicht genügen, obwohl auch auf diese Weise der Inhalt aufgezeichnet wird. Denn Option I Art. 7 Abs. 5 ModellG 2006 fordert für diesen Fall zusätzlich, dass die Schiedsvereinbarung durch den Gegner nicht bestritten wird.[44]

Diese Zweifelsfragen stellen sich nicht, wenn mit Option II völlige Formfreiheit herrscht. Unverträglichkeiten mit dem deutschen Recht drohen nicht, da Option II lediglich zum tradierten deutschen Rechtszustand vor 1998 zu-

---

42 Vgl. den Beitragstitel von *Landau*, The Requirement of a Written Form for an Arbitration Agreement: When "Written" Means "Oral", in: van den Berg, International Commercial Arbitration: Important Contemporary Questions, ICCA Congress Series No. 11, 2002, S. 19.

43 *Wolff*, in: Wolff, New York Convention, 2012, Art. II Rn. 114 f.

44 *Wolff*, in: Wolff (o. Fn. 43), Art. II Rn. 119.

rückkehrt. Außerdem fügt sich die Formfreiheit für Schiedsvereinbarungen insoweit harmonisch ins deutsche Recht ein, als auch § 38 Abs. 1 ZPO für die strukturell verwandte Gerichtsstandsvereinbarung unter Kaufleuten keine Form vorsieht. Verbraucherschiedsvereinbarungen, die vom Modellgesetz nicht erfasst werden, bilden ohnehin eine Sonderfrage, die weiterer Aufmerksamkeit bedarf (oben a).

Die Formfreiheit von Schiedsklauseln bedroht auch ihre Anerkennung im Ausland nicht über Gebühr. Zwar sind rein mündlich geschlossene Schiedsvereinbarungen nicht nach Art. II UNÜ anerkennungsfähig. Nach dem Meistbegünstigungsprinzip des Art. VII Abs. 1 UNÜ reicht es allerdings aus, wenn die Formvorgaben desjenigen Rechts, das nach dem Kollisionsrecht des Anerkennungsgerichts die Wirksamkeit der Schiedsvereinbarung beherrscht, eingehalten sind.[45] Für die 156 Mitgliedsstaaten des UN-Übereinkommens liegt diese kollisionsrechtliche Regelung in Art. V Abs. 1 lit. a UNÜ. Diese Vorschrift gilt unmittelbar zwar nur für die Anerkennung und Vollstreckbarerklärung eines bereits erlassenen Schiedsspruchs, aber für die Anerkennung der Schiedsvereinbarung vor Erlass des Schiedsspruchs kann nichts anderes gelten (unten 3 a aa). Nach Art. V Abs. 1 lit. a UNÜ ist mangels abweichender Rechtswahl das Recht am Schiedsort zur Anwendung berufen, bei deutschen Schiedssprüchen also deutsches Recht. Eine nach deutschem Recht formwirksame Schiedsvereinbarung wird deshalb in der Regel auch unabhängig von Art. II UNÜ im Ausland anerkennungsfähig sein.

Im geltenden § 1031 Abs. 1–4 ZPO kann schwerlich ein unangemessenes Hemmnis für Schiedsvereinbarungen gesehen werden, so dass auch kein dringendes Änderungsbedürfnis besteht. Gleichwohl sprechen neben dem Gesichtspunkt der Rechtsvereinheitlichung dieselben Gründe, aus denen Option II der Vorzug vor Option I zu geben ist, auch dafür, Option II ins deutsche Recht zu übernehmen.[46]

cc) Einstweilige Maßnahmen, Art. 17–17J ModellG 2006

Den größten Umfang der 2006er Änderungen des Modellgesetzes nimmt der neue Abschnitt IV A über einstweilige Maßnahmen und vorläufige Anordnungen ein. Die insgesamt viel ausführlichere Regelung der neuen Art. 17–17J weicht im Wesentlichen in drei Punkten vom früheren Art. 17 ab, der sich in zwei Sätzen auf eher kompetenzrechtliche Fragen beschränkt hatte: Erstens wird mit den vorläu-

---

45 BGH SchiedsVZ 2005, 306, 307; *Quinke*, in: Wolff (o. Fn. 43), Art. VII Rn. 58.

46 So i. Erg. wohl auch *Raeschke-Kessler*, FS Elsing, 2015, S. 433, 436.

figen Anordnungen (preliminary orders) eine eigene Kategorie einstweiliger Maßnahmen geschaffen, die ohne vorherige Anhörung der anderen Partei erlassen werden (Art. 17B Abs. 1), die zwar bindend, aber nicht vollziehbar sind (Art. 17C Abs. 5) und die nach 20 Tagen außer Kraft treten (Art. 17C Abs. 4). Zweitens sehen Art. 17H–I ein formalisiertes Verfahren der Anerkennung und Vollstreckbarerklärung für einstweilige Maßnahmen vor, das drittens unterschiedslos für einstweilige Maßnahmen in- wie ausländischer Schiedsgerichte gilt.

Das deutsche Recht hat sich dieser wesentlichen Änderungsziele schon weitgehend angenommen: Die überwiegende Auffassung lässt bereits jetzt einstweilige Maßnahmen des Schiedsgerichts ohne vorherige Anhörung der anderen Partei zu.[47] Denn dazu sind auch deutsche staatliche Gerichte befugt und vor Schiedsgerichten gilt kein höherer Standard rechtlichen Gehörs.[48] Ein Verfahren für die Vollziehung schiedsgerichtlicher einstweiliger Maßnahmen hatte der deutsche Gesetzgeber bereits 1998 mit § 1041 Abs. 2, 3 ZPO geschaffen. Lediglich die Anwendbarkeit dieser Vollziehungsregeln auf einstweilige Maßnahmen ausländischer Schiedsgerichte ist zweifelhaft. § 1025 ZPO öffnet den Anwendungsbereich des § 1041 ZPO insoweit gerade nicht, auch wenn § 1062 Abs. 2 mit Abs. 1 Nr. 3 ZPO dies nahelegt. Richtigerweise lassen sich § 1041 Abs. 2–4 ZPO entsprechend auf einstweilige Maßnahmen ausländischer Schiedsgerichte anwenden,[49] aber das ist unsicher.

Sind nun die wesentlichen Regelungsziele nach deutschem Recht bereits erreicht, bleibt die Frage, welchen Mehrwert die Übernahme der Art. 17–17J ModellG 2006 mit sich brächte. Für eine Übernahme spricht ganz wesentlich die mit ihr verbundene Rechtsvereinheitlichung, die insbesondere ausländischen Parteien die Wahl eines deutschen Schiedsorts erleichtert. Außerdem dienen die detaillierteren Regelungen der Rechtssicherheit. Der Preis dafür ist allerdings hoch: Die Art. 17–17J ModellG 2006 sind ausladend formuliert und stehen damit in auffälligem Gegensatz zum restlichen, insgesamt konzise gefassten Modellgesetz – fast ein Viertel des Gesamtumfangs des Modellgesetzes 2006 entfällt nunmehr auf einstweilige Maßnahmen. Die Figur der vorläufigen Anordnung erscheint gerade für das deutsche Recht, dem einstweilige Maßnahmen ohne vorherige Anhörung der anderen Partei nicht fremd

47 *Schlosser,* in: Stein/Jonas, ZPO, 23. Aufl. 2014, § 1041 Rn. 21; *Voit,* in: Musielak/Voit (o. Fn. 26), § 1041 Rn. 3; a. A. *Münch,* in: MünchKommZPO (o. Fn. 32), § 1041 Rn. 25, jeweils m. w. N.

48 *Voit,* in: Musielak/Voit (o. Fn. 26), § 1041 Rn. 3.

49 *Wolff,* in: Kreindler/Wolff/Rieder, Commercial Arbitration in Germany, 2016, Rn. 5.68 f.

sind, unnötig kompliziert.[50] Die bessere Lösung liegt deshalb darin, § 1041 Abs. 2–4 ZPO in den Katalog der Vorschriften, die unabhängig vom Schiedsort Anwendung finden, aufzunehmen und es im Übrigen bei der bisherigen Regelung zu belassen.[51,52]

dd) Für Vollstreckbarerklärung vorzulegende Dokumente, Art. 35 Abs. 2 ModellG 2006

Mit dem Antrag auf Vollstreckbarerklärung eines Schiedsspruchs sind bestimmte Unterlagen vorzulegen. Die recht strikten Vorgaben, die Art. 35 Abs. 2 ModellG 1985 in Anlehnung an Art. IV UNÜ formuliert hatte, wurden mit den 2006er Änderungen des Modellgesetzes liberalisiert.

Weil bereits der deutsche Gesetzgeber mit § 1064 Abs. 1 ZPO die Vorgaben des Art. 35 Abs. 2 ModellG 1985 deutlich entschärft hatte, unterscheiden sich das reformierte Modellgesetz und das deutsche Recht nur noch geringfügig. Anders als noch das Modellgesetz 1985 verzichten beide darauf, die Schiedsvereinbarung sowie Übersetzungen fremdsprachiger Schiedssprüche (und – folgerichtig – Schiedsvereinbarungen) stets vorlegen zu lassen. Als einziger Unterschied verbleibt in der Sache, dass Art. 35 Abs. 2 ModellG 2006 bei Vorlage einer Abschrift des Schiedsspruchs auf deren Beglaubigung vollständig verzichtet, während § 1064 Abs. 1 ZPO zwar noch eine Beglaubigung verlangt, aber ausreichen lässt, dass sie durch den im gerichtlichen Verfahren bevollmächtigten Rechtsanwalt bewirkt wurde.

Die Beglaubigung durch den im Vollstreckbarerklärungsverfahren bevollmächtigten Rechtsanwalt bedeutet keine erhebliche Mehrbelastung, bringt aber auch keinen ersichtlichen Gewinn. Bei einer Reform des zehnten Buchs der ZPO sollte daher insoweit die Regelung des Modellgesetzes 2006 übernommen und auf die Beglaubigung vollständig verzichtet werden.

---

50 Krit. auch *Barona Vilar*, FS Leipold, 2009, S. 853, 864; *Zekoll/Giessen*, SchiedsVZ 2010, 137, 142.

51 Gegen jede Übernahme der Art. 17 ff. ModellG 2006 *Raeschke-Kessler*, FS Elsing, 2015, S. 433, 438.

52 Keiner Änderung bedarf in diesem Zusammenhang auch die Vorrangregelung des § 1041 Abs. 2 S. 1 ZPO. Sie soll die doppelte Befassung der staatlichen Gerichte vermeiden (Begr. RegE, BT-Drucks. 13/5274, S. 45) und verfolgt damit einen ähnlichen Zweck wie die Sperrwirkung der Rechtshängigkeit nach § 261 Abs. 3 Nr. 1 ZPO, die wegen des unterschiedlichen Streitgegenstands von Verfügungs- und Vollziehungsverfahren aber nicht zum Zug kommt (*Bandel*, Einstweiliger Rechtsschutz im Schiedsverfahren, 2000, S. 287 f.). Den Vorrang des gerichtlichen einstweiligen Rechtsschutzes in § 1041 Abs. 2 S. 1 ZPO zugunsten eines zeitlichen Vorrangs wie nach § 261 Abs. 3 Nr. 1 ZPO abzulösen brächte keinen Gewinn.

3. Weitere Änderungen

Das Modellgesetz ist nicht die einzige Inspirationsquelle für Änderungen des Schiedsverfahrensrechts. Auch ein Blick über die Grenzen auf die Diskussionen und die jüngeren Entwicklungen in der Gesetzgebung anderer Länder lohnt. Mögliche Änderungen betreffen dabei sowohl das Verfahren vor dem Schiedsgericht als auch das vor den staatlichen Gerichten. Übergreifend stellt sich die Frage nach dem Statut der Schiedsvereinbarung.

a) Statut der Schiedsvereinbarung

Auf das Recht, das auf das Zustandekommen und die Wirksamkeit von Schiedsvereinbarungen Anwendung findet, kann es in allen Stadien ankommen: bei der Wahl des richtigen Forums nach Entstehung des Streits, vor dem staatlichen Gericht nach § 1032 Abs. 1 oder 2 ZPO, vor dem Schiedsgericht (§ 1040 ZPO), in gerichtlichen Unterstützungsverfahren wie Schiedsrichterablehnung oder -ersatzbestellung und bei der Überprüfung von Schiedssprüchen im Aufhebungs- oder im Anerkennungs- und Vollstreckbarerklärungsverfahren.

aa) Geltende Rechtslage

Eine Vorschrift, die das Schiedsvereinbarungsstatut stadienübergreifend regelt, fehlt. Die Rechtslage ist unübersichtlich.

Ist der Schiedsspruch bereits erlassen, beurteilen sich Zustandekommen und Wirksamkeit der zugrundeliegenden Schiedsvereinbarung nach dem Sachrecht, das die Parteien gewählt haben, und hilfsweise nach dem Recht am Schiedsort. Das folgt für die Anerkennung und Vollstreckbarerklärung ausländischer Schiedssprüche aus § 1061 Abs. 1 S. 1 ZPO, Art. V Abs. 1 lit. a UNÜ und gilt gleichermaßen für die Aufhebung und Vollstreckbarerklärung inländischer Schiedssprüche (§ 1059 Abs. 2 Nr. 1 lit. a ZPO mit § 1060 Abs. 2 S. 1 ZPO). Dass in den letztgenannten Fällen bei Fehlen einer Rechtswahl deutsches Recht Anwendung findet, erklärt sich daraus, dass inländische Schiedssprüche stets einen Schiedsort in Deutschland voraussetzen (§ 1025 Abs. 1 ZPO).[53]

Der Bundesgerichtshof unterwirft Zustandekommen und Wirksamkeit der Schiedsvereinbarung außerhalb von Art. V Abs. 1 lit. a UNÜ den Regeln des deutschen internationalen Privatrechts (was sicher richtig ist), und zwar den allgemeinen

53 S. *Hausmann*, in: Reithmann/Martiny, Internationales Vertragsrecht, 8. Aufl. 2015, Rn. 8.248.

Regeln über vertragliche Schuldverhältnisse.[54] Bei diesem Rückgriff auf allgemeine Regeln wird freilich übersehen, dass das deutsche internationale Privatrecht im Stadium nach Erlass des Schiedsspruchs bereits eine ausdrückliche Kollisionsnorm kennt. Das Schiedsvereinbarungsstatut in früheren Stadien abweichend anzuknüpfen begünstigt ohne Not widersprüchliche Entscheidungen in unterschiedlichen Stadien. Deshalb muss die Kollisionsregel der § 1061 Abs. 1 S. 1 ZPO, Art. V Abs. 1 lit. a UNÜ, § 1059 Abs. 2 Nr. 1 lit. a ZPO auch vor Erlass des Schiedsspruchs gelten.[55] Damit werden nicht nur die Entscheidungen in unterschiedlichen Stadien in Einklang gebracht, sondern es wird auch eine weitere Schwierigkeit zumindest zurückgedrängt: Die internationalprivatrechtlichen Regeln über vertragliche Schuldverhältnisse in den Art. 27 ff. EGBGB a. F., auf die der Bundesgerichtshof bislang abstellte, wurden zum 17.12.2009 durch die Rom-I-Verordnung[56] abgelöst, die allerdings nach ihrem Art. 1 Abs. 2 lit. e auf Schiedsvereinbarungen gerade keine Anwendung findet. Selbst wenn die Rom-I-Verordnung mangels Alternativen (entsprechende?) Anwendung fände,[57] wäre die Bestimmung des Schiedsvereinbarungsstatuts schwierig: Die Schiedsvereinbarung kennt keine charakteristische Leistung einer Partei (Art. 4 Abs. 2 Rom-I-VO), so dass bloß das eher unbestimmte Merkmal der engsten Verbindung (Art. 4 Abs. 4 Rom-I-VO) bleibt.[58] Da ist es allemal besser, jedenfalls dann auf die Kollisionsregel der § 1061 Abs. 1 S. 1 ZPO, Art. V Abs. 1 lit. a UNÜ, § 1059 Abs. 2 Nr. 1 lit. a ZPO zurückzugreifen, wenn der Schiedsort bestimmt oder zumindest bestimmbar ist. Für allgemein anerkannte Prinzipien des internationalen Privatrechts wie die engste Verbindung (s. auch § 1051 Abs. 2 ZPO) bleiben dann nur noch Schiedsvereinbarungen, die keiner Rechtswahl unterworfen wurden und deren Schiedsort nicht einmal bestimmbar ist.[59]

Weiter verkompliziert sich die Rechtslage durch das Günstigkeitsprinzip der § 1061 Abs. 1 S. 1 ZPO, Art. VII Abs. 1 UNÜ, wonach ausländische Schiedssprü-

54 BGH SchiedsVZ 2007, 306, 307; 2011, 46, 48 Tz. 30.

55 OLG Braunschweig, BeckRS 2014, 11052; *Hausmann,* in: Reithmann/Martiny (o. Fn. 53), Rn. 8.239, 8.251; *Magnus,* IPRax 2016, 521, 530; *Münch,* in: MünchKommZPO (o. Fn. 32), § 1029 Rn. 31 ff.; *Rüßmann/Timár,* FS Kaissis, 2012, S. 837, 856.

56 Verordnung (EG) Nr. 593/2008 des Europäischen Parlaments und des Rates vom 17. Juni 2008 über das auf vertragliche Schuldverhältnisse anzuwendende Recht (Rom I) (ABl. EG L 177 vom 4.7.2008, S. 6).

57 S. *Magnus,* IPRax 2016, 521, 530; *Münch,* in: MünchKommZPO (o. Fn. 32), § 1041 Rn. 34; *Rüßmann/Timár,* FS Kaissis, 2012, S. 837, 856.

58 *Voit,* in: Musielak/Voit (o. Fn. 26), § 1029 Rn. 28; s. auch *Hausmann,* in: Reithmann/Martiny (o. Fn. 53), Rn. 8.263.

59 Zum Rückgriff auf die engste Verbindung als allgemein anerkanntes Prinzip des internationalen Privatrechts *Schmidt-Ahrendts/Höttler,* SchiedsVZ 2011, 267, 274.

che stets auch aufgrund günstigeren innerstaatlichen Rechts des Exequaturgerichts anerkannt und für vollstreckbar erklärt werden können. Alternativ anwendbar wird damit nicht nur das nationale Sachrecht, sondern auch dasjenige Recht, das vom internationalen Privatrecht des Exequaturgerichts zur Anwendung berufen ist.[60] Weil das Schiedsvereinbarungsstatut in allen Stadien einheitlich zu bestimmen ist, müssen die durch Art. VII Abs. 1 UNÜ eröffneten alternativen Anknüpfungen ebenfalls umfassend gelten. Art. VII Abs. 1 UNÜ ist also auf die Anerkennung von Schiedsvereinbarungen entsprechend anzuwenden.[61] Die Vorschriften des deutschen internationalen Privatrechts, die hier – in allen Phasen – zur Anwendung kommen, sind wiederum § 1061 Abs. 1 S. 1 ZPO, Art. V Abs. 1 lit. a UNÜ.

Im Ergebnis werden Zustandekommen und Wirksamkeit einer Schiedsvereinbarung daher doppelt alternativ angeknüpft: Es reicht aus, wenn entweder die Voraussetzungen der § 1061 Abs. 1 S. 1 ZPO, Art. V Abs. 1 lit. a UNÜ (Rechtswahl, hilfsweise Recht am Schiedsort), des deutschen Sachrechts (§§ 1029 ff. ZPO mit den bürgerlich-rechtlichen Vorschriften über Verträge) oder des vom deutschen internationalen Privatrecht (in aller Regel in Gestalt wiederum der § 1061 Abs. 1 S. 1 ZPO, Art. V Abs. 1 lit. a UNÜ) berufenen Rechts erfüllt sind.

bb) Bedarf für eine Sonderkollisionsnorm

Eine gesetzliche Regelung des Schiedsvereinbarungsstatuts muss von den Kollisionsvorschriften der Art. V Abs. 1 lit. a, VII Abs. 1 UNÜ ausgehen.[62] Denn Deutschland ist völkerrechtlich an das UN-Übereinkommen gebunden. Außerdem spricht der internationale Entscheidungseinklang wesentlich dagegen, von diesen Regelungen abzuweichen. Das UN-Übereinkommen bindet nämlich nicht nur 156 Mitgliedsstaaten weltweit, sondern hat sich mit Blick auf diesen Erfolg zudem als praktisch änderungsfest erwiesen (oben 2 b bb). An den Kollisionsregeln dieses Übereinkommens, die auch Eingang in das Modellgesetz gefunden haben, führt damit auch perspektivisch kein Weg vorbei. Daher verbleiben in der Sache lediglich diejenigen Fälle, in denen der Schiedsort nicht einmal bestimmbar ist, so dass die Anknüpfung des Art. V Abs. 1 lit. a UNÜ ins Leere läuft.

---

60 Oben Fn. 45.

61 Recommendation regarding the interpretation of article II, paragraph 2, and article VII, paragraph 1, of the Convention on the Recognition and Enforcement of Foreign Arbitral Awards, done in New York, 10 June 1958, adopted by the United Nations Commission on International Trade Law on 7 July 2006 at its thirty-ninth session (A/61/17, annex II), Empfehlung Nr. 2; *Hausmann*, in: Reithmann/Martiny (o. Fn. 53), Rn. 8.247.

62 *Magnus*, IPRax 2016, 521, 531.

Angesichts der überschaubaren Zahl dieser Fälle ist der mit einer gesetzlichen Regelung verbundene Gewinn begrenzt, selbst wenn man den Gewinn an Regelungsklarheit durch eine kompakte Kollisionsnorm nach dem Regelungsvorbild der Schweiz (Art. 178 Abs. 2 IPRG) mit in Rechnung stellt. Eine im deutschen Alleingang geschaffene Sonderkollisionsnorm würde allerdings nicht nur vom Regelungsvorbild des Modellgesetzes abweichen, sondern vor allem auch den internationalen Entscheidungseinklang gefährden.[63] Sinnvoller erscheint es daher, auf internationaler Ebene auf eine einheitliche Kollisionsnorm hinzuwirken.[64]

b) Verfahren vor dem Schiedsgericht

Die Vorschläge zum Verfahren vor dem Schiedsgericht betreffen in erster Linie Fallgestaltungen mit mehreren Beteiligten (unten aa und bb) und mehreren Schiedsverfahren (unten cc). Erwägenswert ist zudem, Regelungen für Beschlussmängelstreitigkeiten zu schaffen (unten dd). Im Gefolge der jüngeren TTIP-Diskussion stellt sich die Frage, ob nicht für Schiedsverfahren unter Beteiligung der öffentlichen Hand Sonderregeln gelten sollten (unten ee). Schließlich könnte die Rechtswahlfreiheit im Schiedsverfahren zu beschränken sein (unten ff).

aa) Mehrparteienschiedsverfahren

Wie das Schiedsgericht zu bestellen ist, wenn am Schiedsverfahren mehrere Schiedskläger oder Schiedsbeklagte beteiligt sind und diese sich nicht auf einen Schiedsrichter einigen können, gehört zu den klassischen Problemen der Schiedsgerichtsbarkeit.[65] Das Modellgesetz schweigt und auch der deutsche Gesetzgeber hatte den Ball 1998 ins Feld der Rechtsprechung gespielt.[66] Doch das ist gefährlich, weil bei fehlender Einigung die Schiedsvereinbarung undurchführbar zu werden droht.[67]

In der Sache ist die Lösung einfach: Der gleiche Einfluss aller Beteiligten auf die Schiedsrichterbestellung lässt sich nur sicherstellen, wenn alle Schiedsrichter (oder zumindest die sonst parteibenannten) durch eine neutrale Stelle benannt werden.[68]

---

63 *Magnus*, IPRax 2016, 521, 531.

64 So auch *Magnus*, IPRax 2016, 521, 530 f.

65 Spätestens seit der Entscheidung der französischen Cour de Cassation in der Sache BKMI und Siemens v. Dutco, Rev. arb. 1992, 470 = BB 1992, Beil. 15, S. 27.

66 Begr. RegE, BT-Drucks. 13/5274, S. 26.

67 *Voit*, in: Musielak/Voit (o. Fn. 26), § 1034 Rn. 3.

68 Die Regelung des § 587 Abs. 5 öZPO dagegen bewältigt das Problem der Mehrparteienschiedsgerichtsbarkeit nicht und empfiehlt sich daher nicht zur Übernahme (a. A. *Raeschke-Kessler*, FS Elsing, 2015, S. 433, 438 f.). Denn sie setzt voraus, dass mehrere Parteien gemeinsam einen Schiedsrichter zu bestellen haben, woran es in

Zwar mag sich ausnahmsweise begründen lassen, dass sich mehrere Parteien, deren Interessen gleichgerichtet sind, auf einen Schiedsrichter einigen müssen.[69] Ein solcher Interessengleichlauf lässt sich in dem frühen Verfahrensstadium, in dem die Schiedsrichter zu bestellen sind, aber kaum verlässlich feststellen.[70]

Die Frage ist daher letztlich nur, welcher Weg zu dieser Lösung führt. Die Schiedsinstitutionen haben in ihren Schiedsordnungen typischerweise Vorsorge getroffen (s. nur Art. 12 Abs. 8 ICC-SchO 2012, § 13.2 DIS-SchO 1998), so dass die Schiedsvereinbarung bloß noch in Ad-hoc-Verfahren gefährdet ist. Hier hat sich inzwischen aber zu Recht weitgehend durchgesetzt, dass § 1034 Abs. 2 ZPO die Schiedsvereinbarung auch in Mehrparteiensituationen vor ihrer Undurchführbarkeit bewahrt.[71] Einer eigenen Regelung nach dem Vorbild der institutionellen Bestimmungen bedarf es deshalb in der Sache nicht;[72] für sie spräche allenfalls die bessere Lesbarkeit des zehnten Buchs.

bb) Beteiligung Dritter

Zu den häufig genannten Nachteilen der Schiedsgerichtsbarkeit gehören die hohen Hürden für die Einbeziehung Dritter. Beitritt, Nebenintervention und Streitverkündung bedürfen in der Regel der Zustimmung aller Parteien, des Dritten und der Schiedsrichter.[73] Art. 1045 der niederländischen Zivilprozessordnung gewährt hier Erleichterungen, indem er den Beitritt auch gegen den Willen einer Partei gestattet, solange nur zwischen den Parteien und dem Beitretenden dieselbe Schiedsvereinbarung gilt. Entsprechendes ermöglicht Art. 1045a der niederländischen Zivilprozessordnung auch für die Streitverkündung.

Zur Übernahme ins zehnte Buch der Zivilprozessordnung empfehlen sich diese Regeln allerdings nicht. Denn es hat seinen guten Grund, dass die Parteien des Ausgangsverfahrens und die Schiedsrichter einer solchen Beteiligung Dritter zustimmen müssen: Wer als Partei das Schiedsverfahren um seiner Vertraulichkeit

---

den (zudem schwer abgrenzbaren) Fällen ungleicher Interessenlagen dieser Parteien gerade fehlt (*Riegler/Petschke,* in: Liebscher/Oberhammer/Rechberger, Schiedsverfahrensrecht, Band 1, 2012, Rn. 5/77).

69 So *Schwab/Walter,* Schiedsgerichtsbarkeit, 7. Aufl. 2005, Kap. 10 Rn. 14 f.; *Schlosser* (o. Fn. 47), § 1034 Rn. 30 ff.; womöglich noch großzügiger BGH SchiedsVZ 2009, 233, 235 Tz. 20 – Schiedsfähigkeit II.

70 *Voit,* in: Musielak/Voit (o. Fn. 26), § 1035 Rn. 7.

71 Oben Fn. 26.

72 Wohl a. A. *Raeschke-Kessler,* FS Elsing, 2015, S. 433, 439.

73 *Voit,* in: Musielak/Voit (o. Fn. 26), § 1042 Rn. 11 m. w. N. (bei der Streitverkündung zumindest dann, wenn sie eine Nebeninterventionswirkung zur Folge haben soll).

willen wählt, dem kann nicht zugemutet werden, sich in einem Verfahren mit Dritten wiederzufinden.[74] Den Schiedsrichtern, die allen Beteiligten durch den Schiedsrichtervertrag verbunden sind, kann gegen ihren Willen ebenfalls kein zusätzlicher Vertragspartner aufgedrängt werden.[75]

Soweit es denn ein praktisches Bedürfnis gibt, die Beteiligung Dritter am Schiedsverfahren zu erleichtern, sind Schiedsregeln dafür der richtige Ort (Beispiel: Art. 7 Abs. 1, Art. 6 Abs. 4 ICC-SchO 2012[76]). Denn dann haben Parteien und Schiedsrichter die Wahl, ob sie solche Erweiterungsmöglichkeiten ohne ihre spätere Zustimmung hinnehmen wollen. Diese Wahl sollte ihnen nicht durch eine gesetzliche Verankerung geraubt werden.

cc) Verbindung von Schiedsverfahren

Für eine Verbindung von Schiedsverfahren, wie sie Art. 1046 der niederländischen Zivilprozessordnung ermöglicht, gilt Ähnliches: Wegen der Nichtöffentlichkeit des Schiedsverfahrens, wegen des wichtigen Rechts auf freie Wahl des Schiedsrichters für das jeweilige Verfahren und wegen des beschränkten Kreises der Parteien des Schiedsrichtervertrags hängt eine Verfahrensverbindung sinnvollerweise von der Zustimmung der Schiedsparteien und der Schiedsrichter ab.[77] Schiedsordnungen mögen die Verfahrensverbindung nach dem Vorbild des Art. 10 ICC-SchO 2012 erleichtern. Es steht den Parteien dann frei, sich einer solchen Schiedsordnung zu unterwerfen, ebenso wie die Schiedsrichter darüber entscheiden können, ein Amt in einem solchen Verfahren anzunehmen. Von Gesetzes wegen sollte ihnen diese Wahl aber bleiben.

dd) Beschlussmängelstreitigkeiten

Die Entscheidung „Schiedsfähigkeit II“[78] hat 2009 anerkannt, dass Streitigkeiten über Mängel eines GmbH-Gesellschafterbeschlusses auch vor Schiedsgerich-

---

74 *Hamann/Lennarz,* SchiedsVZ 2006, 289, 290 f.; *Schwab/Walter* (o. Fn. 69), Kap. 16 Rn. 18.

75 *Voit,* in: Musielak/Voit (o. Fn. 26), § 1042 Rn. 11; a. A. *Hamann/Lennarz,* SchiedsVZ 2006, 289, 291.

76 S. auch die Regelungen zur Nebenintervention in § 6 SOBau 2009 (Zustimmung des Streitverkündungsempfängers und wohl auch des Schiedsgerichts erforderlich) und § 44 Abs. 1 SL Bau 2016 (Nebenintervention ohne Zustimmung der anderen Partei und des Streitverkündungsempfängers, solange nur auch mit diesem die SL Bau vereinbart ist).

77 S. *Hamann/Lennarz,* SchiedsVZ 2006, 289, 293 f.; *Voit,* in: Musielak/Voit (o. Fn. 26), § 1042 Rn. 13.

78 BGHZ 180, 221.

ten ausgetragen werden können. Die Entscheidung hat einen Katalog von vier einfachen Kriterien aufgestellt, deren rechtstechnische Umsetzung allerdings ausnehmend aufwendig ist – so aufwendig, dass der Aufwand individueller Rechtsgestaltung meist außer Verhältnis zum Ertrag stehen wird. Parteien, die ihre Berater vergüten müssen, werden schon deshalb auf die gegenwärtig konkurrenzlosen Ergänzenden Regeln für gesellschaftsrechtliche Streitigkeiten der Deutschen Institution für Schiedsgerichtsbarkeit (DIS-ERGeS) zurückgreifen.

Denkbar wäre, den DIS-ERGeS entsprechende Regelungen in die §§ 1025 ff. ZPO aufzunehmen. Damit würden nichtinstitutionelle Beschlussmängelklagen vor Schiedsgerichten ermöglicht und, wichtiger noch, die zahlreichen Altklauseln gerettet: Schiedsklauseln, die vor „Schiedsfähigkeit II" geschaffen wurden, genügen den Vorgaben der Entscheidung kaum je und fallen nach der Rechtsprechung des Bundesgerichtshofs deshalb der Nichtigkeit anheim. Eine gesetzliche Regelung, die der Reformgesetzgeber 1998 noch der Rechtsprechung überantwortet hatte,[79] könnte solche Schiedsklauseln auch für Beschlussmängelstreitigkeiten am Leben erhalten.

Empfehlenswert ist eine solche Gesetzesänderung gleichwohl nicht. Denn einerseits gerät das kompakt formulierte Schiedsverfahrensrecht aus den Fugen, wenn komplexe Sondermaterien wie Beschlussmängelstreitigkeiten dort noch eingefügt werden. Das wäre der Lesbarkeit des Gesetzes abträglich und würde den Wiedererkennungswert für ausländische Parteien[80] verringern. Da mit den DIS-ERGeS ein Regelwerk bereitsteht, das einfach zu vereinbaren ist, besteht für eine gesetzliche Verankerung auch kein dringender Bedarf. Und für Altklauseln käme die Hilfe des Gesetzgebers ohnehin sehr spät.

ee) Sonderregeln für Schiedsverfahren der öffentlichen Hand

Transparenz ist zum Zauberwort der Investitionsschiedsgerichtsbarkeit geworden. Womöglich besteht ein öffentliches Interesse an Transparenz gleichermaßen auch für andere Schiedsverfahren, an denen die öffentliche Hand beteiligt ist.[81] Ein prominentes Beispiel für so ein Interesse sind die Schiedsverfahren zwischen Toll Collect und dem Bund. Da Klagen auf Akteneinsicht nach dem Informationsfreiheitsgesetz abgewiesen wurden,[82] bleiben der Öffentlichkeit bloß die knappen

79 Begr. RegE, BT-Drucks. 13/5274, S. 35.

80 Dazu Begr. RegE, BT-Drucks. 13/5274, S. 28.

81 Gedanke von *Wagner*, Vergerichtlichung der Schiedsgerichtsbarkeit?, Vortrag bei der DIS-Frühjahrstagung am 07.05.2015 in Dresden.

82 VG Berlin, Urt. v. 11.06.2008, VG 2 A 69.07 (unveröffentlicht).

Antworten auf parlamentarische Anfragen.[83] Hier könnten Transparenzregeln, wie sie aus der Investitionsschiedsgerichtsbarkeit bekannt sind, helfen.

Die Fragestellung ist freilich nicht so übersichtlich, wie sie auf den ersten Blick erscheint. Denn vor den staatlichen Gerichten gilt zwar der Grundsatz der Öffentlichkeit (§ 169 GVG), der aber weder ein Recht auf umfassenden mündlichen Vortrag des Akteninhalts noch ein Akteneinsichtsrecht gewährt.[84] Die Gerichtsöffentlichkeit ist bloß noch eine theoretische Funktionsvoraussetzung für die effektive Ausübung öffentlicher Kontrolle.[85] Auch (weitergehende) Ansprüche auf Informationszugang nach dem Informationsfreiheitsgesetz bestehen nicht, sobald das Bekanntwerden der Information nachteilige Auswirkungen auf die Durchführung eines laufenden Gerichtsverfahrens haben kann (§ 3 Nr. 1 lit. g IFG). Von einer Transparenz, wie sie etwa durch die UNCITRAL-Transparenzregeln[86] gewährleistet wird, ist auch ein staatliches Gerichtsverfahren daher weit entfernt. Transparenzregeln für Schiedsverfahren der öffentlichen Hand lassen sich daher sinnvollerweise nicht losgelöst von Transparenzregeln für gerichtliche Verfahren der öffentlichen Hand erörtern. Da sich dieser Fragenkreis außerdem noch stark im Fluss befindet, empfiehlt es sich gegenwärtig nicht, Sonderregeln für Schiedsverfahren unter Beteiligung der öffentlichen Hand zu schaffen.

ff) Grenzen der Wahl des in der Hauptsache anzuwendenden Rechts

Zu den Klassikern des deutschen Schiedsverfahrensrechts gehört die Frage nach den Grenzen der Freiheit der Parteien, das vom Schiedsgericht in der Hauptsache anzuwendende Recht zu wählen. § 1051 ZPO gewährleistet diese Freiheit zumindest seinem Wortlaut nach schrankenlos.[87] Gleichwohl werden mehrere Grenzen der Rechtswahlfreiheit erörtert, so beispielsweise für außervertragliche

83 Zuletzt BT-Drucks. 18/8085.

84 *Zimmermann,* in: MünchKommZPO (o. Fn. 32), § 169 GVG Rn. 2.

85 So *Zimmermann,* in: MünchKommZPO (o. Fn. 32), § 169 GVG Rn. 1.

86 UNCITRAL Rules on Transparency in Treaty-based Investor-State Arbitration, abrufbar unter <http://www.uncitral.org/uncitral/en/uncitral_texts/arbitration/2014Transparency.html> (zuletzt abgerufen am 26.04.2018).

87 Die Gesetzgebungsgeschichte ist unergiebig (*Wagner,* FS Schumann, 2002, S. 535, 541 ff.): Der RefE war zur Auffassung gelangt, die Art. 27 ff. EGBGB fänden keine Anwendung im Schiedsverfahren (Bundesministerium der Justiz [Hrsg.], Kommission zur Neuordnung des Schiedsverfahrensrechts, Bericht mit einem Diskussionsentwurf zur Neufassung des Zehnten Buchs der ZPO, Februar 1994, S. 167). Die Begr. RegE folgte dieser Auffassung nicht (Begr. RegE, BT-Drucks. 13/5274, S. 52), machte sich den Entwurf des RefE aber textlich unverändert zu eigen.

Schuldverhältnisse,[88] die als ausschließlicher Gegenstand von Schiedsvereinbarungen allerdings praktisch wenig bedeutsam sind und deshalb auch bei einer Neuregelung nicht im Vordergrund stehen sollten. Begrenzt wird die Rechtswahlfreiheit weiterhin durch Eingriffsnormen, deren Anknüpfung sich aber als ungemein schwierig erweist[89] und sich aus diesem Grunde einer Kodifikation entzieht. Praktisch bedeutsam und einfach zu regeln wäre demgegenüber eine dritte Schranke der Rechtswahlfreiheit, die in den letzten Jahren vermehrt erörtert wird, nämlich die Bindung des Schiedsgerichts an die Rom-I-Verordnung.

Eine solche Bindung an die Rom-I-Verordnung im Schiedsverfahren wäre gleichzeitig die größte Abweichung vom Normtext des § 1051 ZPO. Denn auch wenn beide Regelungen vom Grundsatz der Rechtswahlfreiheit der Parteien ausgehen (§ 1051 Abs. 1 S. 1 ZPO und Art. 3 Abs. 1 Rom-I-VO), gestattet die Rom-I-Verordnung keine Wahl nichtstaatlichen Rechts (anders § 1051 Abs. 1 S. 1 ZPO: „Rechtsvorschriften" statt „Rechtsordnung"[90]) und erst recht keine Billigkeitsentscheidungen (anders § 1051 Abs. 3 ZPO). Außerdem beschränkt nur die Rom-I-Verordnung die Rechtswahlfreiheit für Verbraucherverträge (Art. 6), Versicherungsverträge (Art. 7) und Individualarbeitsverträge (Art. 8). Auch die objektive Anknüpfung des § 1051 Abs. 2 ZPO hätte vor der Rom-I-Verordnung keinen Bestand. Soweit die Rom-I-Verordnung im Schiedsverfahren Anwendung findet, geht es also um nicht weniger als die vollständige Ersetzung des § 1051 ZPO.[91] Das beträfe immerhin weite Teile der internationalen Schiedsgerichtsbarkeit (s. Art. 1 Abs. 1 Rom-I-Verordnung).

Da die Rom-I-Verordnung in den Mitgliedstaaten unmittelbar gilt, wäre diese Verdrängung des § 1051 ZPO hinzunehmen, wenn die Rom-I-Verordnung einen Anwendungsbefehl auch für Schiedsgerichte formulierte.[92] Anders als das Statut der Schiedsvereinbarung (Art. 1 Abs. 2 lit. e Rom-I-VO) ist das vom Schiedsgericht in der Hauptsache anzuwendende Recht zwar nicht aus dem Anwendungsbereich der Verordnung ausgeklammert. Die Rom-I-Verordnung spricht allerdings von „gerichtlichen Entscheidungen" (Erwägungsgründe 4 und 6) und

---

88 S. *Hausmann,* in: Reithmann/Martiny (o. Fn. 53), Rn. 8.419; *Münch,* in: MünchKommZPO (o. Fn. 32), § 1051 Rn. 21 einerseits und *Jakobs,* IPRax 2015, 293, 296 f.; *Voit,* in: Musielak/Voit (o. Fn. 26), § 1051 Rn. 3 andererseits.

89 *Hausmann,* in: Reithmann/Martiny (o. Fn. 53), Rn. 8.426 ff.

90 Begr. RegE, BT-Drucks. 13/5274, S. 52.

91 *Mankowski,* FS v. Hoffmann, 2011, S. 1012, 1025 („verdrängt und praktisch außer Kraft gesetzt"); euphemistisch dagegen *McGuire,* SchiedsVZ 2011, 257, 265 („kein Normenwiderspruch").

92 S. *Mankowski,* FS Schütze, 2014, S. 369.

den „Gerichten der Mitgliedstaaten" (Erwägungsgründe 12 und 37), wozu nach der Rechtsprechung des Europäischen Gerichtshofs zur Vorlageberechtigung[93] Schiedsgerichte nicht zählen.[94] Die Rom-I-Verordnung richtet damit zumindest keinen ausdrücklichen Anwendungsbefehl an Schiedsgerichte.[95]

Diejenigen Stimmen, die gleichwohl einen solchen Rechtsanwendungsbefehl in die Verordnung hineinlesen, argumentieren im Kern mit den Schutz- und Regelungszwecken der Rom-I-Verordnung. Die Beschränkungen der Rechtswahlfreiheit dienten dem Schutz des Schwächeren, der nicht davon abhängen könne, ob ein staatliches Gericht oder ein Schiedsgericht entscheide.[96] Die Rom-I-Verordnung ziele außerdem auf eine umfassende Rechtsvereinheitlichung in Europa ab und könne die Schiedsgerichte deshalb nicht außen vor lassen.[97] Schließlich habe der deutsche Reformgesetzgeber anerkannt, dass Schiedsgerichte einen der staatlichen Gerichtsbarkeit grundsätzlich gleichwertigen Rechtsschutz bieten, so dass auch die Bindungen der Schiedsgerichte bei der Bestimmung des anwendbaren Rechts nicht lockerer sein könnten als die der staatlichen Gerichte.[98]

Dieser Ansatz verkennt die Stellung der Schiedsgerichtsbarkeit. Gewiss bieten Schiedsgerichte Rechtsschutz, der dem vor den staatlichen Gerichten grundsätzlich gleichwertig ist,[99] gewiss müssen sie ebenso wie staatliche Gerichte ein faires Verfahren und rechtliches Gehör sicherstellen und gewiss steht der Schiedsspruch in seinen Wirkungen einem rechtskräftigen gerichtlichen Urteil gleich. Daraus folgt allerdings nicht, dass das Schiedsgericht demselben Kollisionsrecht unterworfen ist wie das staatliche Gericht. Denn § 1051 ZPO stellt die Schiedsgerichtsbarkeit in dieser Frage gerade freier: Die Parteien können nichtstaatliches Recht wählen (§ 1051 Abs. 1 S. 1 ZPO), selbst in reinen Inlandssachverhalten,[100] und das Schiedsgericht sogar zu einer Billigkeitsentscheidung ermächtigen. Vor einem staatlichen Gericht wäre das nicht möglich. Wenn der Gesetzgeber, der die Regelungen des § 1051 ZPO schafft, im gleichen Atemzug die Schiedsgerichtsbarkeit als gleichwertig anerkennt, lässt sich damit also schlechterdings keine Unterwerfung unter das allgemeine internationale Privatrecht begründen. Vielmehr müssen auch Schiedsgerichte,

---

93 EuGH Slg. 1982, 1095, 1110 f. = NJW 1982, 1207, 1208 – Nordsee.
94 Dazu *Nueber*, SchiedsVZ 2014, 186, 188.
95 S. *Hausmann*, in: Reithmann/Martiny (o. Fn. 53), Rn. 8.418.
96 *McGuire*, SchiedsVZ 2011, 257, 259, 263; *Wagner*, FS Schumann, 2002, S. 535, 551.
97 *McGuire*, SchiedsVZ 2011, 257, 264, 267.
98 *McGuire*, SchiedsVZ 2011, 257, 264; *Wagner*, FS Schumann, 2002, S. 535, 552.
99 Oben Fn. 15.
100 *Pfeiffer*, NJW 2012, 1169, 1170; *Voit*, in: Musielak/Voit (o. Fn. 26), § 1051 Rn. 3.

die nach Billigkeit entscheiden, gleichwertigen Rechtsschutz bieten können. Die Schiedsgerichte sind also ausweislich der gesetzlichen Konzeption nicht staatliche Gerichte, die bloß anders besetzt werden und einigen prozessualen Besonderheiten unterliegen, sondern ein eigenständiges Instrument der Streitbeilegung.

Dieser Umstand erklärt auch, warum der Hinweis auf einen umfassenden Geltungsanspruch der Rom-I-Verordnung zu kurz greift. Niemand verbietet den Parteien, ihren Rechtsstreit durch einen Vergleich beizulegen, der den Vorgaben des nach der Rom-I-Verordnung anwendbaren Rechts nicht entspricht. Niemand verbietet ihnen, einen solchen Vergleich durch einen Mediator oder einen Schlichter[101] befördern zu lassen oder einen Dritten (§ 317 BGB) zur Bestimmung des Vergleichsinhalts zu ermächtigen. Die Rom-I-Verordnung beansprucht also gerade nicht unabhängig von der Art der Streitbeilegung Geltung. Dass die Schiedsgerichtsbarkeit ohne weiteres dem allgemeinen Kollisionsrecht unterworfen sein soll, lässt sich angesichts dessen nicht mit dem bloßen Hinweis auf die Bindung staatlicher Gerichte begründen. Dass der Gesetzgeber die Schiedsgerichtsbarkeit (auch) als Mechanismus bereitgestellt hat, Streitigkeiten am Maßstab nichtstaatlichen Rechts oder der Billigkeit zu entscheiden, spricht entscheidend gegen eine solche Übertragung.

Es bleibt der Gesichtspunkt des materiellen Schutzes des Schwächeren, dem insbesondere die Beschränkungen der Rechtswahlfreiheit in Art. 6–8 Rom-I-VO dienen. Dieser Schutz wird auch ohne die Rom-I-Verordnung gewährleistet, allerdings auf eigene Art und Weise. So wird der Schiedsspruch im Aufhebungs- oder Vollstreckbarerklärungsverfahren auf die Vereinbarkeit mit dem ordre public überprüft.[102] Zum europäischen ordre public, an dem die Gerichte der Mitgliedstaaten den Schiedsspruch zu messen haben, zählen nach der Rechtsprechung des Europäischen Gerichtshofs[103] beispielsweise auch verbraucherschützende Regelungen.[104] Die Ordre-public-Kontrolle legt zwar großzügigere Maßstäbe an als die Rom-I-Verordnung. Die richtige Anwendung der Rom-I-Verordnung wäre mangels einschlägiger Rechtsbehelfe aber ohnehin nicht sicherzustellen: Schiedsgerichte sind nicht nach Art. 267 AEUV vorlageberechtigt[105] und der Schiedsspruch

101 Zur fehlenden Bindung des Schlichtungsvorschlags an zwingende Verbraucherschutzgesetze nach § 19 Abs. 1 S. 2 VSBG s. *Riehm*, JZ 2016, 866, 871.

102 *McGuire*, SchiedsVZ 2011, 257, 258; *Pfeiffer*, NJW 2012, 1169, 1171; *Schmidt-Ahrendts/Höttler*, SchiedsVZ 2011, 267, 270.

103 EuGH Slg. 2009, I-9579 Tz. 53 ff. = SchiedsVZ 2010, 110 – Asturcom Telecomunicaciones m. w. N.

104 Vgl. *Schmidt-Ahrendts/Höttler*, SchiedsVZ 2011, 267, 270.

105 EuGH Slg. 2005, I-923, I-932 Tz. 13 = NZBau 2005, 278 – Denuit.

wird wegen des Verbots der révision au fond ohnehin nicht darauf überprüft, ob das in der Hauptsache anzuwendende Recht einschließlich des anzuwendenden Kollisionsrechts richtig angewandt wurde.[106] Außerdem muss das Schiedsgericht Eingriffsnormen (i. S. d. Art. 9 Rom-I-VO) beachten, so dass auch insoweit ein Abwahlschutz gegen missliebige Schutzvorschriften besteht.[107] Die Unanwendbarkeit der Rom-I-Verordnung lässt den Schwächeren mithin nicht ohne Schutz.

Schließlich bleiben zwei flankierende Überlegungen. Zum einen würde die Anwendbarkeit der Rom-I-Verordnung dazu führen, dass die Parteien für reine Inlandssachverhalte (die die Rom-I-Verordnung nach Art. 1 Abs. 1 nicht erfasst) größere Rechtswahlfreiheit genießen als bei Sachverhalten, die eine Verbindung zum Recht verschiedener Staaten aufweisen. Dieses Ergebnis ist aus Sicht des internationalen Privatrechts, das in reinen Inlandssachverhalten grundsätzlich gar keine Rechtswahlfreiheit gewährt, sinnwidrig. Zum anderen würde die Anwendbarkeit der Rom-I-Verordnung im Schiedsverfahren mitnichten zu einer umfassenden europaweiten Anwendung der Verordnung führen. Denn nach Art. 25 Abs. 1 Rom-I-VO gebührt dem Europäischen Übereinkommen über die internationale Handelsschiedsgerichtsbarkeit (Europäisches Übereinkommen oder EuÜ)[108] Anwendungsvorrang, da auch Nichtmitgliedstaaten der Europäischen Union Vertragsstaaten des Europäischen Übereinkommens sind (Art. 25 Abs. 2 Rom-I-VO).[109] Von den 27 (künftig: 26) EU-Mitgliedstaaten i. S. d. Art. 1 Abs. 4 S. 1 Rom-I-VO sind 17 gleichzeitig Vertragsstaaten des Europäischen Übereinkommens.[110] Art. VII EuÜ sieht nun aber Bestimmungen über das im Schiedsverfahren auf die Hauptsache anzuwendende Recht vor, die weitgehend mit § 1051 ZPO übereinstimmen und insbesondere keine Beschränkungen der Rechtswahlfreiheit enthalten. Die Geltung der Rom-I-Verordnung vor Schiedsgerichten wäre deshalb von vornherein kein wirksamer Schritt hin zu einer echten Rechtsvereinheitlichung des europäischen Kollisionsrechts.

Auch de lege ferenda empfiehlt es sich nicht, eine Vorrangregelung zugunsten der Rom-I-Verordnung in § 1051 ZPO zu verankern. Es stünde dem Gesetzgeber

---

106 *Solomon,* RIW 1997, 981, 987, 988; *Voit,* in: Musielak/Voit (o. Fn. 26), § 1059 Rn. 18.

107 *Pfeiffer,* NJW 2012, 1169, 1171.

108 BGBl. 1964 II S. 427.

109 *Hausmann,* in: Reithmann/Martiny (o. Fn. 53), Rn. 8.409; unrichtig *McGuire,* SchiedsVZ 2011, 257, 263.

110 Belgien, Bulgarien, Deutschland, Finnland, Frankreich, Italien, Kroatien, Lettland, Luxemburg, Österreich, Polen, Rumänien, Slowakei, Slowenien, Spanien, Tschechien und Ungarn (Liste der Mitgliedstaaten des Europäischen Übereinkommens s. <https://treaties.un.org/doc/Publication/MTDSG/Volume%20II/Chapter%20XXII/XXII-2.en.pdf>, zuletzt abgerufen am 26.04.2018).

zwar frei, die gegenwärtig unanwendbare Rom-I-Verordnung auf diesem Wege auch vor Schiedsgerichten zur Anwendung zu bringen.[111] Damit würde allerdings nicht nur ohne Not von der Regelungsvorlage des Art. 28 ModellG abgewichen, sondern auch die Rechtswahlfreiheit unter den international üblichen Standard[112] abgesenkt. Gleichzeitig wäre ein Verweis auf die Rom-I-Verordnung der Geschlossenheit des deutschen Schiedsverfahrensrechts abträglich und würde seine Lesbarkeit insbesondere für ausländische Parteien erschweren.[113] Im Wettbewerb der Schiedsorte um die Austragung internationaler Schiedsverfahren wäre es ein Schritt rückwärts, die Schiedsgerichte an die Kette der Rom-I-Verordnung zu legen.[114]

c) Verfahren vor dem staatlichen Gericht

Wichtiger noch als eine Änderung der Regeln über das Verfahren vor dem Schiedsgericht sind mögliche Anpassungen der Vorschriften über gerichtliche Verfahren in Schiedssachen.

aa) Verzichtbarkeit des Aufhebungsantrags

Das wichtigste gerichtliche Verfahren in Schiedssachen ist das Aufhebungsverfahren nach § 1059 ZPO. In diesem Zusammenhang stellt sich die Frage, ob die Parteien vor oder nach Erlass des Schiedsspruchs auf das Recht verzichten können, einen Aufhebungsantrag zu stellen. Art. 192 IPRG gestattet einen solchen Verzicht, wenn nur Nichtschweizer am Verfahren beteiligt sind, und bringt lediglich für die Vollstreckung des Schiedsspruchs in der Schweiz das UN-Übereinkommen zur Anwendung. Art. 1718 der belgischen Zivilprozessordnung und § 51 des schwedischen Schiedsverfahrensgesetzes haben diese Regelung übernommen und Art. 1522 der französischen Zivilprozessordnung eröffnet diesen Verzicht sogar Inländern. Erklärtes Ziel solcher Vorschriften ist, die Effizienz der Schiedsgerichtsbarkeit zu steigern[115] und so die Attraktivität des Standorts für internationale Schiedsverfahren zu verbessern.[116]

---

111 *Hausmann*, in: Reithmann/Martiny (o. Fn. 53), Rn. 8.414; vorsichtiger *Solomon*, RIW 1997, 981, 988 f.

112 S. beispielsweise auch Art. 21 ICC-SchO 2012.

113 Zu diesem Gesichtspunkt *Schmidt-Ahrendts/Höttler*, SchiedsVZ 2011, 267, 270 und allgemein Begr. RegE, BT-Drucks. 13/5274, S. 1.

114 S. auch *Hausmann*, in: Reithmann/Martiny (o. Fn. 53), Rn. 8.415; *Voit*, in: Musielak/Voit (o. Fn. 26), § 1051 Rn. 3.

115 *Geimer*, Internationales Zivilprozessrecht, 7. Aufl. 2015, Rn. 3779 f.; Schweiz: Botschaft zum IPR-Gesetz vom 10.11.1982, BBl 1983 I 263, 465.

116 Schweiz: *Berger/Kellerhals*, International and Domestic Arbitration in Switzerland, 3. Aufl. 2015, Rn. 1840.

Diese Regelungen sollten nicht ins deutsche Recht übernommen werden, insbesondere nicht für den Verzicht vor Erlass des Schiedsspruchs. Denn sonst drohen erhebliche Rechtsschutzlücken, beispielsweise in Fällen, in denen das Schiedsgericht die Schiedsklage verfahrensfehlerhaft abweist (weil es dann nichts für vollstreckbar zu erklären gibt) oder in denen der Schiedsspruch seinem Inhalt nach ohnehin nicht durch staatliche Organe vollstreckt zu werden braucht (wie etwa beim Ausschluss von einem sportlichen Wettkampf).[117] Vor allem aber erwachsen inländische Schiedssprüche nach deutschem Recht unmittelbar in Rechtskraft (§ 1055 ZPO), während die meisten anderen Rechtsordnungen zunächst noch ein Anerkennungsverfahren zwischenschalten. Der Verzicht auf ein Aufhebungsverfahren würde den Rechtsschutz gegen fehlerhafte Schiedssprüche deshalb nicht bloß ins Anerkennungs- und Vollstreckbarerklärungsverfahren verlagern, sondern hinsichtlich der Rechtskraft des Schiedsspruchs vollständig ausschließen.[118] Der Schiedsspruch bliebe selbst dann in der Welt und entfaltete ohne jede Überprüfungsmöglichkeit seine Wirkungen, wenn er wegen schwerster Fehler gegen den ordre public verstieße.

Außerdem dürfte kein echtes praktisches Bedürfnis dafür bestehen, vor Erlass des Schiedsspruchs auf den Aufhebungsantrag verzichten zu können. Denn bereits die abstrakte Möglichkeit eines Aufhebungsverfahrens entfaltet selbst dann erhebliche Vorwirkungen, wenn der Aufhebungsantrag später nicht gestellt wird:[119] Wer als Schiedsrichter damit rechnen muss, dass sein Schiedsspruch einer gerichtlichen Überprüfung nicht standhält, wird sein Verhalten im Schiedsverfahren danach ausrichten. Insbesondere wer ein Interesse daran hat, wieder als Schiedsrichter bestellt zu werden, wird die reputationsschädigende Aufhebung seines Schiedsspruchs nach Kräften zu vermeiden suchen. Das schützt die Parteien und die Integrität des Schiedsverfahrens. Eine gut beratene Partei wird ihren Schiedsrichtern daher ohnehin nicht vor Erlass des Schiedsspruchs einen Blankoscheck ausstellen und ihnen durch Vorabverzicht auf den Aufhebungsantrag volle Narrenfreiheit zusichern.[120]

---

117 *Baizeau,* in: Arroyo, Arbitration in Switzerland, 2013, Art. 192 PILS Rn. 52; *Berger/Kellerhals* (o. Fn. 116), Rn. 1843, 1846; zur Vereinbarkeit des Verzichts mit Art. 6 Abs. 1 EMRK s. EGMR, Tabbane v. Schweiz, Antrag Nr. 41069/12, Entscheidung vom 01.03.2016.

118 *Solomon,* Die Verbindlichkeit von Schiedssprüchen in der internationalen privaten Schiedsgerichtsbarkeit, 2007, S. 483 f.

119 *Wolff,* in: Kreindler/Wolff/Rieder (o. Fn. 49), Rn. 6.158; krit. *Solomon* (o. Fn. 118), S. 485 f.

120 S. *Baizeau,* in: Arroyo (o. Fn. 117), Art. 192 PILS Rn. 53.

bb) Unzutreffende Annahme der Unzuständigkeit als Aufhebungsgrund

Der Schiedsspruch wird im Aufhebungsverfahren daraufhin überprüft, ob er in der Sache entscheidet, obwohl eine wirksame Schiedsvereinbarung nicht vorliegt (§ 1059 Abs. 2 Nr. 1 lit. a ZPO) oder ihre Grenzen überschritten sind (§ 1059 Abs. 2 Nr. 1 lit. c ZPO). Während der Schiedsspruch aufgehoben wird, wenn das Schiedsgericht seine Entscheidungszuständigkeit unzutreffend angenommen hat, ist die unzutreffende Ablehnung dieser Entscheidungszuständigkeit (wenn sie denn als Schiedsspruch einzuordnen ist[121]) als solche kein Aufhebungsgrund.[122]

Mehrere ausländische Schiedsverfahrensrechte dagegen haben die unzutreffende Zuständigkeitsverneinung zu einem eigenständigen Aufhebungsgrund gemacht (Art. 190 Abs. 2 lit. b IPRG, § 611 Abs. 2 öZPO; Art. 1520 Nr. 1 französische Zivilprozessordnung). Auch für das deutsche Recht wurde Änderungsbedarf angemeldet.[123]

§ 1059 ZPO entspricht weitgehend Art. 34 ModellG. Mit einem zusätzlichen Aufhebungsgrund würde das deutsche Recht in einer zentralen Frage vom Modellgesetz abweichen und damit in Konflikt mit dem Leitgedanken der Rechtsvereinheitlichung geraten. Deshalb müssen sehr gute Sachgründe für eine solche Ergänzung bestehen.

Diese Sachgründe bestehen nicht, so dass der Katalog des § 1059 Abs. 2 ZPO unverändert bleiben sollte. Die Befürworter eines zusätzlichen Aufhebungsgrunds führen im Kern den Schutz des Parteiwillens ins Feld, insbesondere mit Blick auf die sonst eröffnete Zuständigkeit ausländischer staatlicher Gerichte, die die Parteien gerade abwählen wollten.[124] Dieses Argument ist mindestens ambivalent, denn die Parteien haben die Entscheidung des Rechtsstreits ja gerade in die Hand des Schiedsgerichts gelegt, und zwar ohne Möglichkeit der inhaltlichen Überprüfung. Warum das Schiedsgericht dann nicht abschließend über seine Zuständigkeit entscheiden dürfen soll, bleibt dunkel. Für die Annahme der schiedsgerichtlichen Zuständigkeit muss eine Ausnahme gelten, weil Schiedsgerichte vertraglich legitimiert sein müssen und sich andernfalls eigene Zuständigkeiten schaffen könnten. Bei Ablehnung ihrer Zuständigkeit besteht dagegen kein Grund, die abschließende Entscheidungszuständigkeit des Schiedsgerichts zu durchbrechen.

---

121 So BGHZ 151, 79, 80 f.; mit guten Gründen a. A. *Voit*, in: Musielak/Voit (o. Fn. 26), § 1040 Rn. 8, jeweils m. w. N.

122 BGHZ 151, 79, 82 f.

123 *Geimer*, FS Elsing, 2015, S. 147 ff., insbes. 149; *Kröll*, FS Horn, 2006, S. 989, 1000; *Raeschke-Kessler*, FS Elsing, 2015, S. 433, 440 f.

124 Oben Fn. 123.

Auch rein tatsächlich dürfte es sich kaum um ein drängendes Problem handeln, da Schiedsgerichte selten dazu neigen, die eigene Zuständigkeit abzulehnen.[125]

Neben der Rechtsvereinheitlichung und dem fehlenden Bedürfnis für einen zusätzlichen Aufhebungsgrund spricht auch der Gleichlauf mit dem Vollstreckbarerklärungsverfahren gegen eine Ergänzung des § 1059 Abs. 2 ZPO. Denn der Charme der gegenwärtigen Regelung liegt im weitestgehend gleichen Prüfungsprogramm nach § 1059, § 1060 und § 1061 ZPO. Gerade um dieses Gleichlaufs willen hatte sich das Modellgesetz an die Anerkennungsversagungsgründe des Art. V UNÜ angelehnt.[126] Zumindest für die Anerkennung und Vollstreckbarerklärung ausländischer Schiedssprüche kann der deutsche Gesetzgeber keinen weiteren Anerkennungsversagungsgrund schaffen, ohne gegen seine völkerrechtliche Verpflichtung aus Art. III, V UNÜ zu verstoßen. Es ist nicht angezeigt (und wäre auch nicht eben schiedsfreundlich), deutsche Schiedssprüche weitergehend überprüfbar zu stellen.

cc) Verkürzung des Instanzenzugs

Eingangsinstanz für Aufhebungs- und Vollstreckbarerklärungsverfahren ist das Oberlandesgericht (§ 1062 Abs. 1 ZPO), gegen dessen Beschluss die Rechtsbeschwerde zum Bundesgerichtshof stattfindet (§ 1065 ZPO). Die Schweiz (Art. 191 IPRG) und, ihr nachfolgend, nunmehr auch Österreich (§ 615 öZPO) haben den Instanzenzug verkürzt und das oberste Zivilgericht zur ersten und letzten Instanz in Aufhebungsverfahren gemacht.[127] Eine solche Verkürzung verfolgt einen doppelten Zweck, nämlich die Entscheidungsqualität durch Konzentration bei einem Gericht zu verbessern und die Gesamtdauer des Verfahrens zu verringern.

Obwohl diese beiden Zwecke auch für Deutschland Geltung beanspruchen, sollte die Regelung nicht vorschnell übernommen werden. Denn für Deutschland sind ganz andere Fallzahlen zugrunde zu legen: Beim schweizerischen Bundesgericht wurden 2015 insgesamt 39 Aufhebungsanträge entschieden,[128] beim österreichischen Obersten Gerichtshof gerade einmal sechs.[129] Im selben Jahr wurden

---

125 S. *Schroeter*, SchiedsVZ 2004, 288 Fn. 3.

126 Analytical Commentary on Draft Text of a Model Law on International Commercial Arbitration, A/CN.9/264, Art. 34 Rn. 6 (S. 72).

127 Für Verfahren zur Vollstreckbarerklärung von Schiedssprüchen bestehen weder in der Schweiz (*Bühler/Cartier*, in: Arroyo [o. Fn. 117], Kap. 12 Rn. 142) noch in Österreich (*Heider/Nueber/Schumacher/Siwy/Zeiler*, Dispute Resolution in Austria, 2015, S. 79) Sonderzuständigkeiten.

128 *Dasser/Wójtowicz*, ASA Bulletin 2016, 280, 281.

129 OGH, Tätigkeitsbericht 2015 (o. Fn. 9), S. 11 („OCg-Sachen").

in Deutschland 211 Sch-Sachen, also Aufhebungs- und Vollstreckbarerklärungsverfahren nach § 1062 Abs. 1 Nr. 4 ZPO, vor die Oberlandesgerichte gebracht;[130] wie viele Aufhebungsverfahren sich darunter befanden, ist statistisch nicht erfasst.

Was die Verbesserung der Entscheidungsqualität durch Konzentration anbelangt, zeigt sich, dass das OLG Frankfurt und das OLG München im Jahr jeweils ähnlich viele Schiedssprüche überprüfen wie das schweizerische Bundesgericht.[131] Durch eine Verlagerung der Eingangszuständigkeit zum Bundesgerichtshof wäre hier nicht viel zu gewinnen. Problematisch bleiben allein die Oberlandesgerichte mit geringen Fallzahlen, bei denen eine (auch länderübergreifende) Konzentration aber ausreichen würde (s. oben II 2 a).

Die Verfahrensbeschleunigung taugt ebenfalls kaum als Argument für eine Eingangszuständigkeit des Bundesgerichtshofs. Denn die Rechtsbeschwerde führt nur dann zum Bundesgerichtshof, wenn die Rechtssache grundsätzliche Bedeutung hat oder eine höchstrichterliche Entscheidung zur Fortbildung des Rechts oder zur Sicherung einer einheitlichen Rechtsprechung erforderlich ist (§ 574 Abs. 2 ZPO). Selbst unter diesen engen Voraussetzungen machen die Parteien nicht stets Gebrauch von ihrem Rechtsmittel: 211 Sch-Sachen (§ 1061 Abs. 1 Nr. 4 ZPO) vor den Oberlandesgerichten im Jahr 2015 stehen gerade einmal zwei veröffentlichte Entscheidungen des Bundesgerichtshofs in solchen Verfahren gegenüber.[132] Auch wenn die Gesamtzahl solcher Rechtsbeschwerdeverfahren nicht statistisch erfasst wird, endet der Instanzenzug deshalb rein tatsächlich in den allermeisten Fällen mit dem Beschluss des Oberlandesgerichts.

Im Gegenteil droht eine Konzentration beim Bundesgerichtshof die Verfahren insgesamt eher zu verlängern als zu verkürzen, weil die Verfahren vor den Oberlandesgerichten in der Regel weniger lang dauern (Durchschnitt beim OLG Frankfurt: unter vier Monate[133]) als vor dem Bundesgerichtshof (Durch-

---

130 Statistisches Bundesamt (o. Fn. 14), 2015, S. 90.

131 OLG Frankfurt: durchschnittlich 30,6 Sch-Sachen jährlich zwischen 2006 und 2015, OLG München: durchschnittlich 36,2 Sch-Sachen jährlich zwischen 2006 und 2015 (Zahlengrundlage: Statistisches Bundesamt [o. Fn. 14]).

132 Zahlengrundlage sind die 2015 vom Bundesgerichtshof gefällten und auf <www.bundesgerichtshof.de> veröffentlichten Entscheidungen.

133 Zahlengrundlage: *Wolff/Falk*, SchiedsVZ 2006, 280 Fn. 5 und 6 (3,88 Monate Durchschnittsdauer aller Vollstreckbarerklärungsverfahren 2005 bei einer Durchschnittsdauer von 6,5 Monaten bei streitigen Vollstreckbarerklärungsanträgen). Die Verfahrensdauer der 2014 und 2015 beim OLG Frankfurt eingegangenen und am 14.04.2016 bereits erledigten 34 Sch-Sachen betrug durchschnittlich 3,5 Monate.

schnitt: knapp zwölf Monate[134]). Dass der Bundesgerichtshof erstinstanzlich schneller entscheiden würde als über Rechtsbeschwerden, ist kaum anzunehmen. Schließlich wäre eine Verlagerung von mehr als 200 Verfahren jährlich auf den Bundesgerichtshof nur schwer mit dem fortdauernden Bestreben vereinbar, die Arbeitsbelastung dieses Gerichts zu senken.[135]

dd) Englisch als Gerichtssprache

Schon länger wird vorgeschlagen, den Rechtsstandort Deutschland durch englischsprachige Verfahrensführung vor deutschen Gerichten zu stärken. Um den Bundesratsentwurf eines Gesetzes zur Einführung von Kammern für internationale Handelssachen (KfiHG) aus dem Jahr 2014[136] ist es inzwischen still geworden, ebenso um die praeter legem bereits vor einigen Land- und Oberlandesgerichten angebotene Durchführung mündlicher Verhandlungen in englischer Sprache.

Ob vor den Landgerichten in englischer Sprache verhandelt werden kann, spielt für die Attraktivität Deutschlands als Schiedsstandort keine Rolle. Dafür ist aber von Interesse, ob Verfahren nach § 1062 ZPO vor den Schiedssenaten der Oberlandesgerichte und des Bundesgerichtshofs in englischer Sprache geführt werden können. Denn so könnten staatliche Annexverfahren ohne Bruch die Sprache des Schiedsverfahrens (bei internationalen Verfahren meist: englisch) fortführen.[137] Aus diesem Grund wird in der Schweiz gerade erwogen, erstmals in einem Civil-law-Land ein englischsprachiges Aufhebungsverfahren zu ermöglichen.

Gegen englischsprachige Gerichtsverfahren in Deutschland werden der Grundsatz der Öffentlichkeit und die sprachliche Identität des Landes vorgebracht.[138] Selbst bei Zurückstellen dieser Bedenken empfiehlt es sich nicht, vollständig eng-

134 Oben Fn. 10.

135 Die von *Raeschke-Kessler*, FS Elsing, 2015, S. 433, 441 f. (und Stellungnahme 10/2015 des Deutschen Anwaltvereins [o. Fn. 38], S. 6 f.) vorgeschlagene obligatorische mündliche Verhandlung in Aufhebungs- und Vollstreckbarerklärungsverfahren dagegen wäre der Verfahrensbeschleunigung abträglich. Dasselbe gilt für den (Folge-) Vorschlag, die Rechtsbeschwerde nach § 1065 ZPO durch Nichtzulassungsbeschwerde und Revision zu ersetzen (*Raeschke-Kessler*, FS Elsing, 2015, S. 433, 442 f. und Stellungnahme 10/2015 des Deutschen Anwaltvereins [o. Fn. 38], S. 7). Soweit dahinter gebührenrechtliche Forderungen stehen (s. *Raeschke-Kessler* a. a. O.), mag das Gebührenrecht zu ändern sein. Die Effizienz des gerichtlichen Rechtsschutzes darf allerdings nicht auf dem gebührenrechtlichen Altar geopfert werden.

136 BT-Drucks. 18/1287.

137 Stellungnahme BReg. KfiHG-E, BT-Drucks. 18/1287, S. 19; *Illmer*, ZRP 2011, 170, 172.

138 S. nur *Flessner*, NJOZ 2011, 1913; *Zimmermann*, in: MünchKommZPO (o. Fn. 32), § 184 GVG Rn. 12.

lischsprachige Verfahren nach § 1062 ZPO anzubieten. Es mag zutreffen, dass es in Deutschland zahlreiche Richter gibt, die die englische Sprache – einschließlich der Fachsprache – hervorragend beherrschen.[139] Soweit Schiedssenate sich stets beglaubigte Übersetzungen englischsprachiger Schiedssprüche vorlegen lassen (oben II 1 b), steht aber nicht zu erwarten, dass ihre Mitglieder zu diesem Kreis zählen. Der Fremdsprachigkeit der Richter kann aber nicht der Vorzug vor ihrer Vertrautheit mit Schiedssachen gebühren. Außerdem wird jedenfalls der Bundesgerichtshof nicht ohne weiteres eine englischsprachige Verfahrensführung gewährleisten können und eine Fremdsprachigkeit, die nicht den gesamten Instanzenzug abdeckt, ist wenig sachdienlich.[140]

Zielführender dürfte es sein, den Senaten freizustellen, in Verfahren nach § 1062 ZPO auch Schriftsätze in englischer Sprache zuzulassen. Das trägt dem Umstand Rechnung, dass Richter häufig durchaus über ein ausreichendes Leseverständnis für englischsprachige Texte verfügen, auch wenn sie sich die aktive Verfahrensführung und das Abfassen einer Entscheidung in einer Fremdsprache nicht zutrauen. Für die Parteien und ihre Vertreter bringt es bereits einen erheblichen Gewinn mit sich, auf Übersetzungen der Schriftsätze ins Englische (für den Mandanten) und des Schiedsspruchs und weiterer Unterlagen aus dem Schiedsverfahren ins Deutsche (für das Gericht) verzichten zu können. Ob die mündliche Verhandlung, die ohnehin nur nach Maßgabe des § 1063 Abs. 2 ZPO stattfindet und sich in aller Regel in einem Rechtsgespräch erschöpft, dann in deutscher oder englischer Sprache durchgeführt wird, ist demgegenüber weniger bedeutsam. Der gerichtliche Beschluss mag ins Englische übersetzt werden.[141]

IV. Zusammenfassung

Die Justiz ist ein zentraler Standortfaktor im Wettbewerb um die Austragung internationaler Schiedsverfahren. Die deutsche Justiz ist dabei insgesamt sehr gut aufgestellt, selbst wenn innerhalb des geltenden Rechtsrahmens noch Verbes-

---

139 So Begr. BR-Entw. KfiHG, BT-Drucks. 18/1287, S. 9.

140 So zutr. VRiBGH *Ball* in der Anhörung des Rechtsausschusses zum KfiHG am 09.11.2011, abrufbar unter <https://www.bundestag.de/dokumente/textarchiv/2011/36400205_kw45_pa_recht/206810> (zuletzt abgerufen am 26.04.2018); s. auch *Poseck*, Liber Amicorum Landau, 2016, S. 561, 574.

141 S. Begr. BR-Entw. KfiHG, BT-Drucks. 18/1287, S. 16 („Es steht dem Gericht allerdings frei, eine Entscheidung zunächst auf Deutsch zu entwerfen und sie anschließend in die englische Sprache übersetzen zu lassen. Die hierbei entstehenden Kosten sind Kosten des Rechtsstreits im Sinne von §§ 91 ff. ZPO.").

serungen bei der Verfahrensdauer (oben II 1 a), beim Umgang mit englischsprachigen Dokumenten (oben II 1 b) und bei der Konzentration von Schiedssachen (oben II 2 a) wünschenswert sind.

Auch der geltende Rechtsrahmen hat sich insgesamt bewährt. Reformen des geltenden Schiedsverfahrensrechts sollten nur behutsam erfolgen und insbesondere auch der internationalen Vereinheitlichung und der Beständigkeit des Schiedsverfahrensrechts Rechnung tragen (oben III 1). Wenn sich der Gesetzgeber danach zu einer Reform entscheidet, sollten die Regelungen der Art. 2A (oben III 2 b aa), Option II Art. 7 (oben III 2 b bb) und Art. 35 ModellG 2006 (oben III 2 b dd) ins deutsche Recht übernommen werden. Statt einer Übernahme der Art. 17–17J ModellG 2006 sollte § 1041 Abs. 2–4 ZPO in den Katalog des § 1025 Abs. 2 ZPO aufgenommen werden (oben III 2 b cc). § 1061 ZPO sollte neu gefasst (oben III 2 a) und es den Gerichten freigestellt werden, in Verfahren nach § 1062 ZPO englischsprachige Schriftsätze zuzulassen (oben III 3 c dd).

Erwogen werden mag, eine klarstellende Regelung für Mehrparteienschiedsverfahren zu schaffen (oben III 3 b aa). Eine Neuregelung der Verbraucherschiedsgerichtsbarkeit einschließlich der Onlineschiedsgerichtsbarkeit (oben III 2 a) und Transparenzregeln für Schiedsverfahren unter Beteiligung der öffentlichen Hand (oben III 3 b ee) sollten erst zu einem späteren Zeitpunkt in Angriff genommen werden.

Prof. Dr. oec. Jewhen Berscheda*, Kiew

Alternative Streitbeilegung und das Assoziierungsabkommen zwischen der Ukraine und der EU: Orientierungspunkte für die Ukraine*

Die EU-Erweiterung und eine Vertiefung der europäischen Integration, vor allem nach der Inkraftsetzung des Lissabon-Vertrags, haben das äußere Umfeld dramatisch verändert und die europäische Ausrichtung der Ukraine gestärkt.

Der nach seiner Wirtschaftskraft größte und in der politischen und zivilisatorischen Dimension einflussreichste Nachbar der Ukraine liegt zum ersten Mal an ihrer westlichen Grenze. Angesichts dieses Umstandes ist es schwierig, die Bedeutung des Assoziierungsabkommens und des Abkommens über eine Freihandelszone zwischen der Ukraine und der EU zu überschätzen, auch in Bezug auf die Schaffung eines rechtlichen Rahmens für die Wirtschaftsbeziehungen und die weitere Neuformatierung der ukrainischen Gesellschaft auf der Grundlage von Demokratie und sozialer Marktwirtschaft. Damit stellt das Assoziierungsabkommen einen systemischen Ansatz dar für Reformen mit konkreten Aufgaben, der Implementierung der Rechtsvorschriften über die Wettbewerbspolitik und ihre Anwendung, einschließlich Fristen zur Erfüllung dieser Aufgaben.

Der Aufschub hinsichtlich der Inkraftsetzung des Abschnitts 4 des Abkommens „Handel und handelsbezogene Fragen" betrifft die Umsetzung insofern nicht als er sich nicht unmittelbar auf die Freihandelszone bezieht. Darüber hinaus wurde dadurch mehr Zeit und Möglichkeiten für eine bessere institutionelle Unterstützung der Implementierung dieses Teils des Abkommens ab dem 01.01.2016 gewonnen.

Im Zusammenhang mit den Themen der Konferenz findet der Inhalt des Assoziierungsabkommens zwischen der Ukraine und der EU bezüglich der Beilegung von Streitigkeiten an sich und der alternativen Streitbeilegung im Besonderen besondere Beachtung.

Zunächst wäre darauf hinzuweisen, dass angesichts des Fehlens nationaler Rechtsvorschriften zur Mediation die ukrainische Seite mit der Ratifizierung des Assoziierungsabkommens erstmalig auf der Ebene des Staates diesen Mechanis-

---

* *Korrespondierendes Mitglied der Akademie der Wissenschaften der Ukraine, Stellvertretender Direktor des Instituts für Gesetzgebung der Verchovna Rada, Kiew.*

mus der Vermittlung als Mittel zur Beilegung von Streitigkeiten in dem wichtigen Bereich wie den Beziehungen zur EU definiert hat.

In diesem Falle entspricht die Position der Ukraine nicht nur den europäischen und globalen Trends, sondern bildet auch einen konkreten und sehr wichtigen Orientierungspunkt bei den weiteren Reformen des nationalen Rechtssystems in Richtung einer Liberalisierung der rechtlichen und wirtschaftlichen Beziehungen. Gleichzeitig sendet der in dem Assoziierungsabkommen aufgezeigte zivilgesellschaftliche Ansatz zur Streitbeilegung wegen seiner Attraktivität ein wichtiges Signal an aktive oder potenzielle Wirtschaftssubjekte auf dem ukrainischen Markt und fördert damit ihre weitere Präsenz oder ihr Handeln auf diesem Markt. Die Tatsache, dass das Assoziierungsabkommen eine Reihe von Bestimmungen über alternative Streitbeilegung enthält, zeugt auch von der Anerkennung bestimmter Leistungen der Ukraine in diesem Bereich durch die EU sowie von der Entwicklung der Marktwirtschaft und der demokratischen Institutionen in der Ukraine im Allgemeinen. Obwohl der Prozess der Ratifizierung des Assoziierungsabkommens durch alle seine Mitglieder noch nicht abgeschlossen ist und angesichts der Erfahrungen anderer Länder 2–3 Jahren in Anspruch nehmen wird, sind in diesem Dokument die Mechanismen seiner provisorischen (bis zum Inkrafttreten) Anwendung definiert. In diesem Zusammenhang erscheint es uns wichtig, sich auf die Anwendung des im Assoziationsabkommen verankerten Streitbeilegungssystems, einschließlich der ADR-Verfahren vorzubereiten. Der Abschnitt 4 „Handel und handelsbezogene Maßnahmen" des Assoziierungsabkommens enthält zwei Mechanismen für die Beilegung von Streitigkeiten: im Kapitel 14 „Streitbeilegung[1]" und im Kapitel 15 „Mediationsmechanismus"[2]. Diese beiden Mechanismen verfolgen das gleiche Ziel, und zwar eine Konfliktlösung zwischen den Parteien im Zusammenhang mit der Anwendung der Bestimmungen des Assoziierungsabkommens. Zugleich berücksichtigt das Kapitel 14 die gegenseitigen Verpflichtungen der Parteien im Zusammenhang mit der Mitgliedschaft in der Welthandelsorganisation und betrifft die Streitbeilegung unter Beteiligung von schiedsrichterlichen Gruppen, d. h. von Handlungen, die denen eines typischen Schiedsgerichts ähneln. Das Kapitel 15 enthält einen ausführlich definierten Beilegungsmechanismus durch Mediation. Somit ist ein demokratisches Modell aus zwei alternativen Verfahren der Streitbeilegung – einem schiedsgerichtlichen und einem mediationsbasierten – vorgesehen, die einen integralen Bestandteil des effektiven Funktionierens der Marktwirtschaft in den EU-Ländern darstellen.

---

1 Im Englischen Original: „*dispute settlement*".

2 Im Englischen Original: „*mediation mechanism*".

Es sei darauf hingewiesen, dass im Vergleich mit dem in Kapitel 14 aufgeführten schiedsgerichtlichen Mechanismus das Kapitel 15 eine Reihe von Maßnahmen enthält, welche die Beilegung von Streitigkeiten mit geringerem Zeitaufwand, bzw. Kosten ermöglichen. Darüber hinaus schafft das Mediationsverfahren die Voraussetzungen für eine kompromissbasierte Beilegung von Streitigkeiten unter Wahrung eines Interessenausgleichs zwischen den Parteien. Somit enthält das Assoziierungsabkommen zwischen der Ukraine und der EU reale Mechanismen für die Beilegung von öffentlich-rechtlichen Streitigkeiten, die zwischen den Parteien potentiell entstehen könnten. Dabei sind diese Mechanismen den Mechanismen zur Beilegung von privat-rechtlichen Streitigkeiten ähnlich. Der Abschnitt 4 des Assoziierungsabkommens „Handel und handelsbezogene Maßnahmen" enthält eine Reihe von Vorschriften hinsichtlich der Beilegung von Streitigkeiten, die in bestimmten Bereichen der Zusammenarbeit entstehen. So ist im Kapitel 6 dieses Abschnitts „Existenzgründung, Handel mit Dienstleistungen und E-Commerce" der Artikel 123 „Streitigkeiten zwischen Dienstleistern" enthalten. In Übereinstimmung damit wird die Rolle der Regulierungsbehörden bei der Beilegung von Streitigkeiten zwischen Dienstleistern im Bereich der elektronischen Kommunikation definiert. Unter anderem legt der besagte Artikel eine viermonatige Frist für die verbindliche Entscheidung zur Beilegung von in diesem Bereich auftretenden Streitigkeiten durch die Regulierungsbehörden fest. Es wird die Forderung nach Transparenz derartiger Entscheidungen verankert (bei gleichzeitigem Schutz vertraulicher Informationen). Zur wirksamen Beilegung von Streitigkeiten zwischen Subjekten, die grenzüberschreitende Dienstleistungen im Bereich der elektronischen Kommunikation anbieten, wird vorgeschlagen, die Regulierungsbehörden der Parteien zur Koordinierung gemeinsamer Anstrengungen zu verpflichten. Dieser Ansatz erfordert von der Ukraine die Schaffung eines rechtlichen Rahmens, der den umfassenden Vollzug der zwingenden Bestimmungen dieses Artikels ermöglicht. Im selben Abschnitt 4 ist eine Reihe von Regelungen zur Aktivierung der Zusammenarbeit auf dem Gebiet des Schutzes der Rechte auf geistiges Eigentum und des Wettbewerbs enthalten. Obwohl das im Rahmen des Assoziierungsabkommens vorgeschlagene Regelwerk keine konkreten Vorschläge für die Beilegung von Streitigkeiten in diesen Bereichen definiert, beziehen sich einzelne Bestimmungen in Art. 251 „Rechtliches Verhalten und justizielle Zusammenarbeit", Art. 252 „Zusammenarbeit", Art. 259 „Informationsaustausch und Zusammenarbeit im Bereich der Rechtsanwendung" und in Art. 260 „Beratungen" auf eine Verbesserung der Mechanismen der justiziellen Zusammenarbeit und der Rechtsanwendung. Insgesamt erfordert die Implementierung des besagten Teils des Abkommens die Durchführung von

Reformen des Rechtsrahmens auf der Ebene der Durchführungsbestimmungen. Wie bereits erwähnt, gehört zu den zu erwartenden Ergebnissen des Abschlusses des Assoziierungsabkommens zwischen der Ukraine und der EU eine Intensivierung der Wirtschaftsbeziehungen, insbesondere der Investitionen. Damit verbunden wird die Zunahme der Belastung der Justiz und quasi-gerichtlicher Institutionen, die für die Beilegung von Rechtsstreitigkeiten zuständig sind, erwartet. Einige Bestimmungen des Assoziierungsabkommens geben Grund zu der Annahme, dass die Beilegung eines Großteils der Investitionsstreitigkeiten nicht durch die Anwendung der in dem Abkommen enthaltenen Mechanismen zur Streitbeilegung möglich sein wird, wenn sie mit der Besteuerung im Aufnahmestaat in Zusammenhang stehen. Diese Investitionsstreitigkeiten sollen auf der Grundlage von bilateralen internationalen Abkommen über die Vermeidung der Doppelbesteuerung geregelt werden (wenn entsprechende Abkommen zwischen den Ursprungsstaaten der Streitparteien vorliegen). Das Abkommen enthält auch Regelungen über Streitigkeiten, die infolge der durch die Parteien vorgenommenen Anwendung von Verwaltungsmaßnahmen entstehen könnten. So sehen die Bestimmungen der Art. 285 „Verwaltungsverfahren" und Art. 286 „Revision und Anfechtung" die Notwendigkeit der Unterstützung der Einrichtung von Gerichten, von unabhängigen quasi-gerichtlichen und Verwaltungstribunalen durch die Parteien für die sofortige Revision und die Korrektur der mit den Anwendungsbereichen des Abkommens im Zusammenhang stehenden Verwaltungsmaßnahmen, die wichtigsten Anforderungen an solche Institutionen und die Prinzipien vor, nach denen sie handeln sollen.

Es wäre zu beachten, dass Abschnitt 4 des Assoziierungsabkommens die Anlagen beinhaltet, die sich unmittelbar auf die Beilegung von Streitigkeiten beziehen, die bei der Anwendung der Bestimmungen dieses Abschnitts entstehen können. U.a. handelt es sich um die Anlage XIV zum Kapitel 14 „Verfahrensregelungen zur Beilegung von Streitigkeiten" und die Anlage XV zum Kapitel 15 „Verhaltenskodex für Mitglieder eines Schiedsausschusses und Mediatoren". Angesichts der Tatsache, dass alle Anlagen ein integraler Bestandteil des Dokuments sind, kann daraus der Schluss gezogen werden, dass das Assoziierungsabkommen eine Liste von Anforderungen an die Schiedsrichter und Mediatoren sowie ein System von Verfahrensregelungen enthält. Zugleich gelten die oben genannten Anforderungen und Streitbeilegungsverfahren ausschließlich im Rahmen von Streitigkeiten, die infolge der Anwendung der Bestimmungen des Abschnitts 4 entstehen. Folglich sind diese Mechanismen zur Beilegung solcher Streitigkeiten in dem Abschnitt selbst und den dazugehörigen Anlagen ausführlich geregelt. Zugleich enthält das Abkommen eine Reihe von Bestimmungen, die sich direkt oder indirekt auf die gerichtliche und außergerichtliche Beilegung von Streitigkeiten außerhalb des Anwendungsbereichs des Abschnitts 4 beziehen. Insbesondere enthält der Art. 14 „Rechtsstaatlichkeit und Achtung der Menschenrechte und Grundfreiheiten" im Abschnitt 3 „Justiz, Freiheit und Sicherheit" eine Reihe von Bestimmungen, die sich auf Rechtsstaatlichkeit, Wirksamkeit der Justiz sowie die Koordinierung der Aktivitäten der Strafverfolgungs- und Justizbehörden beziehen. Obwohl dieser Artikel keine konkreten Schwerpunkte der Justizreformen enthält, geben die darin verwendeten Formulierungen einen Grund zu der Annahme, dass das Abkommen die grundlegenden Leitlinien für die Durchführung von Reformen festlegt. Die Bestimmungen des genannten Art. 14 sind in Art. 24 „Rechtliche Zusammenarbeit" detailliert geregelt, in dem die Grundprinzipien der rechtlichen Zusammenarbeit zwischen den Parteien in Zivil- und Strafsachen enthalten sind. Beachtenswert ist die Tatsache, dass das allgemeine Streitbeilegungsverfahren in Artikel 477 des Assoziierungsabkommens aufgeführt ist. Gleichzeitig wird darin festgelegt, dass dieser Mechanismus bezüglich der Streitigkeiten im Zusammenhang mit der Anwendung der Bestimmungen aus Abschnitt 4 „Handel und handelsbezogene Fragen" nicht in Anspruch genommen werden kann. Angesichts der Tatsache, dass der Abschnitt 4 eigentlich die Grundlage des Wirtschaftsteils des Abkommens bildet und die meisten seiner Bestimmungen erst ab 1. Januar 2016 rechtswirksam werden, gewinnt der in Art. 477 „Streitbeilegung" aufgeführte Streitbeilegungsmechanismus an besonderer Bedeutung, da dieser Artikel im Rahmen der vorläufigen Anwendung ab dem 1. November 2014 bereits rechtswirksam ist. Unter den gegebenen Umständen sind die Mechanismen zur Beilegung von Streitigkeiten zwischen den Parteien besonders aktuell für die Ukraine und die anderen Mitglieder des Assoziationsabkommens, und das Studium der Erfahrungen der Beilegung von privat-rechtlichen Streitigkeiten mithilfe alternativer (außergerichtlicher) Verfahren in Deutschland und Polen soll helfen, die Entstehung von öffentlich-rechtlichen Streitigkeiten bei der Anwendung der Bestimmungen des genannten Abkommens zu vermeiden. Unserer Meinung nach wurde die Ratifizierung des Assoziierungsabkommens zwischen der Ukraine und der EU, neben den anderen positiven Folgen, zu einem Impuls für die allgemeine Verbesserung der rechtlichen Regelung der alternativen Verfahren zur Beilegung von Streitigkeiten in der Ukraine und für die Beschleunigung der Umsetzung durch das neu gewählte Parlament von Gesetzesinitiativen, die unmittelbar die Angleichung des ukrainischen Rechts an die EU-Standards zum Ziel haben. Auf die konkreten Aufgaben auf dem Gebiet der Reformen des ukrainischen Rechts wurde immer wieder durch ukrainische und ausländische Experten, u. a. im Rahmen internationalen Foren bezüglich alternativer Streitbeilegung eingegangen. In die Verchowna Rada der Ukraine der letzten Legislaturperiode wurde ein Gesetzentwurf „Über die Novellierung einiger Rechtsvorschriften der Ukraine (in Bezug auf Maßnahmen zur Sicherung einer Klage zur Unterstützung eines internationalen Schiedsgerichts)“ vom 07.10.2013 eingereicht, dessen Annahme die Lösung des Problems der effektiven Vollstreckung von Schiedssprüchen ermöglichen könnte. Beim Parlament der Ukraine wurden auch die Gesetzentwürfe „Über Mediation“ über alternative Streitbeilegungsverfahren eingereicht, die das Ziel der Implementierung der Mediation auf gesetzlicher Ebene und die Schaffung der rechtlichen Voraussetzungen für die Anwendung von entsprechenden Verfahren in der Ukraine verfolgen. Leider wurde keiner der oben genannten Gesetzentwürfe zur Abstimmung gestellt. Es sei betont, dass die Reform des ukrainischen Justizsystems die Übereinstimmung mit europäischen Standards anstrebt und mit den europäischen Bestrebungen der Ukraine und den Trends der Entwicklung von alternativer Streitbeilegung in Europa und der Welt eng verbunden ist. Die Durchsetzung des Konzepts und das konkrete „Know-how“ alternativer Streitbeilegung im Assoziierungsabkommen zwischen der EU und der Ukraine sind auf die Reform des ukrainischen Justizwesens gerichtet und bezieht sich unmittelbar auf die für postsowjetische Länder schmerzlichen Fragen der Bekämpfung von Korruption und Bürokratie.

In der Ukraine ist man sich bewusst, dass nicht nur Unternehmen, sondern auch Staaten, die alternative Streitbeilegung im großen Maßstab anwenden, wegen ihrer Erfahrungen auf diesem Gebiet als Wirtschaftspartner attraktiv sind. So ist die breite Anwendung dieses Ansatzes eine Aufgabe nicht nur von nationaler, sondern auch internationaler Bedeutung. Der Inhalt des Assoziierungsabkommens zwischen der Ukraine und der EU und sein schrittweises Inkrafttreten haben konkrete Orientierungspunkte für die ukrainischen Teilnehmer des Gesetzgebungsprozesses geschaffen und stellt einen mit der europäischen Seite gemeinsamen und in der Zeit gestaffelten Plan von demokratischen Transformationen und marktwirtschaftlichen Reformen auf. Allein die Tatsache der Entwicklung und der gegenseitigen Genehmigung dieses eigenartigen Plans wurde zum Indiz bestimmter Garantien für die außenwirtschaftlichen Partner der Ukraine in der EU und darüber hinaus. Dabei trägt die Annäherung zwischen der Ukraine und der EU auf der Grundlage der gemeinsamen Umsetzung von konkreten Bestimmungen des Assoziierungsabkommens aus unserer Sicht bereits zur Verbesserung der Wettbewerbsfähigkeit nicht nur der Ukraine, sondern auch der EU bei, die dadurch weit reichende Möglichkeiten für den Zugang zu dem de facto wenig erschlossenen, großen und unmittelbar an der EU-Grenzen liegenden ukrainischen Markt erhalten hat.

Dr. jur. Markian Malskyi*, Lemberg

Aktuelle Entwicklungen der schiedsgerichtlichen Praxis in der Ukraine

I. Einleitung

Der Erlass des Präsidenten der Ukraine Nr. 5/2015 vom 12. Januar 2015 wurde zur rechtlichen Umsetzung der jüngsten Ereignisse in der Ukraine, der Ratifizierung des Assoziierungsabkommens zwischen der Ukraine und der Europäischen Union und der Europäischen Gemeinschaft für Atomenergie und ihren Mitgliedsstaaten, beschlossen. Darin wurde die Strategie der nachhaltigen Entwicklung „Die Ukraine – 2020" festgelegt. Diese Strategie regelt den Zweck, die Richtung, die *Roadmap*, die vorrangigen Prioritäten und die strategischen Indikatoren der Verteidigung, der wirtschaftlichen und sozialen, der organisatorischen, politischen und rechtlichen Bedingungen des Aufbaus und der Entwicklung der Ukraine. Dabei wird unter den vordringlichsten Reformen, die umgesetzt werden sollen, die Justizreform hervorgehoben, deren Zweck darin besteht, die tatsächliche Ausübung des Menschenrechts auf eine faire gerichtliche Verhandlung durch ein unabhängiges, professionelles und unvoreingenommenes Gericht zu gewährleisten sowie die Sicherung eines solchen Niveaus der gesellschaftlichen Rechtskultur, das die praktische Realisierung des Grundsatzes der Herrschaft des Rechts in der Ukraine garantiert.

Die Gerichtsreform wurde in der Ukraine mit der Verabschiedung des Gesetzes der Ukraine „Über die Gewährleistung des Rechts auf ein faires Gericht" eingeleitet, das durch den Präsidenten der Ukraine am 24. Februar 2015 unterzeichnet wurde. Weitere Schritte sind die Änderungen des Prozessrechts, die Verbesserung der Gesetze über die Rechtsanwaltschaft und die Staatsanwaltschaft, über den unentgeltlichen Rechtsbeistand sowie die Gesetze über die Vollstreckung von gerichtlichen Entscheidungen.

Die grundlegenden Prinzipien der Gerichtsreform wurden in der „Strategie der Reform der Gerichtsverfassung, der Rechtsprechung und der angrenzenden Rechtsinstitute für die Jahre 2015 / 2020" bestimmt. Die Strategie wurde durch den Erlass des Präsidenten der Ukraine Nr. 276/2015 vom 20. Mai 2015 bestätigt.

---

* *Partner Arzinger Law, Lemberg, Leiter des Büros der Westukraine.*

In der Strategie wurde festgestellt, dass die Justiz gegenwärtig ihre Aufgaben nicht auf einem angemessenen Niveau erfüllt. Die wichtigsten Ursachen hierfür sind u. a.: die Erweiterung des Prinzips der Ausdehnung der Zuständigkeit der Gerichte auf alle Rechtsverhältnisse, die mangelhaften prozessualen Instrumente zur Geltendmachung der Rechte und Interessen der Personen, darunter auch das unterentwickelte System der alternativen Streitbeilegungsmethoden. Aus diesem Grunde sieht die Strategie als eine der wichtigsten Aufgaben der Gerichtsreform die Erweiterung der Mittel zur alternativen (außergerichtlichen) Streitbeilegung vor, u. a. durch die praktische Einführung von Mediation und Schlichtung, die Erweiterung des Katalogs der Fälle, in denen Schiedsrichter entscheiden können, oder die Gerichte in einem vereinfachten Verfahren behandeln können; die Prüfung der Zweckmäßigkeit der Einführung von Friedensrichtern.

Die Möglichkeiten zur Verbesserung des Rechts im Bereich der internationalen und nationalen Schiedsgerichtsbarkeit werden in der Ukraine mehr und mehr diskutiert. Sie werden erörtert bei der Diskussion an runden Tischen, in den Schiedsgerichtsforen, auf Konferenzen oder anderen Veranstaltungen.

II. Der Stand der ukrainischen Schiedsgerichtsbarkeit

Jahr für Jahr gewinnt die internationale Schiedsgerichtsbarkeit größere Bedeutung als Mittel zur Entscheidung von Streitigkeiten mit Auslandsbezug. Dies lässt sich nach wie vor dadurch erklären, dass die ukrainischen Gerichte erheblich korrupt sind, dass sie kein Vertrauen genießen, insbesondere seitens ausländischer Investoren, dass die Mängel des ukrainischen Prozessrechts bekannt sind, insbesondere dass sie den Parteien mannigfaltige Möglichkeiten zur Prozesssabotage bieten, u. a. durch die Verzögerung der Verhandlung in der Sache. Zur wachsenden Beliebtheit der internationalen Schiedsgerichtsbarkeit tragen darüber hinaus auch die Vorteile der Verhandlung vor einem Schiedsgericht bei; dazu gehören die Möglichkeit der Parteien, einen Schiedsrichter, den Ort der Verhandlung der Sache und das anzuwendende Recht zu wählen, sowie die Möglichkeit, die schiedsgerichtlichen Entscheidungen in verschiedenen Zuständigkeiten anerkennen zu lassen, die Endgültigkeit der schiedsgerichtlichen Entscheidung, die Flexibilität des Prozesses, die Schnelligkeit der Verhandlung der Sache sowie die Ratifizierung wichtiger internationalen Abkommen durch die Ukraine, u. a. das Übereinkommen über die Anerkennung und Vollstreckung ausländischer Schiedssprüche von 1958, das Europäisches Übereinkommen über die internationale Handelsschiedsgerichtsbarkeit von 1961 sowie einer großen Anzahl bilateraler Investitionsabkommen u. a.

Die steigende Beliebtheit der internationalen Schiedsgerichtsbarkeit bestätigt u. a. der Tätigkeitsbericht des Internationalen Wirtschaftsschiedsgerichts bei der IHK der Ukraine aus dem Jahr 2014. Nach diesem Bericht wurden im Zeitraum vom 1. Januar bis zum 31. Dezember 2014 zur Verhandlung beim Internationalen Wirtschaftsschiedsgericht bei der IHK der Ukraine 696 Sachen angenommen, was eine Zunahme um 268 Verfahren im Vergleich zum Jahr 2013 bedeutet. Das Schiedsgericht verhandelte und entschied in 356 Sachen. Die Verhandlungsdauer dieser Verfahren betrug:

- von 3 bis zu 4 Monaten – 160 Sachen,
- von 5 bis zu 6 Monaten – 128 Sachen,
- von 7 bis zu 9 Monaten – 56 Sachen,
- von 10 bis zu 12 Monaten – 9 Sachen,
- über 12 Monate – 3 Sachen.

Im Bericht wird auch angeführt, dass 2014 die Parteien der Schiedsverfahren aus 49 Ländern kamen, darunter 40 aus dem „fernen Ausland", 8 aus den Ländern der Gemeinschaft der unabhängigen Staaten und der Ukraine. Die überwiegende Mehrheit der Streitigkeiten hing mit Lieferverträgen und internationalen Kaufverträgen zusammen und betraf die Verletzung der Vertragspflichten bezüglich der Zahlung oder der Lieferung von Waren.

Eine bestimmte Anzahl der Streitigkeiten betraf die Qualität der gelieferten Waren, die Dienstleistungen sowie Transport- und Speditionsleistungen. Eine geringe Anzahl der Streitigkeiten bezog sich auf Werk-, Bürgschafts- und Darlehensverträge.

Im Zusammenhang mit der wachsenden Anerkennung der Ukraine als proschiedsgerichtliche Jurisdiktion ist erwähnenswert, dass die ukrainischen staatlichen Gerichte besser die Verhandlungsspezifik in Sachen der Anerkennung und Aufhebung von internationalen Schiedssprüchen verstehen.

Nach einer von der juristische Firma „*Cai & Lenard*" durchgeführten Untersuchung: „Die Ukraine – eine Jurisdiktion, die der Schiedsgerichtsbarkeit freundlich gegenübersteht: statistische und analytische Übersicht 2013–2014" betrug das Niveau der Ablehnungen bei der Gewährung der Genehmigungen für die Vollstreckung von Schiedssprüchen in der Ukraine 10 % und 18 % aller geprüften Anträge jeweils in den Jahren 2013 und 2014. Dabei riefen die einziehenden Personen am häufigsten die nationalen Gerichte der Ukraine an und stellten Anträge auf die Anerkennung der Entscheidungen des Internationalen Wirtschaftsschiedsgerichts bei der IHK der Ukraine (etwa 46–47 % aller Anträge). Die Statistik der Aufhebung von Schiedssprüchen zeugt davon, dass die Ukraine sich in den letzten Jahren an das Niveau der Länder mit einem proschiedsgerichtlichen

System annähert. So hoben die nationalen Gerichte der Ukraine etwa 20–30 % aller angefochtenen Schiedssprüche auf.

Entsprechend der oben erwähnten Untersuchung wurde die Genehmigung für die Vollstreckung von Schiedssprüchen in den Jahren 2013–2014 aus folgenden Gründen am häufigsten abgelehnt:

- die Partei, gegen die die Entscheidung getroffen wurde, wurde über die Bestellung des Schiedsrichters oder über die schiedsgerichtliche Verhandlung nicht ordnungsgemäß benachrichtigt;
- der Schiedsspruch war bereits zum Zeitpunkt des Antrags auf Vollstreckung aufgehoben;
- das schiedsgerichtliche Verfahren entsprach nicht der Parteivereinbarung.

Im Rahmen der Untersuchung wurde festgestellt, dass es – im Unterschied zu den Jahren 2011 und 2012 – in den Jahren 2013 und 2014 selten Fälle gab, in denen die Genehmigung abgelehnt wurde, weil die Parteien das dem Schiedsverfahren vorgeschaltete Verfahren der Streitbeilegung nicht eingehalten hatten, soweit ein solches durch die Parteivereinbarung vorgesehen war. Die Gerichte akzeptierten mehrheitlich den Ansatz, der im Tenor des Urteils des Verfassungsgerichts der Ukraine Nr. 15-рп/2002 vom 9. Juli 2002 dahin gehend formuliert wurde: „die Nicht-Durchführung von Verhandlungen, die durch die Parteien nach den Bestimmungen des Vertrags über die zwingende Durchführung von Verhandlungen im Falle des Entstehens von Meinungsverschiedenheiten, die mit der Nichterfüllung oder der nicht ordnungsgemäßen Erfüllung der vertraglichen Pflichten zusammenhängen, stellt kein Hindernis dar, ein Gericht um Rechtsschutz anzurufen. Dies gilt auch für das Recht, ein Schiedsgericht anzurufen."

Ebenfalls wichtig in diesem Zusammenhang ist der Beschluss des Obersten Gerichtshofs der Ukraine vom 23. April 2015. Dieser Beschluss ist nach Artikel 360-7 ZPO der Ukraine über die Anwendung einer Rechtsnorm auf alle Subjekte mit Machtbefugnissen bindend, die in ihrer Tätigkeit eine Rechts- und Ordnungsvorschrift anwenden, die die entsprechende Rechtsnorm enthält, und muss durch andere ordentliche Gerichte bei der Anwendung dieser Rechtsnormen berücksichtigt werden.

In diesem Beschluss bestätigte das nationale Gericht den Vorrang der Anwendung der Vorschriften internationaler Abkommen bei der Feststellung der Gründe der Ablehnung der Vollstreckung eines Schiedsspruchs. So wurde in dieser Sache durch Beschlüsse der Gerichte sämtlicher Instanzen der Antrag auf Erteilung der Genehmigung der Vollstreckung eines Schiedsspruchs abgelehnt. Die Gerichte gingen hier davon aus, dass die einziehende Person entgegen Artikel 396, Absatz 2, Ziffer 2 ZPO keine Beweise vorgelegt hatte, dass der Beklagte über die Zeit und den Ort der Verhandlung der Sache ordnungsgemäß benachrichtigt wurde und deswegen keine Erklärungen abgeben konnte. Der Oberste Gerichtshof der Ukraine betonte seinerseits, dass das Gericht nicht berücksichtigt habe, dass die Bestimmungen der ZPO nur dann Anwendung finden, wenn die entsprechenden Sachverhalte nicht in internationalen Verträgen geregelt sind, und dass das Gericht außer Acht gelassen hat, dass die angesprochenen internationalen Verträge diese Fälle, die Gegenstand der Verhandlung in der zu entscheidenden Sache waren, regelten. Deswegen kam der Oberste Gerichtshof der Ukraine zu folgender Schlussfolgerung: „Da auf die streitigen Rechtsverhältnisse die Vorschriften des Völkerrechts Anwendung finden, muss die Tatsache der Nicht-Benachrichtigung des Schuldners über die schiedsgerichtliche Verhandlung entsprechend den Regelungen in internationalen Abkommen vom Schuldner bewiesen werden als der Person, die der Anerkennung der ausländischen Entscheidung auf dem Territorium der Ukraine widerspricht."

In einem anderen Fall kam das Oberste Fachgericht der Ukraine für die Verhandlung von Zivil- und Strafsachen (das Revisionsgericht) in seinen Beschlüssen vom 15. Februar 2012 und vom 23. Januar 2013 zu dem Schluss, dass die Aussetzung der Vollstreckung eines Beschlusses über die Genehmigung der Vollstreckung des Schiedsspruchs unmöglich ist. Das Revisionsgericht hob die Beschlüsse des erstinstanzlichen und des Berufungsgerichts auf und gab dem entsprechenden Ersuchen nicht statt. Das Gericht meinte, dass in Artikel 373 ZPO die Prüfung der Frage der Aussetzung des Vollzugs einer gerichtlichen Entscheidung geregelt ist, aber nicht in Bezug auf einen Schiedsspruch, der im Unterschied zu Gerichtsentscheidungen endgültig ist, was zur Abgeschlossenheit der schiedsgerichtlichen Verfahren beiträgt. Das Revisionsgericht wies auch darauf hin, dass das nationale Gericht der Ukraine die Frage über die praktische Sicherstellung der Vollstreckung der Entscheidung eines ausländischen Gerichts in der Ukraine bereits entschieden hatte, als es die Vollstreckung des Schiedsspruchs genehmigte. Darüber hinaus ließ sich das Revisionsgericht bei der Begründung der Rechtsposition von Art. 5 des Gesetzes der Ukraine „Über internationale Wirtschaftsschiedsgerichtsbarkeit" leiten, nach dem zu den Fragen, die von diesem Gesetz geregelt werden, kein gerichtlicher Eingriff zulässig ist, es sei denn, dass dies gesetzlich vorgesehen ist.

Als weiteres Beispiel der positiven Rechtsprechung der ukrainischen Gerichte kann man einen Fall anführen, der die Frage betraf, ob es möglich ist, Zinsen aus einem Schiedsspruch einzuziehen, die nach Erlass des Schiedsspruchs berechnet wurden. So rief die einziehende Person das Petscherskyj Stadtbezirksgericht in Kiew an und reichte einen Antrag auf Anerkennung und Vollstreckung auf dem Gebiet der Ukraine des endgültigen Schiedsspruchs des Koreanischen

Wirtschaftsschiedsgerichts über die Einziehung von Geldern von einem ukrainischen Unternehmen ein. Der entsprechende Schiedsspruch kam zu dem Ergebnis, dass vom Schuldner die Hauptschuld, Rechtsanwaltskosten, Zinsen aus der Hauptschuld für verschiedene Zeiträume bis zum Zeitpunkt des Schiedsspruchs angerechnet werden, sowie Zinsen vom nicht geleisteten, geschuldeten Betrag berechnet für den Zeitraum ab dem Tag des Schiedsspruchs. Mit dem Beschluss des Petscherskyj Stadtbezirksgerichts in Kiew vom 3. September 2014 wurde dem Ersuchen der einziehenden Person vollständig stattgegeben, die Genehmigung für die Vollstreckung des Schiedsspruchs wurde erteilt. Der genannte Beschluss wurde durch den Beschluss des Berufungsgerichts Kiew vom 15. Oktober 2014 und den Beschluss des Obersten Fachgerichts zur Verhandlung der Zivil- und Strafsachen der Ukraine vom 30. Oktober 2014 bestätigt.

III. Reformbedürftige Fragen

Trotz der angeführten positiven Tendenzen bestehen in der Ukraine bis heute wichtige gesetzliche Lücken, die prozessualen Normen müssen verbessert werden. Entsprechende Probleme bestehen sowohl in Zusammenhang mit der gerichtlichen Kontrolle der Schiedsgerichtsbarkeit (der Anerkennung und Aufhebung der Entscheidungen der internationalen Schiedsgerichtsbarkeit) als auch in Zusammenhang mit der gerichtlichen Unterstützung und Förderung schiedsgerichtlicher Verfahren. Wesentliche Schwierigkeiten bestehen auch in den Fragen der Vollstreckung von Schiedssprüchen. Dieses mindert die Attraktivität der internationalen Schiedsgerichtsbarkeit insgesamt.

Eines der wesentlichsten Probleme des ukrainischen Rechts im Bereich der internationalen Schiedsgerichtsbarkeit, das möglichst schnell gelöst werden muss, ist das Problem der Sicherungsmaßnahmen. Die Aktualität und die Bedeutung dieses Problems lassen sich durch die gegenwärtige ukrainische Realität erklären: Schiedssprüche werden oft nicht freiwillig erfüllt, die Aktiva des Schuldners werden häufig außer Landes gebracht, bevor eine Entscheidung in der Sache getroffen wird.

Wie die internationale Praxis und das internationale Recht zeigen, kann die Frage der Sicherung einer Klage in einer Schiedssache sowohl durch die nationalen Gerichte als auch durch das Schiedsgericht selbst während der Verhandlung der Sache beim Schiedsgericht oder in der Phase der Anerkennung des Schiedsspruchs gelöst werden.

Nach geltendem ukrainischen Recht sind Sicherungsmaßnahmen durch das Schiedsgericht zu dem Zeitpunkt, an dem sich die Sache im Schiedsverfahren befindet, vorgesehen, und zwar von Artikeln 9, 17 des Gesetzes der Ukraine „Über internationale Wirtschaftsschiedsgerichtsbarkeit“, Artikel 5 der Geschäftsordnung des Internationalen Wirtschaftsschiedsgerichts bei der IHK der Ukraine, Ziffer 5 der Bestimmung über das Internationale Wirtschaftsschiedsgericht bei der IHK der Ukraine. So lautet Art. 4 der genannten Geschäftsordnung: „Der Vorsitzende des Internationalen Wirtschaftsschiedsgerichts – und nach der Bildung der Zusammensetzung des Schiedsgerichts – die Mitglieder des Schiedsgerichts, können, gemäß dem Ersuchen einer der Parteien, falls sie dieses Ersuchen für begründet halten, die Höhe und die Form der Klagesicherung festsetzen. Der Beschluss des Internationalen Wirtschaftsschiedsgerichts über die Festsetzung der Höhe und die Form der Klagesicherung ist für die Parteien zwingend und bleibt bis zum Treffen der endgültigen schiedsgerichtlichen Entscheidung gültig".

Momentan besteht aber keine Möglichkeit, sich mit einem schiedsgerichtlichen Beschluss über die Anordnung der Sicherungsmaßnahmen unmittelbar an die Vollstreckungsorgane der Entscheidungen zu wenden, und die vom Prozessrecht vorgesehene Zusammenarbeit der nationalen Gerichte mit den Schiedsgerichten wurde in dieser Frage faktisch nicht hergestellt. Aus diesem Grunde ist die Anordnung solcher Maßnahmen in der schiedsgerichtlichen Verhandlungsphase gegenwärtig nicht möglich. So enthält die geltende Fassung des Gesetzes der Ukraine „Über das Vollstreckungsverfahren" einen abschließenden Katalog der Unterlagen, aufgrund derer die Behörden des staatlichen Vollstreckungsdienstes bevollmächtigt sind, das Vollstreckungsverfahren einzuleiten und die Zwangsvollstreckung durchzuführen. Entscheidungen oder Beschlüsse der Schiedsgerichte sind in diesem Verzeichnis nicht enthalten. Erfüllt somit eine Partei, gegen die eine Sicherungsmaßnahme angeordnet wurde, gegen die Verbote oder der Zwangsmaßnahmen getroffen wurden, diese Anordnung nicht, so hat dies tatsächlich für diese Partei keine negativen Rechtsfolgen.

Bei der Analyse des internationalen Rechts, das die Fragen der Anerkennung und Vollstreckung von Schiedssprüchen regelt, gelangt man dennoch zu der Folgerung, dass ein Beschluss über die Klagesicherung, der von einem Schiedsgericht gefasst wurde, genauso vollzogen werden kann, wie beliebige, andere Beschlüsse, die in der Hauptsache gefasst wurden. So ist in Art. 1, Abs. New Yorker Übereinkommens über die Anerkennung und Vollstreckung ausländischer Schiedssprüche (1958) vorgesehen, dass: unter „Schiedssprüchen" nicht nur Schiedssprüche von Schiedsrichtern, die für eine bestimmte Sache bestellt worden sind, sondern auch solche eines ständigen Schiedsgerichts, dem sich die Parteien unterworfen haben, zu verstehen sind. Entsprechend Abs. 5, Nr. 9 des Beschlusses des Plenums des Obersten Gerichtshofs der Ukraine Nr. 12 vom 24. Dezember 1999: „versteht man unter Entscheidungen die Machtbeschlüsse eines Gerichts oder eines Schiedsgerichts, wodurch bestimmte, für die Parteien zwingende Rechte und Pflichten definiert werden.

Dies können somit sowohl die Entscheidungen i.e.S. sein, als auch ein vom Gericht bestätigter Vergleich (ein anderer Versöhnungsakt), ein Beschluss (darunter auch über die Einziehung von Alimenten) eines Gerichts (eines Richters) und ein Gerichtsbefehl".

Darüber hinaus sieht die Neufassung des UNCITRAL Mustergesetzes von 2006 eine Erweiterung der Bestimmungen über die Anordnung von Sicherungsmaßnahmen vor. Das Gesetz regelt hinsichtlich der Anerkennung und Durchführung der Sicherungsmaßnahmen, dass sie analog zur Anerkennung und Vollstreckung von Schiedssprüchen erfolgen.

Dennoch wurden in der Ukraine keine entsprechenden Änderungen entsprechend der Neufassung ins nationale Recht eingebracht. Das Prozessrecht sieht zudem keine Möglichkeit der Anerkennung schiedsgerichtlicher Beschlüsse auf Klagesicherung vor, und die Rechtsprechung der Ukraine folgt diesen Vorschriften und bevorzugt die Bestimmungen der Prozessordnungen der Ukraine. Dementsprechend wird die Übernahme der genannten Normen des UNCITRAL Mustergesetzes in nationale Gesetze über die internationale Schiedsgerichtsbarkeit das Problem der Sicherungsmaßnahmen nicht lösen können; allein umfassende Änderungen sowie Änderungen in die Prozessordnungen der Ukraine versprechen positive Ergebnisse. Selbst wenn die entsprechenden prozessualen Normen vorhanden wären, könnte der Anerkennungsprozess eines Beschlusses über die Klagesicherung, der von einem Schiedsgericht gefasst würde, ziemlich langwierig sein, wodurch die Effektivität solcher Maßnahmen verringert würde.

Die Sicherung der Klage durch ein nationales Gericht in der Verhandlungsphase der Sache am Schiedsgericht erscheint unter Berücksichtigung der Bestimmungen des Prozessrechts ebenfalls nicht realisierbar. So lautet Art. 153, Abs. 1 ZPO der Ukraine: „Der Antrag auf Klagesicherung wird vom Gericht, bei dem die Sache anhängig ist, am Tag des Eingangs ohne Unterrichtung des Beklagten und anderer beteiligter Personen geprüft". Artikel 66 der Wirtschaftsprozessordnung der Ukraine betont: „Das Wirtschaftsgericht ist berechtigt, auf Antrag einer Partei, des Staatsanwalts oder aus eigener Initiative die durch Artikel 67 dieser Prozessordnung vorgesehenen Maßnahmen zur Klagsicherung zu treffen. Die Klagsicherung ist zu jedem Zeitpunkt des Verfahrens der Sache zulässig, wenn die Nichtanordnung dieser Maßnahme, die Vollstreckung der Entscheidung des Wirtschaftsgerichts erschweren oder unmöglich machen kann". Diese Umstände führen dazu, dass es notwendig ist, parallel zum schiedsgerichtlichen Verfahren einen gesonderten Prozess bei einem nationalen Gericht einzuleiten, in dessen Rahmen der Kläger die Möglichkeit hat, die entsprechende Sicherung zugesprochen zu bekommen.

Die Lösung des Problems der Klagsicherung ausgerechnet durch ein nationales Gericht in der Verhandlungsphase an einem Schiedsgericht wurde im Rahmen des Entwurfs des Gesetzes der Ukraine Nr. 3366 vom 7. Oktober 2013 „Über Maßnahmen zur Klagsicherung zur Unterstützung der internationalen Schiedsgerichtsbarkeit“ vorgeschlagen. Durch den Gesetzentwurf wurde vorgeschlagen, Änderungen in der ZPO der Ukraine vorzunehmen und die Entscheidung der entsprechenden Sachen der Zuständigkeit der nationalen ordentlichen Gerichte zuzuweisen, deren Anrufung nach dem Beginn der schiedsgerichtlichen Verhandlung möglich wäre. Das zuständige Gericht hat bei der Entscheidung der Frage über eine Anordnung einer Klagsicherung zur Unterstützung der internationalen Schiedsgerichtsbarkeit von den gleichen Grundsätzen und Überlegungen ausgehen, die es anwendet, wenn die entsprechende Frage in Zusammenhang mit einer Klagesicherung vor den nationalen Gerichten entstanden wäre. Obwohl der im Gesetzentwurf vorgeschlagene Mechanismus der Klagesicherung ausreichend effektiv ist und die Probleme der Anordnung von Sicherungsmaßnahmen in größerem Umfang lösen könnte, wurde der Gesetzentwurf nicht verabschiedet.

Eine andere Situation entstand bei der Anerkennung eines Schiedsspruchs durch ein nationales Gericht, die in der Hauptsache getroffen wurde. Am 22. September 2011 wurde Art. 394, Abs. 1 ZPO der Ukraine durch folgenden Satz ergänzt: „Auf Antrag einer Person, die einen Antrag auf Genehmigung der Vollstreckung einer Entscheidung eines ausländischen Gerichts eingereicht hat, kann das Gericht die durch diese Prozessordnung vorgesehenen Maßnahmen zur Klagsicherung ergreifen. Die Klagsicherung ist in jeder Phase der Prüfung dieses Antrags zulässig, wenn das Nicht-Ergreifen der Klagsicherung die Vollstreckung der Gerichtsentscheidung erschweren oder unmöglich machen kann“.

Die Möglichkeit der Anordnung von Sicherungsmaßnahmen ist in der Ukraine also ausschließlich in der Anerkennungsphase eines Schiedsspruchs durch ein nationales Gericht vorgesehen, was die Attraktivität der Schiedsgerichtsbarkeit verringert und in einigen Fällen zur Sinnlosigkeit dieser Maßnahmen führt. Die Lösung dieses Problems wird möglich, durch die Angleichung des Gesetzes der Ukraine „Über das Internationale Wirtschaftsschiedsgericht“ an das UNCITRAL Mustergesetz in der Fassung von 2006 und die entsprechenden Änderungen in die Zivilprozess- und Wirtschaftsprozessordnungen der Ukraine eingeführt werden und wenn die Zusammenarbeit zwischen den Schiedsgerichten und den nationalen Gerichten sowie den Behörden des staatlichen Vollstreckungsdienstes hergestellt wird.

Ein weiteres Problem, das mit der gerichtlichen Unterstützung der internationalen Schiedsgerichtsbarkeit zusammenhängt, ist das Beweishilfeverfahren. Nach Art. 27 des Gesetzes der Ukraine „Über das Internationale Wirtschaftsschiedsgericht“ ist Folgendes vorgesehen: „Das Schiedsgericht oder eine Partei mit Zustimmung des Schiedsgerichts können beim zuständigen staatlichen Gericht Beweishilfe ersuchen. Diesem Ersuchen kann das Gericht im Rahmen seiner Zuständigkeit und nach den für ihn geltenden Beweiserhebungsregeln folgen“. Da aber die ZPO der Ukraine keine Regelungen hinsichtlich des Ersuchens der Beweishilfe und auch keine bindende Anordnung der Erfüllung des entsprechenden Ersuchens enthält, scheint es für die Gerichte unmöglich zu sein, Beweishilfe zu gewähren. Dabei ist entscheidend, dass die geltende Prozessordnung nicht einmal die Frage beantwortet, welches der nationalen Gerichte das ausländische Schiedsgericht unterstützen soll.

Nicht weniger wichtig ist in der Schiedsgerichtsbarkeit in der Ukraine das Problem der Prüfungsfristen des Antrags auf Anerkennung von ausländischen Schiedssprüchen. So muss jede der genannten Sachen durch alle drei Instanzen laufen. Wenn wir die prozessual vorgesehenen Möglichkeiten der Einstellung des Verfahrens in der Sache berücksichtigen, u. a. vor Verhandlung der verbundenen Sachen, vor Benachrichtigung der ausländischen Prozessteilnehmer (entsprechend den Vorschriften des internationalen Rechts) sowie die mögliche Verhandlungsaussetzung der Sache, so kann die Verhandlung viele Monate und sogar ein bis zwei Jahre dauern.

Prozessuale Lücken bestehen zudem in mehreren Bestimmungen über die Aufhebung ausländischer Schiedssprüche. Der entsprechende Artikel der ZPO der Ukraine, der das Aufhebungsverfahren für Schiedssprüche regelt, berücksichtigt die Spezifik der internationalen Schiedsgerichtsbarkeit nicht.

Bedeutsame rechtliche Lücken gibt es auch in den Fällen, in denen der Schuldner die Absicht hat, einen ausländischen Schiedsspruch freiwillig zu erfüllen. So muss der Schuldner zur Überweisung des entsprechenden Betrags, seiner Bank in jedem Fall eine Vollstreckungsurkunde vorlegen. Gegenwärtig ist aber der Erhalt einer Vollstreckungsurkunde zum Vollzug eines Schiedsspruchs nur dann möglich, wenn das nationale Gericht die Genehmigung zur Vollstreckung dieses Schiedsspruchs erteilt. Das bedeutet, dass „die freiwillige Vollstreckung“ eines Schiedsspruchs ausschließlich nach Vornahme der gleichen Handlungen möglich ist, die im Falle der zwangsweisen Vollstreckung des Schiedsspruchs vorgenommen werden.

Die Mängel des Vollstreckungsverfahrens der Schiedssprüche werden in hohem Maß auch von den Bestimmungen des Fremdwährungsrechts der Ukraine beeinflusst. Nach Art. 395, Abs. 8 ZPO der Ukraine gilt: „Wird in einer Entscheidung eines ausländischen Gerichts der Einziehungsbetrag in ausländischer Währung angegeben, so bestimmt das Gericht, das dieses Ersuchen behandelt, den Betrag in nationaler Währung nach dem Wechselkurs der Nationalbank der Ukraine am Tag der Beschlussfassung". Demnach erfolgt die Einziehung aufgrund eines ausländischen Schiedsspruchs durch die Behörden des staatlichen Vollstreckungsdienstes in nationaler Währung. Diese Situation führt mindestens zu zwei wesentlichen Problemen: Das erste Problem besteht darin, dass vom Vollstreckungsdienst die Mittel in *Hrywnja* erhoben werden, wobei viele ausländische Unternehmen keine Bankkonten in nationaler Währung der Ukraine haben; das zweite Problem hängt mit den Risiken zusammen, die durch die Konvertierung der ausländischen Währung in die nationale Währung der Ukraine verbunden sind, und zwar zum Datum der Beschlussfassung der Anerkennung des ausländischen Schiedsspruchs.

Neben den angeführten rechtlichen Lücken bleibt auch die Problematik der Sachen über die Anerkennung und Vollstreckung der Schiedssprüche in Bezug auf mehrere Beklagte ungeregelt, die für die wirtschaftlichen Verbindlichkeiten entsprechend dem Schiedsspruch solidarisch haften. Das geltende Recht gibt keine Antwort auf die Fragen über das Verfahren der Vollstreckung dieser Schiedssprüche. Entsprechend Art. 392, Abs. 2 ZPO der Ukraine wird die Frage der Genehmigung der Zwangsvollstreckung aus der Entscheidung eines ausländischen Gerichts von dem Gericht am Wohnsitz oder am Aufenthaltsort des Schuldners geprüft. Nach geltendem Recht müssen die einziehenden Personen entsprechend der Anzahl der Beklagten einzelne Anträge stellen, nach denen die Beträge aus dem Schiedsspruch zugunsten des Klägers eingezogen werden sollen, und zwar am Aufenthaltsort jedes einzelnen Schuldners. Dabei hat der entsprechende Antrag das Begehren auf Genehmigung der Zwangsvollstreckung des Schiedsspruchs in dem Teil zu enthalten, der den jeweiligen Schuldner betrifft.

Die oben aufgeführten Probleme und Lücken sind nicht erschöpfend dargestellt, manche Probleme und Unklarheiten bestehen auch hinsichtlich der Schiedsfähigkeit von Streitigkeiten, der Verbindlichkeit und Gültigkeit schiedsgerichtlicher Vereinbarungen u. a.

IV. Änderungsvorschläge

Eine Korrektur der entsprechenden Mängel ist vor allem auf der Ebene der Gesetzgebung möglich. Deshalb zum Zweck, die entsprechenden gesetzlichen Bestimmungen zu entwickeln, eine Arbeitsgruppe aus den führenden Fachleuten der Ukraine im Bereich der Schiedsgerichtsbarkeit gebildet, die am 10. Oktober 2014 den Entwurf des Gesetzes der Ukraine „Über Änderungen in einigen Rechtsakten der Ukraine (in Bezug auf die Fragen der gerichtlichen Kontrolle und der Unterstützung der internationalen Wirtschaftsschiedsgerichtsbarkeit)" vorgelegt hat.

Der genannte Gesetzentwurf stellt das Abschlussergebnis lediglich der ersten Arbeitsphase an der Entwicklung der entsprechenden rechtlichen Änderungen dar, die Beratungen zur Entwicklung weiterer Änderungen werden aktiv weiter geführt, insbesondere bei der Regelung der Sicherungsmaßnahmen zur Unterstützung der internationalen Schiedsgerichtsbarkeit. Dennoch werden die o. g. Probleme durch Gesetzentwurf in erheblichem Umfang bereits geregelt.

Es gilt die Rechtsbestimmungen zu vereinheitlichen und das Verfahren der Anerkennung und Vollstreckung der Entscheidungen der internationalen Wirtschaftsschiedsgerichtsbarkeit in der Ukraine unabhängig vom Sitz des Schiedsgerichts genauer zu regeln, sowie das Verfahren der Aufhebung von Entscheidungen und Beschlüsse der internationalen Wirtschaftsschiedsgerichtsbarkeit, wenn der Sitz des Schiedsgerichts außerhalb der Ukraine liegt. Zu diesem Zweck wird es vorgeschlagen, die ZPO der Ukraine mit einem neuen Abschnitt „über die Wahrnehmung der Funktion der Unterstützung und Kontrolle der internationalen Wirtschaftsschiedsgerichtsbarkeit durch die Gerichte" zu ergänzen.

Die wichtigsten Vorschläge des Gesetzentwurfs sind die folgenden:

- Die Möglichkeit für die Parteien einer Schiedsvereinbarung, zu irgendeinem Zeitpunkt auf ihr Recht auf Anfechtung der Entscheidung eines internationalen Wirtschaftsschiedsgerichts zu verzichten.

Diese Änderungen wurden vorgeschlagen, weil die Gründe der Anerkennung und Aufhebung der eines internationalen Schiedsspruchs praktisch die gleichen sind. Die Änderungen ermöglichen es, die Anzahl der Gerichtsverfahren zu reduzieren, wobei die gerichtliche Kontrolle der internationalen Schiedsgerichtsbarkeit bei der Frage, der Anerkennung des Schiedsspruchs vorgenommen wird.

- Das Recht der Prozessparteien, beim nationalen Gericht zu beantragen, die Verhandlungen über die Aufhebung und die Anerkennung eines Schiedsspruchs Entscheidung in einem Verfahren zu verbinden.
- Die Reduzierung der Anzahl der Gerichtsinstanzen in Sachen der Anerkennung und Aufhebung internationaler Schiedssprüche auf zwei und die Benennung konkreter Gerichte: das Berufungsgericht der Stadt Kiew und das Oberste Fachgericht der Ukraine zur Verhandlung der Zivil- und Strafsachen.

Die Einbringung der entsprechenden Änderungen wird in erster Linie vorgeschlagen, um die Rechtsprechung zu vereinheitlichen, die Qualität der gerichtlichen Kontrolle zu erhöhen, die Zuständigkeitsfragen zu klären und die Zeit für die entsprechenden Prozesse zu verkürzen.

- Die Festsetzung einer Zwei-Monate-Frist sowohl für die Sachen der Aufhebung, als auch der Anerkennung der Schiedssprüche.
- Die Bestimmung von allgemeinen Anforderungen an die Gründe für die Befreiung vom Beweisverfahren im Bereich der Entscheidung der Streitigkeit durch ein ausländisches Schiedsgericht.

Der Gesetzentwurf schlägt vor, dass neben den Entscheidungen der nationalen Gerichte Folgendes gilt: „Die Tatsachen, die durch den Tenor eines Schiedsspruchs oder der Entscheidung eines internationalen Wirtschaftsschiedsgerichts festgestellt wurden, hinsichtlich derer in der Ukraine ein Gerichtsentscheid über die Ausstellung einer Vollstreckungsurkunde für die Zwangsvollstreckung der Schiedssprüche, über die Anerkennung und Vollstreckung der Entscheidung eines internationalen Wirtschaftsschiedsgerichts oder über die Ablehnung der Aufhebung dieser Entscheidung getroffen wurde, werden bei der Verhandlung anderer Sachen nicht bewiesen, an denen die gleichen Parteien beteiligt sind".

- Die Einführung eines vereinfachten Verfahrens zur Ausstellung einer Vollstreckungsurkunde für die Vollstreckung ausländischer Schiedssprüche auf Antrag des Schuldners.

Die oben angeführten Neuerungen werden vorgeschlagen, damit die Probleme, die mit der Unmöglichkeit zusammenhängen, eine Entscheidung eines internationalen Schiedsgerichts ohne Vollstreckungsurkunde freiwillig zu vollstrecken, d. h. ohne dass das allgemeine Anerkennungsverfahren für ausländische Schiedssprüche bei einem nationalen Gericht durchlaufen werden muss, gelöst werden. Nach dem Entwurf beschränkt sich die gerichtliche Kontrolle bei der Ausstellung der Vollstreckungsurkunde auf Antrag des Schuldners auf die Fragen des öffentlichen Charakters und der Schiedsfähigkeit.

- Es soll festgelegt werden, dass bei der Anerkennung der Schiedssprüche, in denen die Zahlung von Zinsen und/oder Strafsanktionen vorgesehen sind, das nationale Gericht den Betrag dieser Zinsen und/oder die Strafsanktion in dem Beschluss über die Anerkennung der ausländischen Schiedssprüche zum Datum der entsprechenden Beschlussfassung berechnet und anführt.
- Es soll festgelegt werden, dass im Rahmen des Beschlusses über die Anerkennung der ausländischen Schiedssprüche die Konvertierung des Betrags, der nach dem ausländischen Schiedsspruch einzuziehen ist, in die Nationalwährung der Ukraine oder in eine andere Währung ausschließlich auf Antrag der einziehenden Person vorgenommen wird.

Die oben angeführten Neuerungen ermöglichen es, sowohl die mit der Fremdwährung verbundenen Risiken zu beseitigen als auch die Probleme, die mit der Einziehung der Beträge in Ukrainischer Währung zugunsten von Ausländern zusammenhängen.

- Zur Vereinheitlichung der Bestimmungen des Gesetzes der Ukraine „Über das Internationale Wirtschaftsschiedsgericht" soll in der ZPO der Ukraine folgende Regelung aufgenommen werden: Geht bei Gericht eine Klage zu der Frage ein, die Gegenstand einer schiedsgerichtlichen Vereinbarung ist, lässt das Gericht diese Klage unbeachtet, wenn vom Beklagten gleichzeitig mit der Einlegung der Klagerwiderung Widerspruch gegen die Entscheidung durch das Gericht eingelegt wurde, es sei denn, das Gericht erkennt an, dass diese Vereinbarung ungültig war, nicht mehr gültig ist, bzw. nicht erfüllt werden kann.
- Zur Vereinheitlichung mit den Bestimmungen des Gesetzes der Ukraine „Über das Internationale Wirtschaftsschiedsgericht" soll in der ZPO der Ukraine die Möglichkeit eines nationalen Gerichts vorgesehen werden, das Verfahren in der Sache über die Anfechtung internationaler Schiedssprüche für die davon festgesetzte Frist auszusetzen, um dem Internationalen Wirtschaftsschiedsgericht die Möglichkeit zu geben, die schiedsgerichtliche Verhandlung wieder aufzunehmen oder andere Maßnahmen zu ergreifen, die nach Ansicht des Internationalen Wirtschaftsschiedsgerichts, die Möglichkeit eröffnen, die Gründe zur Aufhebung der Entscheidung des Internationalen Wirtschaftsschiedsgerichts zu beseitigen.
- Die Einbringung der Änderungen ins Gesetz der Ukraine „Über Gerichtsgebühren".

Der Gesetzentwurf sieht eine erhebliche Erhöhung der Gerichtsgebühren für die Prüfung der Anträge auf Aufhebung internationaler Schiedssprüche vor. Diese sollen 2 % des Streitwerts des schiedsgerichtlichen Verfahrens betragen, mindestens jedoch 12 Mindestlöhne und Gehälter (UAH 14.616,00) und höchstens 120 Mindestlöhne und Gehälter (UAH 146.160,00). Dabei wird vorgeschlagen, für die Prüfung des Antrags auf Anerkennung und Vollstreckung der internationalen Schiedssprüche die Gerichtskosten in Höhe eines Mindestlohns (UAH 1.218,00) festzusetzen.

V. Zusammenfassung:

In letzter Zeit sind in der Ukraine positive schiedsgerichtliche Tendenzen zu beobachten, die in erster Linie darin bestehen, dass die nationalen Gerichte die Verhandlungsspezifik der Sachen besser verstehen, die mit der gerichtlichen Kontrolle der Schiedsgerichtsbarkeit zusammenhängen. Ein wichtiges Signal stellt auch die Tatsache dar, dass die Beliebtheit der Schiedsgerichtsbarkeit in der Ukraine von Jahr zu Jahr wächst. Gleichzeitig bestehen in unserem Staat viele rechtliche Lücken, insbesondere im Bereich der Unterstützung der internationalen Schiedsgerichtsbarkeit. Ein wesentlicher Teil der erforderlichen gesetzgeberischen Änderungen ist bereits erarbeitet, zu einzelnen Fragen wird die Arbeit fortgesetzt. Deshalb wollen wir auf die Erwiderung des ukrainischen Gesetzgebers warten und darauf hoffen, dass der Gesetzgeber der internationalen Praxis folgen wird, und die entsprechenden Änderungen (falls sie verabschiedet werden) die Attraktivität der Ukraine im internationalen Umfeld als einer Jurisdiktion erhöhen werden, die den Schiedsgerichten gegenüber freundlich eingestellt ist.

Prof. Dr. Mykola F. Selivon*, Tetjana G. Sachartschenko**, Kiew

Die rechtliche Regelung der Schiedsgerichtsbarkeit in der Ukraine als effektives Mittel zur Beilegung von Außenhandelsstreitigkeiten

Solange die menschliche Gesellschaft existiert, solange existieren auch Streitigkeiten, die in allen Lebensbereichen dieser Gesellschaft entstehen – von den persönlichen gegenseitigen Beziehungen bis zu den Beziehungen zwischen Staaten. Im Verlauf ihrer gesamten Entwicklung versucht die Menschheit, die günstigsten und effektivsten Formen und Mittel zur Beilegung von Streitigkeiten zu finden. Die Geschichte der Streitbeilegung stellt die Geschichte der Verhältnisse zwischen ihren drei Formen dar: der zwangsläufigen (rechtswidrigen) Beilegung, der gerichtlichen und der alternativen Beilegung.

Es ist bekannt, dass das wichtigste Mittel zum Schutz der Verletzung von Rechten und Interessen der Bürger und juristischer Personen vor Verstößen und rechtswidrigen Eingriffen der gerichtliche Schutz ist. Das Recht auf gerichtlichen Schutz gilt unmittelbar und ist als grundlegendes Prinzip eines demokratischen Rechtsstaats anerkannt. Die meisten Streitigkeiten, die in der Gesellschaft entstehen, werden heutzutage vor Gericht beigelegt. Es gibt aber viel mehr Streitigkeiten, als bei Gericht entschieden werden können. Die Gerichtsorgane vieler Länder sind mit nicht entschiedenen Sachen überlastet und brauchen breitere, mannigfaltigere Formen und Verfahren zur Beilegung von Konflikten. In seinen Empfehlungen betonte das Komitee des Europarates mehrmals, dass die übermäßige Belastung der Gerichte zu Verstößen gegen die Rechte der Streitparteien im Rahmen von Art. 6 Abs. 1 EMRK führt, der das Recht auf die Verhandlung der Sache in einer angemessenen Frist garantiert.

In einem weiteren Zusammenhang kann man die Entwicklung der alternativen Streitbeilegungsmethoden als Zustandsmerkmal der Zivilgesellschaft,

* *Mitglied der Nationalen Akademie der Rechtswissenschaften der Ukraine, Vorsitzender des Internationalen Wirtschaftsschiedsgerichts und der Schiedskommission für Seefragen bei der IHK der Ukraine.*

** *Verdiente Juristin der Ukraine, stellvertretende Vorsitzende des Internationalen Wirtschaftsschiedsgerichts und der Schiedskommission für Seefragen bei der IHK der Ukraine.*

des Rechtsstaates und der Demokratie betrachten. Die Staatspolitik hängt in diesem Bereich von vielen Faktoren ab. Hier ist das Entwicklungsniveau der marktwirtschaftlichen Verhältnisse, des internationalen Wirtschaftsverkehrs, des zivilisierten Charakters der Geschäftstätigkeit, der Stand der Rechtskultur und des Rechtsbewusstseins in der Gesellschaft, des Vertrauens der Unternehmer untereinander und gegenüber dritten Personen, an die sie sich wenden, um die Konflikte beizulegen, zu berücksichtigen. Aus diesem Grunde finden alternative (außergerichtliche) Streitbeilegungsmethoden, u. a. Verhandlungen, Mediation und die schiedsgerichtliche Verhandlung (Arbitrage) eine immer weitere Verbreitung.

Das Funktionieren der internationalen Wirtschaftsschiedsgerichtsbarkeit und der schiedsgerichtlichen Verhandlung überhaupt als Institut der privaten Streitbeilegung ist ohne Beteiligung des Staates unmöglich. In erster Linie muss der Staat auf seinem Territorium die Tätigkeit einer Jurisdiktion legitimieren, die zur staatlichen Streitbeilegung alternativ ist. In der Literatur wird zutreffend betont, dass die Verhandlung der Sache innerhalb eines Hoheitsgebiets stattfindet: Der Rechtsanwendungsakt, der in den Verhandlungsergebnissen beschlossen wird, muss in die Rechtsordnung des Staates am Verhandlungsort der Streitigkeit, und oft auch am Vollstreckungsort der Entscheidung eingeführt werden.[1]

Das Recht auf Anwendung alternativer (außergerichtlicher) Streitbeilegungsmethoden in der Ukraine basiert auf Art. 55 der ukrainischen Verfassung (nachfolgend: „Verf"), nach dem jedermann berechtigt ist, seine Rechte und Freiheiten vor Verstößen und rechtswidrigen Eingriffen mit beliebigen, vom Gesetz nicht verbotenen Mitteln zu verteidigen. Die genannte Bestimmung der ukrainischen Verfassung steht systematisch in Zusammenhang mit dem Recht auf die unternehmerische Tätigkeit und die Nutzung seiner Fähigkeiten und seines Eigentums zu einer solchen Tätigkeit (Art. 41 und 42 der Verf) und schafft das Verfassungsfundament für das Funktionieren der Schiedsverhandlung von zivil- und wirtschaftsrechtlichen Streitigkeiten in der Ukraine, deren Grundlage die Vertragsfreiheit und die Willensautonomie der Vertragsparteien bilden.

Das Verfassungsgericht der Ukraine entwickelte die verfassungsmäßigen Grundlagen der Schiedsgerichtsbarkeit und äußerte in seinen Urteilen vom 24. Februar 2004 Nr. 3-рп/2004 und vom 10. Januar 2008 Nr. 1-рп/2008 einige Rechtspositionen, die die Bedeutung einer Doktrin für die Weiterentwicklung der Schiedsgerichtsbarkeit in unserem Staat haben.

---

1 Курочкин С.А. Государственные суды в третейском разбирательстве и международном коммерческом арбитраже. – М., 2008. – С.1.

Erstens wurde bestätigt, dass sich das Recht der Parteien einer zivil- oder wirtschaftsrechtlichen Streitigkeit zur Übergabe an ein Schiedsgericht auf die oben zitierten Verfassungsbestimmungen stützt.

Zweitens sind Schiedsgerichte Institute der Zivilgesellschaft und nehmen in dieser Eigenschaft wichtige soziale Funktionen wahr, sie sind privatrechtliche Gebilde, üben keine Rechtsprechung aus und gehören nicht zum System der Organe der Judikative der Ukraine.

Drittens kann die Gewährung des Rechts den Parteien, eine alternative Form für den Schutz ihrer Rechte zu wählen und ein Schiedsgericht anzurufen, nicht als Verletzung des Verfassungsrechts auf gerichtlichen Schutz betrachtet werden.

Viertens wird das Recht auf gerichtlichen Schutz bei der Anrufung des Schiedsgerichts durch die Möglichkeit gesichert, in den gesetzlich vorgesehenen Fällen die staatlichen Gerichte anzurufen, und zwar durch Einreichung eines Ersuchens um die Aufhebung eines Schiedsspruchs oder die Ausstellung der Vollstreckungsurkunde für die Zwangsvollstreckung des Schiedsspruchs.

Fünftens basiert die Möglichkeit, Streitigkeiten zwischen den Parteien im Bereich der zivilen und wirtschaftlichen Rechtsverhältnisse zur Verhandlung vor Schiedsgerichten durch den Staat zu übergeben, nicht nur auf dem nationalen, sondern auch auf dem Völkerrecht, u. a. auf internationalen Verträgen, deren Partei die Ukraine ist.

Der EuGMR geht bei der Anwendung der entsprechenden Bestimmungen von Art. 6 EMRK in vielen Urteilen, darunter auch gegen die Ukraine, auch davon aus, dass die Anrufung eines Schiedsgerichts rechtmäßig ist, wenn der Verzicht auf die Leistungen der staatlichen Gerichte entsprechend der freien Willensäußerung der Parteien erfolgte.

Zurzeit funktionieren in der Ukraine entsprechend dem geltenden Recht zwei selbstständige Untersysteme der Schiedsgerichtsbarkeit ziemlich erfolgreich: das IWSG (nachfolgend: „IWSG"), das nur in Außenhandelsstreitigkeiten verhandelt, und den Schiedsgerichten zur Beilegung von internen Streitigkeiten (interne Schiedsgerichte). Obwohl ihr Rechtswesen gleich ist, werden diese beiden Untersysteme durch zwei Einzelgesetze geregelt: das Gesetz der Ukraine „Über IWSGsbarkeit" (nachfolgend: „IWSGG") und das Gesetz der Ukraine „Über Schiedsgerichte" (nachfolgend: „SGG"), dessen Art. 1 direkt darauf verweist, dass die Wirkung dieses Gesetzes die IWSGsbarkeit nicht betrifft.

Jedes dieser Untersysteme ist unter Berücksichtigung der Zuständigkeit der Gerichte auf bestimmten Sachkategorien spezialisiert und hat Schiedsrichter mit entsprechenden Qualifikationen. Es wurden bereits bestimmte Erfahrungen gesammelt. Leider haben die internen Schiedsgerichte der Ukraine in der Zeit, die nach der Verabschiedung des Gesetzes vergangen ist, keinen guten Ruf erworben und diskreditierten in gewisser Weise diese effektive Art der Streitbeilegung. Die Ursache liegt aber nicht in den Mängeln des SGG, das ziemlich fortschrittlich ist, sondern in einem niedrigen Niveau der Rechtskultur, einem Mangel bei den Auswahlkriterien der Schiedsrichter, in der fehlenden Kontrolle bei der Einrichtung dieser Gerichte und an anderen Umständen, die mehrere Fälle der Verletzung der Gesetzmäßigkeit in der Tätigkeit dieser Gerichte bedingten. Dies ist zurück zu führen u.a. auf die Verletzung des wichtigen Grundsatzes der schiedsgerichtlichen Verhandlung – der Freiwilligkeit beim Abschluss einer Schiedsklausel. Weitere Ursachen sind, dass die Schiedsgerichte Streitigkeiten über die Feststellung von Tatsachen, die von juristischer Bedeutung sind, verhandelten: über die Anerkennung des Eigentumsrechts auf eine Immobilie. Sie verhandelten die Sachen und nach den Ergebnissen dieser Verhandlung würde es die Vollstreckung des Schiedsspruchs erfordern, dass die Staatsorgane bzw. die Organe der kommunalen Selbstverwaltung entsprechende Handlungen vornehmen. Aus diesem Grund musste der Staat die Zuständigkeit der internen Schiedsgerichte wesentlich einschränken.

Deshalb meinen wir, dass in der jetzigen Phase der gesellschaftlichen Entwicklung der Ukraine, des Niveaus der Rechtskultur etc. das Funktionieren dieser beiden Untersysteme gerechtfertigt ist: Es nicht nur sinnlos, sondern auch unzulässig, das Recht und die Rechtsprechung zu ändern, zumindest bis das System der internen Schiedsgerichte reformiert und verbessert wird. Zu diesem Zweck muss man erstens den Mechanismus einer wirksamen staatlichen Kontrolle über die Einrichtung und die Tätigkeit der Schiedsgerichte entwickeln, indem man die Anzahl der Schiedsgerichte reduziert (in der Ukraine gibt es bereits über 400 Schiedsgerichte) und festlegen, dass Schiedsgerichte nur bei den IHKs und den allukrainischen Nichtregierungsorganisationen gebildet werden und handeln. Zweitens bestehen vielfältige Gründe, über die Einführung von strengeren Auswahlkriterien für die Ernennung der Schiedsrichter zu diskutieren.

Während sich die internen Schiedsgerichte in der Zeit ihres Bestehens diskreditierten, nahm die IWSGsbarkeit in der Ukraine, vertreten durch das IWSG bei der IHK der Ukraine, im Gegensatz dazu einen würdigen Platz unter den europäischen Schiedsinstitutionen ein.

Voraussetzung für die Bildung einer internationalen Wirtschaftsschiedsgerichtsbarkeit in der Ukraine war die Tatsache, dass die Ukraine als UN-Mitglied bereits Anfang der 60er Jahre zwei grundlegende internationale Verträge im Bereich der internationalen Wirtschaftsschiedsgerichtsbarkeit unterzeichnete und ratifizierte: am 22. August 1960 – das UN-Abkommen über die Anerkennung und Vollstreckung ausländischer Schiedssprüche und am 25. Januar 1963 – das Europäisches Übereinkommen über die internationale Handelsschiedsgerichtsbarkeit. Jedoch wurden über mehr als 30 Jahre lang in der Ukraine keine internationalen Schiedsgerichte gebildet und konnten objektiv auch nicht gebildet werden. Die Ursache lag in dem Außenhandelsmonopol, das in der Sowjetunion bestand. Damit durften sich lediglich speziell eingerichtete Außenhandelsvereinigungen und -organisationen hiermit befassen. Dies führte auch dazu, dass Schiedsgerichte nur auf Unionsebene gebildet wurden.

Die Einrichtung der internationalen Wirtschaftsschiedsgerichtsbarkeit in der Ukraine war mit der Verabschiedung des Gesetzes der Ukrainischen SSR „Über die Außenhandelstätigkeit" am 16. April 1991 unmittelbar verbunden. Das genannte Gesetz basierte auf den Bestimmungen der Erklärung über die staatliche Souveränität der Ukraine, auf dem Gesetz der Ukrainischen SSR „Über die wirtschaftliche Unabhängigkeit der Ukrainischen SSR". Es gewährte allen Subjekten der Außenhandelstätigkeit (sowohl natürlichen Personen als auch Wirtschaftssubjekten) unabhängig von der Eigentumsform und anderen Merkmalen das Recht auf die Ausübung der Außenhandelstätigkeit. Die Ausübung der Außenhandelstätigkeit ist zweifellos ohne die Garantie eines effektiven Schutzes der Rechte und Pflichten der Teilnehmer der Außenhandelstätigkeit in dem Falle unmöglich, wenn einer der Geschäftspartner seine Verpflichtungen verletzt. Zu diesem Zweck wurde der IHK der Ukraine durch den Beschluss der Verchowna Rada der USSR „Über das Inkrafttreten des Gesetzes der Ukrainischen SSR ‚Über Außenhandelstätigkeit' empfohlen, das Schiedsgericht für den Außenhandel einzurichten."

Das Präsidium der IHK der Ukraine setzte die oben genannte Empfehlung des Parlaments um und bildete mit seinem Beschluss vom 10. Juni 1992 das IWSG bei der IHK der Ukraine und verabschiedete seine Geschäftsordnung (nachfolgend: „GO"). Die Arbeit an der Organisation seiner Tätigkeit begann praktisch am 11. August 1992, als zum Vorsitzenden des IWSG das Mitglied der Nationalen Akademie der Rechtswissenschaften der Ukraine, Prof. *Ihor Hawrylowytsch Pobirtschenko* bestellt wurde. Zwei Jahre später wurde mit dem Beschluss des Präsidiums der IHK der Ukraine vom 25. August 1994 die Schiedskommission für Seefragen (nachfolgend: „SKSF") gebildet und ihre GO und die Empfehlungsliste der Schiedsrichter der Kommission bewilligt, die *I. Pobirtschenko* ebenfalls leitete.

Die Verhandlung erster Sachen, die beim IWSG bei der IHK der Ukraine eingingen, zeugte davon, dass für das erfolgreiche Funktionieren der internationalen Wirtschaftsschiedsgerichtsbarkeit eine feste rechtliche Basis erforderlich ist.[2] Aus

2 І.Г.Побірченко. Діяльність міжнародного арбітражу в Україні та його міжнародні зв'язки. Ж-л «Право України», 2011, №1, с. 10.

diesem Grund entwickelte die IHK der Ukraine aufgrund des UNCITRAL Mustergesetzes den Entwurf des Gesetzes der Ukraine „Über IWSGsbarkeit" (nachfolgend: „GIWSG"), das durch die Verchowna Rada der Ukraine am 24. Februar 1994 verabschiedet wurde.

Die Besonderheit des GIWSG besteht darin, dass es zwei Anlagen hat: die Bestimmungen über das IWSG bei der IHK der Ukraine und die Bestimmung über die Schiedskommission für Seefragen bei der IHK der Ukraine. Es ermöglicht diesen schiedsgerichtlichen Instituten, entsprechend den internationalen Standards zu funktionieren, die demokratischen Grundsätze der Schiedsgerichtsorganisation und der schiedsgerichtlichen Verhandlung zu verankern: das Recht der Parteien auf die Bildung des Spruchkörpers des Gerichts, auf die Bestimmung des Verhandlungsverfahrens in der Sache, des anzuwendenden Rechts, die Gültigkeit des Verhandlungsgrundsatzes und die Gleichheit der Parteien, die Vertraulichkeit der Informationen über die Streitigkeiten etc.

Nach diesen Bestimmungen stellen das IWSG und die SKSF bei der IHK der Ukraine selbstständige, ständig funktionierende schiedsgerichtliche Einrichtungen dar, die ihre Tätigkeit entsprechend dem GIWSG vornehmen. Die IHK der Ukraine bewilligt lediglich die Geschäftsordnungen des IWSG und der SKSF bei der IHK der Ukraine, das Berechnungsverfahren der Schiedsgerichtsgebühr, die Honorarsätze der Schiedsrichter und die Höhe anderer Ausgaben des Gerichts und unterstützt ihre Tätigkeit.

Dank den Bemühungen, der Energie, dem Mut und dem Intellekt von Prof. *I. Pobirtschenko* verlief in der Ukraine die Phase des Aufbaus der internationalen Schiedsgerichtsbarkeit, der gesetzlichen Regelung ihrer Tätigkeit sehr schnell, innerhalb kurzer Zeit erlangten die von ihm geleiteten schiedsgerichtlichen Institute Ansehen und wurden in der Welt erkennbar. Für die genannten Verdienste verlieh das Präsidium der IHK der Ukraine *I. Pobirtschenko* am 3. August 2003 den Titel „Ehrenpräsident des IWSG bei der IHK der Ukraine" und gab seinem Ersuchen um die Entlassung aus dem Amt des Vorsitzenden des IWSG und der SKSF wegen des Gesundheitszustands statt. Er war und bleibt ohne Übertreibung ein Talisman unserer Schiedsgerichtsbarkeit und genoss ein unzweifelhaftes Ansehen.

I. Pobirtschenko war ein verständnisvoller, intelligenter, weiser Mensch, Patriot seiner Heimat. Er beendete seinen irdischen Weg am 6. April 2012 in einem Alter von 88 Jahren. Bis zum letzten Tag beteiligte er sich an der Tätigkeit der schiedsgerichtlichen Einrichtungen und verhandelte Streitigkeiten. *I. Pobirtschenko* war Ideologe und Organisator der internationalen wissenschaftlich-praktischen Konferenz „IWSGsbarkeit in der Ukraine und in der Welt: gestern, heute, morgen", die am 24.–25. Mai 2012 durchgeführt wurde, und dem 20. Jahrestag des Bestehens des IWSG bei der IHK der Ukraine gewidmet war. Leider hat er die Konferenz nicht mehr erlebt. An der von ihm geplanten Konferenz nahmen etwa 190 Vertreter aus 21 Ländern der Welt teil, darunter auch die Leiter von 14 Schiedsinstitutionen aus Europa und Asien, Fachleute von Weltrang im Bereich der Schiedsgerichtsbarkeit, bekannte Wissenschaftler, Vertreter der Judikative der Ukraine (Richterinnen und Richter des Obersten Gerichtshofs der Ukraine, des Obersten Fachgerichts der Ukraine zur Verhandlung der Zivil- und Strafsachen, des Obersten Wirtschaftsgerichts der Ukraine), Rechtsanwälte und Juristen.

Im November des vergangenen Jahres wurde zum 90. Geburtstag von *I. Pobirtschenko* die Durchführung der jährlichen internationalen Konferenzen in seinem Namen eingeleitet. Im Jahr 2015 wird diese Konferenz am 13. November stattfinden. Aber zur besten Erinnerung an *I. Pobirtschenko* wird die Verwirklichung in der Tätigkeit des IWSG und der SKSF bei der IHK der Ukraine nach den Grundsätzen, von denen sein Leben geprägt waren: hohe Professionalität, makellose Ehrlichkeit, Unvoreingenommenheit, Objektivität und der Kampf um die Gerechtigkeit.

Wie bereits früher betont wurde, basiert das GIWSG auf internationalen Verträgen unter Beteiligung der Ukraine (dem Abkommen über Anerkennung und Vollstreckung von Schiedssprüchen von 1958, New York; dem Europäischen Abkommen über die Schiedsgerichtsbarkeit im Außenhandel von 1961) und entspricht dem Text des UNCITRAL Mustergesetzes über die internationale Handelsschiedsgerichtsbarkeit in der Fassung von 1985.

Wie bekannt die UN-Kommission führte in den letzten Jahren zum internationalen Handelsrecht eine große Untersuchung durch: Die Erfahrungen des internationalen Handels und der Rechtsprechung über Streitigkeiten wurden zusammengefasst, diese Fragen wurden erörtert und Beratungen zur Bildung eines abgestimmten Rechtsrahmens für die faire und effektive Regelung der internationalen schiedsgerichtlichen Wirtschaftsstreitigkeiten wurden durchgeführt. Zum Ergebnis der geleisteten Arbeit wurde 2006 die Annahme der Änderungen des Mustergesetzes UNCITRAL über die IWSGsbarkeit und die Neufassung der Arbitragegeschäftsordnung UNCITRAL 2010, die die *ad hoc* Schiedsgerichtsbarkeit betrifft, d. h. die Schiedsgerichtsbarkeit zur Beilegung von konkreten Streitigkeiten. Deshalb gehört zu den vorrangigen Aufgaben die Implementierung der genannten Novellierungen in das ukrainische Recht und die Geschäftsordnungen des IWSG und der SKSF bei der IHK der Ukraine.

Was die Arbitragegeschäftsordnung UNCITRAL 2010 betrifft, so ist anzumerken, dass das IWSG als ständig funktionierende schiedsgerichtliche Einrichtung die Funktionen eines kompetenten Organs zur Unterstützung der Organisation der ad hoc Schiedsgerichtsbarkeit wahrnimmt. Unter Berücksichtigung der neuen Arbitragegeschäftsordnung UNCITRAL wurde am 27. Oktober 2011 vom Präsidium der IHK der Ukraine eine neue Fassung der „Regeln zur Unterstützung der Schiedsgerichtsbarkeit entsprechend der Arbitragegeschäftsordnung UNCITRAL durch das IWSG bei der IHK der Ukraine“ bewilligt.

Die Novellierungen im Mustergesetz UNCITRAL betreffen zwei wichtige Momente: die Erweiterung des Begriffs und der Form des Schiedsvertrags (Art. 7) und das Treffen von Sicherungsanordnungen durch das Schiedsgericht, die Anerkennung und Zwangsvollstreckung solcher Maßnahmen (Artikel IVA).

In diesem Zusammenhang arbeitet in unseren schiedsgerichtlichen Instituten eine Arbeitsgruppe zur Erstellung von Vorschlägen zur Änderung des GIWSG und andere Rechtsakte, vor allem die ZPO der Ukraine, denn in dieser Prozessordnung sind die Vorschriften enthalten, die die Zuständigkeit der Gerichte bei der Prüfung der Ersuchen um die Aufhebung der Entscheidungen des IWSG und der SKSF bei der IHK der Ukraine, der Ersuchen um die Anerkennung und Vollstreckung der Schiedssprüche in der Ukraine, sowie das Prüfungsverfahren dieser Ersuchen bestimmen.

Diese Änderungen sind in erster Linie auch mit der Implementierung der angeführten Novellierungen ins nationale Recht verbunden. Wenn wir aber das Recht analysieren, das heutzutage die internationale Wirtschaftsschiedsgerichtsbarkeit regelt, kann man zur Schlussfolgerung gelangen, dass wir eine relativ entwickelte normative Basis besitzen, die im Prinzip den gegenwärtigen Anforderungen entspricht.

Mit den Gesetzen der Ukraine vom 3. Februar 2011 wurden wesentliche Änderungen und Ergänzungen in die Zivil- und Wirtschaftsprozessordnungen der Ukraine eingebracht, durch die das Verfahren der Anfechtung und Vollstreckung von Schiedssprüchen, darunter auch im Bereich der internationalen Schiedsgerichtsbarkeit geregelt wurde. In erster Linie ist darauf hinzuweisen, dass durch diese Gesetze die Zuständigkeiten der Wirtschaftsgerichte und der ordentlichen Gerichte bei der Vollstreckung der Entscheidungen des IWSG und der SKSF bei der IHK der Ukraine und anderer internationaler Wirtschaftsschiedsgerichte endlich abgegrenzt wurden. Entsprechend den Änderungen verhandeln die Wirtschaftsgerichte nur die Sachen über die Anfechtung und Ausstellung der Vollstreckungsbefehle für die Zwangsvollstreckung der Entscheidungen der Schiedsgerichte, die nur die internen Streitigkeiten verhandeln. Die Anfechtung und die Zwangsvollstreckung der Entscheidungen des IWSG und der SKSF bei der IHK der Ukraine, sowie die Zwangsvollstreckung der Entscheidungen anderer internationaler Wirtschaftsschiedsgerichte werden durch die örtlichen ordentlichen Gerichte nach der Regelung von Abschnitt VIII, Kapitel I ZPO der Ukraine verhandelt.

Wenn wir über die Verbesserung des Rechts sprechen, können wir mit Genugtuung feststellen, dass am 19. Mai 2011 (Erlass des Präsidenten der Ukraine Nr. 589/2011) der Erlass des Präsidenten der Ukraine vom 1. Juli 1995 Nr. 505/95 aufgehoben wurde, wonach die INCOTERMS-Regeln nach ihrer Veröffentlichung in der Staatssprache in einer offiziellen Ausgabe angewandt werden. Dieser Erlass schuf bis vor Kurzem einige Probleme bei der Anwendung der INCOTERMS-2010.

Unter Berücksichtigung des oben Angeführten sind wir der Meinung, dass die Hauptaufgabe nicht in der Entwicklung eines grundsätzlich neuen Rechts der Ukraine besteht, sondern in seiner Verbesserung und der Verbesserung der Rechtsanwendungspraxis in diesem Bereich. Es geht um die Feinabstimmung der bestehenden rechtlichen Bestimmungen entsprechend den neuesten internationalen Tendenzen sowie um die Beseitigung von Problemen in der Rechtsanwendungspraxis. Vor allem betrifft dies die Verbesserung des Zusammenwirkens der staatlichen Gerichte mit den Schiedsgerichten, denn die Schlussfolgerung ist allgemein anerkannt und begründet, dass die Effektivität der Schiedsgerichte und der schiedsgerichtlichen Verhandlungen in vielen – wenn nicht in allen Ländern – von den staatlichen Gerichten unmittelbar davon abhängt, wie diese die Schiedsgerichte unterstützen und dementsprechend günstige Bedingungen für das Wahrnehmen ihrer Funktionen schaffen.1[3]

Durch das GIWSG wird den staatlichen Gerichten nicht nur die Kontroll-, sondern auch die Unterstützungsfunktion für die Schiedsgerichtsbarkeit auferlegt, u. a. durch:

- Maßnahmen der Sicherung bzgl. einer Klage, die beim internationalen Schiedsgericht eingelegt wurde;
- Unterstützung bei der Erhebung, Aufbewahrung und Sicherung der Beweise;
- Herausbildung der Rechtsanwendungspraxis hinsichtlich der allgemein anerkannten Konzepte der Schiedsgerichtsbarkeit und ihrer Entscheidungen sowie der schiedsgerichtlichen Verhandlung;
- Förderung bei Juristen und Geschäftsleuten einer Wahrnehmung der internationalen Wirtschaftsschiedsgerichtsbarkeit und der internen Schiedsgerichte als effektives Mittel des Rechtsschutzes.

3 Содерлунд Кристер. Государственные суды и международный коммерческий арбитраж.//Международный коммерческий арбитраж. – 2008. – № 3. – С.31–34.

Gleichzeitig werden die genannten Funktionen fast nicht wahrgenommen, weil eine gesetzliche Regelung fehlt. Vor allem betrifft dies Sicherungsmaßnahmen. Zurzeit wird diese Frage rege diskutiert.

Wie in vielen Ländern der Welt sieht das Recht der Ukraine die Möglichkeit vor, dass die Sicherungsmaßnahmen sowohl durch Schiedsgerichte als auch durch staatliche Gerichte angeordnet werden können. An dieser Stelle ist auf eine Besonderheit unserer schiedsgerichtlichen Institute aufmerksam zu machen. Sie besteht darin, dass nach den Bestimmungen über das IWSG und die SKSF bei der IHK der Ukraine der Vorsitzende dieser schiedsgerichtlichen Institute das Recht hat, vor Bestellung der Mitglieder des Schiedsgerichts Sicherungsmaßnahmen selbstständig zu treffen. So entfällt die Notwendigkeit, einen außerordentlichen Schiedsrichter zu bestellen. Gleichzeitig unterfallen Sicherungsmaßnahmen, die vom Schiedsgericht (vom Vorsitzenden des IWSG und der SKSF oder von den Mitgliedern des Schiedsgerichts) getroffen werden, nicht der Zwangsvollstreckung, sie sind nur für die Parteien bindend. Die Anrufung der staatlichen Gerichte mit dem Ziel, schiedsgerichtliche Sicherungsmaßnahmen vollstrecken zu lassen, kann ihren Zweck nicht erreichen, weil die prozessualen Vorschriften fehlen, die das Verfahren zur Prüfung dieser Anträge regeln und auch keine Bestimmungen über das dafür zuständige Gericht enthalten. Einer der Lösungswege wäre die Aufnahme einer Bestimmung in die ZPO der Ukraine, dass auf Ersuchen einer Partei ein Gericht die Genehmigung für die Zwangsvollstreckung der Sicherungsmaßnahmen des internationalen Wirtschaftsschiedsgerichts erteilen könnte.

Art. 9 GIWSG gewährt einer Partei das Recht, ein staatliches Gericht anzurufen oder während des Schiedsverfahrens einen Antrag zu stellen, Sicherungsmaßnahmen zu treffen und einen Gerichtsbeschluss über die Anordnung hierüber zu erlassen. Im ukrainischen Recht fehlen aber Bestimmungen, die festlegen, welches Gericht befugt ist, dieses Ersuchen zu prüfen und wie das Prüfungsverfahren aussieht. Deshalb ist es unmöglich, die Art. 9 GIWSG in der Ukraine umzusetzen, da die entsprechende rechtliche Regelung fehlt. Jedoch wurden erste Schritte in dieser Richtung bereits unternommen: 2012 wurden in die ZPO Änderungen eingebracht, die den Gerichten genehmigen, in der Prüfungsphase der Ersuchen auf Zwangsvollstreckung der Entscheidung eines ausländischen Gerichts, darunter auch eines internationalen Schiedsgerichts, Sicherungsmaßnahmen zu treffen. Auf Antrag der Person, die einen solchen Antrag stellt, kann das Gericht die von der ZPO vorgesehenen Maßnahmen der Sicherung der Klage ergreifen, falls das Nicht-Eingreifen dieser Maßnahmen die Vollstreckung der Entscheidung des internationalen Schiedsgerichts erschweren oder unmöglich machen würde.

Weiter verbessert werden, müssen auch die Kontrollfunktionen der staatlichen Gerichte in Bezug auf die Schiedsgerichtsbarkeit. Wenn wir berücksichtigen, dass momentan die Gerichte erster Instanz für die Prüfung der Anträge auf Aufhebung der Schiedssprüche sowie für ihre Anerkennung und Vollstreckung zuständig sind, wäre es sinnvoll, die Prüfung dieser Anträge auf die Berufungsgerichte zu übertragen. Vor dem In-Kraft-Treten der ZPO am 1. Januar 2005 waren die Berufungsgerichte zuständig, die Anträge auf Aufhebung der Entscheidungen des IWSG und der SKSF in der Ukraine zu prüfen, sowie die Schiedssprüche anzuerkennen und zu vollstrecken. Diese Gerichte sammelten stabile Rechtsprechungserfahrungen, wonach die Aufhebung der Schiedssprüche oder die Ablehnung ihrer Anerkennung bzw. Vollstreckung relativ selten vorkamen. Aber mit dem Inkrafttreten der neuen ZPO wurde die Prüfung dieser Ersuchen der Zuständigkeit der Gerichte erster Instanz zugewiesen, unter anderem des Schewtschenkiwsjkyj – Stadtbezirksgerichts in Kyjiw – in Bezug auf die Prüfung der Anträge auf Aufhebung der Entscheidungen des IWSG und der SKSF bei der IHK der Ukraine. Die Analyse der Rechtsprechung dieser Gerichte über diese Anträge zeugt davon, dass diese Gerichte bei der Prüfung viele Fehler machen, indem sie die völkerrechtlichen Verträge unter Beteiligung der Ukraine nicht einhalten und das Recht der Ukraine falsch anwenden. Darüber hinaus kann die Verhandlung der Streitigkeiten jahrelang dauern, wenn wir die Möglichkeit der Berufung und der Revision gegen die Beschlüsse erster Instanz berücksichtigen. Daher ist es begründet, die Frage zu stellen, ob die vorhergehende Regelung wieder hergestellt werden soll, und ob die Funktionen der Unterstützung und Kontrolle (Art. 6, Abs. 2 des Gesetzes) wieder auf die Berufungsgerichte übertragen werden sollen und in Bezug auf das IWSG und die SKSF bei der IHK der Ukraine – auf das Berufungsgericht Kyjiw, was der internationalen Praxis entspricht, die Qualität der Wahrnehmung dieser Funktionen durch die staatlichen Gerichte erhöhen und die Zeit bis zur endgültigen Entscheidungsfindung zu diesen Fragen kürzen könnte.

Wir möchten auch auf einige Schwierigkeiten bei der Bestimmung der Arbitragefähigkeit der Streitigkeiten aufmerksam machen. Diese Schwierigkeiten hängen vor allem mit der Mangelhaftigkeit des Rechts der Ukraine, das die Zuständigkeit der internationalen Wirtschaftsschiedsgerichtsbarkeit und der staatlichen Gerichte (der ordentlichen und Wirtschaftsgerichte) für die Streitigkeiten bestimmt, zusammen.

Wie bekannt wurde die Zuständigkeit für die internationale Wirtschaftsschiedsgerichtsbarkeit durch das o. g. Gesetz festgelegt und an zwei Kriterien geknüpft: ein ausländisches Element und den Streitgegenstand. In Art. 1 des Gesetzes legt der Gesetzgeber in allgemeiner Form die Kategorien der Streitigkeiten, für die die internationalen Schiedsgerichte zuständig sind, fest: u. a. sind dies die Streitigkeiten von Unternehmen mit ausländischen Investoren und internationalen Vereinigungen und Organisationen, die auf dem Gebiet der Ukraine geschaffen wurden, – untereinander, Streitigkeiten zwischen ihren Teilnehmern, sowie Streitigkeiten mit anderen Rechtssubjekten der Ukraine. In Nr. 4 des gleichen Artikels des Gesetzes bestimmte der Gesetzgeber die Regel, dass andere Gesetze Streitigkeiten definieren können, die nicht an das Schiedsgericht kommen, bzw. dem Schiedsgericht nur nach speziellen Bestimmungen übergeben werden können, die sich von den in diesem Gesetz festgelegten Bestimmungen unterscheiden. In Art. 12 der Wirtschaftsprozessordnung der Ukraine wird u. a. angeführt, dass aus der Zuständigkeit der Schiedsgerichte die Streitigkeiten ausgeschlossen sind, die beim Abschluss, der Änderung, der Kündigung und der Erfüllung von Wirtschaftsverträgen entstehen, die mit der Befriedigung des staatlichen Bedarfs zusammenhängen. Die Rechtsprechung wendet diese Bestimmungen jedoch nicht einheitlich an. Einige Gerichte sind der Meinung, dass die Wirkung dieses Artikels nicht nur die internen Schiedsgerichte betrifft, sondern auch die internationale Wirtschaftsschiedsgerichtsbarkeit, weshalb diese Streitigkeiten nicht arbitragefähig seien. Andere Gerichte halten sie für arbitragefähig und begründen dies damit, dass der erwähnte Artikel der Wirtschaftsprozessordnung der Ukraine nur die Zuständigkeit der internen Schiedsgerichte beschränkt, nicht aber die des internationalen Wirtschaftsschiedsgerichts. Unserer Meinung nach ist der letztere Ansatz richtig, denn es ist vollkommen verständlich, warum der Staat die Kompetenz der internen Schiedsgerichte für diese Fallkategorien einschränkte. Der Ausschluss dieser Streitigkeiten aus der Kompetenz des internationalen Wirtschaftsschiedsgerichts schränkt die Mittel zum Schutz vor Rechtsverletzungen in den Außenwirtschaftsbeziehungen grundlos ein und erschwert seine Wiederherstellung, insbesondere für ukrainische Unternehmen. Werden ihre Rechte verletzt, können sie nur die staatlichen Gerichte ausländischer Staaten anrufen und müssen dabei ausländisches Prozessrecht anwenden. Ähnliche Komplikationen entstehen auch bei Streitigkeiten zwischen Körperschaften.

Neben der Reform der rechtlichen Basis, die vom Parlament vorgenommen wird, nimmt der Staat, vertreten durch die Judikative, an den Verhältnissen teil, die mit der Verhandlung der Außenwirtschaftsstreitigkeiten verbunden sind. Aus diesem Grund wäre es gut, Voraussetzungen zu schaffen, um die Qualität der Entscheidungen, die von den zuständigen Gerichten getroffen werden zu erhöhen. Von der Wichtigkeit des Problems zeugt auch die Tatsache, dass in den meisten internationalen Konferenzen, in anderen Foren die Frage des Zusammenwirkens der staatlichen Gerichte und der schiedsgerichtlichen Institute ständig auf der

Tagesordnung steht, darüber hinaus werden die Gerichtsentscheidungen bezüglich der Schiedsgerichtsbarkeit heftig kritisiert.

Am 4. September 2014 fand der wissenschaftlich-praktische Runde Tisch zum Thema „Eingriffsgrenzen des Gerichts in die internationale Wirtschaftsschiedsgerichtsbarkeit“ statt, dessen Organisatoren das IWSG und die SKSF bei der der Ukraine, das Wissenschaftliche Forschungsinstitut für Privatrecht und Unternehmertum der Nationalen Akademie der Rechtswissenschaften der Ukraine sowie der Verband der Zivilrechtler der Ukraine waren. Während des Runden Tisches wurden die wichtigsten Fragen erörtert, die die Kontrollfunktionen der staatlichen Gerichte und die Funktionen zur Unterstützung der Schiedsgerichte betrafen. Am Runden Tisch nahmen 72 Teilnehmer teil, unter ihnen waren die Richterinnen und Richter des Obersten Gerichtshofs der Ukraine, des Obersten Fachgerichts der Ukraine zur Verhandlung der Zivil- und Strafsachen, des Obersten Wirtschaftsgerichts der Ukraine, der Kreis- und Stadtgerichte, Juristen und Rechtsanwälte.

Und jetzt etwas Statistik. Wir analysierten die Rechtsprechung nach den Prüfungsergebnissen der Ersuchen um die Aufhebung der Schiedssprüche des IWSG bei der IHK der Ukraine.

2012 verhandelte und entschied das IWSG bei der IHK der Ukraine 299 Sachen, davon bildeten 22 Schiedssprüche den Prüfungsgegenstand des Schewtschenkiwsjkyj Stadtbezirksgerichts in Kyjiw, da die Ersuchen um ihre Aufhebung eingereicht wurden. Nach den Ergebnissen der gerichtlichen Prüfung (inklusive die Berufungs- und Revisionsinstanzen) wurden 4 Schiedssprüche aufgehoben (unterschiedliche Aufhebungsgründe, darunter die „Auslegung“ der Schiedsvereinbarung durch das Schiedsgericht).

2013 verhandelte und entschied das IWSG bei der IHK der Ukraine 297 Sachen, davon bildeten 12 Entscheidungen den Prüfungsgegenstand des Schewtschenkiwsjkyj Stadtbezirksgerichts in Kyjiw, da ihre Aufhebung beantragt wurde. Nach den Ergebnissen der gerichtlichen Prüfung (inklusive Berufungs- und Revisionsinstanzen) wurden 2 Schiedssprüche aufgehoben (Aufhebungsgründe waren – die Arbitrageunfähigkeit der Körperschaftsstreitigkeiten und der Streitigkeiten, die bei der Erfüllung der Wirtschaftsverträge entstehen, die mit der Befriedigung des staatlichen Bedarfs zusammenhängen, die Verstöße gegen das Prüfungsverfahren der Streitigkeiten).

Bis September 2014 forderte das Schewtschenkiwsjkyj Stadtbezirksgericht in Kyjiw drei Sachen an, die im Jahre 2014 vom IWSG verhandelt wurden, weil die Ersuchen um die Aufhebung der Schiedssprüche eingegangen waren. Bis jetzt werden alle erwähnten Ersuchen vom Schewtschenkiwsjkyj Stadtbezirksgericht in Kyjiw geprüft.

In der durch die juristische Firma „*Cai & Lenard*“ erstellten Zusammenfassung, die sowohl für die gerichtliche, als auch für die schiedsgerichtliche Praxis interessant und nützlich ist1[4], werden folgende Informationen angeführt: Das Verhältnis zwischen den Aufhebungsfällen der Schiedssprüche des IWSG bei der IHK der Ukraine und der Genehmigungen für die Zwangsvollstreckung unserer Schiedssprüche betrug 1 zu 49 in den Jahren 2011–2012, d.h. auf einen aufgehobenen Schiedsspruch entfallen 49 Schiedssprüche des IWSG, die vom Gericht zur Vollstreckung angenommen wurden. Es ist kein schlechtes Ergebnis. Dazu wird im Bericht betont, dass die Beschlüsse, mit denen die Schiedssprüche aufgehoben werden, vom Berufungsgericht sorgfältig überprüft werden, das sie in vielen Fällen aufhebt.

Interessant sind auch die Statistiken über die Vollstreckung der IWSG-Entscheidungen im Ausland. So wurden von 15 Schiedssprüchen des IWSG bei der IHK der Ukraine, die in Deutschland vollzogen werden sollten, 14 Schiedssprüche von den deutschen Gerichten zur Vollstreckung angenommen.

Trotz der insgesamt positiven Rechtsprechung scheinen einige Rechtspositionen der staatlichen Gerichte zweifelhaft zu sein, u.a. die Aufhebung der Schiedssprüche aus dem Grund, dass das Schiedsgericht „die Schiedsklausel ausgelegt hat“. Entsprechend dem GIWSG müssen die Mitglieder des Schiedsgerichts bei der Prüfung der Frage über ihre Zuständigkeit, die Schiedsvereinbarung analysieren, sich mit ihrem Inhalt bekannt machen, d.h. die Norm auslegen. Ohne Auslegung kann das Schiedsgericht keinen begründeten Beschluss über seine Zuständigkeit fassen. Das örtliche Gericht unterstützte aber den formellen Standpunkt, dass nach Art. 213 und 637 des ZGB der Ukraine das ausschließlich die Parteien das Recht auf Auslegung des Vertragsinhalts haben und das Gericht einen Beschluss über die Vertragsauslegung nur aufgrund der entsprechenden Forderung einer Partei fassen darf. Aus diesem Grund kam das örtliche Gericht zu der Schlussfolgerung, dass das Schiedsgericht, das bei der Bestimmung seiner Zuständigkeit die Schiedsklausel ausgelegt hatte, die sich im strittigen Vertrag befand, den Rahmen dieser Klausel verletzt hatte, denn dabei hatte die Partei das Schiedsgericht nicht mit der Auslegung der Klausel beauftragt. Es ist schade, dass die angeführte Position des Schewtschenkiwsjkyj Stadtbezirksgerichts in Kyjiw Unterstützung in den Berufungs- und Revisionsinstanzen fand. Wir glauben, dass dieser Ansatz falsch ist, weil sie die Bestimmungen des Fachgesetzes – des GIWSG – nicht berücksichtigt, dass das Schiedsgericht seine Zuständigkeit durch

4 «Україна. Дружня арбітражу юрисдикція: статистичний звіт, 2011–2012»/К. Пільков. – К.: Cai & Lenard, 2012. – 29c.

die Auslegung der Schiedsvereinbarung (Art. 16 GIWSG) und die Besonderheiten ihrer Rechtsnatur zu bestimmen kann, was u. a. in ihrer Autonomie gegenüber anderen Vertragsbedingungen zum Ausdruck kommt.

Trotz dieser Einzelheiten wurde in der Ukraine der entsprechende Rechtsraum, die politischen und organisatorischen Bedingungen für das normale Funktionieren der internationalen Schiedsinstitute und für die Erfüllung ihrer internationalen Verpflichtungen durch die Ukraine geschaffen. 22 Jahre der Tätigkeit des IWSG bei der IHK der Ukraine bestätigen dies. In dieser Zeit wurde es in der Geschäfts- und juristischen Gemeinschaft bekannt. Es ist anzumerken, dass sowohl die Organisationsstruktur des IWSG und der SKSF verbessert wird, und auch das schiedsgerichtliche Verhandlungsverfahren, in erster Linie durch Änderungen der Geschäftsordnungen bei den Bestimmungen über die Schiedsgerichtskosten und -gebühren. In 22 Jahren der IWSG-Geschichte wurden drei Fassungen der Geschäftsordnung des IWSG entwickelt und bewilligt: 1992, 1994 und die geltende Fassung, die durch den Beschluss des Präsidiums der IHK der Ukraine vom 17. April 2007 Nr. 18(1) bewilligt wurde und mit den Änderungen gilt, die durch die Beschlüsse des Präsidiums der IHK der Ukraine vom 25. Oktober 2012 und vom 24. April 2014 eingebracht wurden. Es gibt auch zwei Fassungen der Geschäftsordnung der SKSF: von 1994 und die geltende Fassung, die durch den Beschluss des Präsidiums der IHK der Ukraine vom 17. April 2007 Nr. 18(1) bewilligt wurde und mit den Änderungen gilt, die durch die Beschlüsse des Präsidiums der IHK der Ukraine vom 25. Oktober 2012 und vom 24. April 2014 eingebracht wurden. Unter Berücksichtigung der neuesten Entwicklungstrends der internationalen Wirtschaftsschiedsgerichtsbarkeit, der durchs IWSG bei der IHK der Ukraine gesammelten Erfahrungen der Verhandlung von außenwirtschaftlichen Streitigkeiten entwickelt das Präsidium des IWSG bei der IHK der Ukraine Entwürfe neuer Geschäftsordnungen des IWSG und der SKSF bei der IHK der Ukraine, die nach den Besprechungen im November und Dezember 2014 zur Bewilligung durch das Präsidium der IHK der Ukraine eingereicht werden.

Am Wichtigsten ist es, dass in dieser Zeit ein Kreis hochqualifizierter Schiedsrichter entstanden ist, die beruflich und persönlich fähig sind, Entscheidungen unvoreingenommen, objektiv, entsprechend den Umständen der Sache und dem anzuwendenden Recht zu treffen. In der Empfehlungsliste sind die Namen von 85 hochqualifizierten Fachleuten angeführt – Wissenschaftler, Hochschuldozenten, erfahrene Praktiker; die meisten von ihnen (41) sind ausländische Schiedsrichter aus 25 Ländern der Welt, darunter aus Österreich, Weißrussland, Bulgarien, Großbritannien, Kasachstan, Deutschland, Mazedonien, den Niederlanden, Norwegen,

Polen, Russland, Serbien, der Slowakei, Slowenien, den USA, Ungarn, Frankreich, Kroatien, Schweden.

Eines der Erfolgskriterien des IWSG ist die Anzahl der Eingaben. Pro Jahr werden zur Prüfung 300 bis 450 Sachen angenommen; in den Jahren des Bestehens des IWSG gingen über 7.500 Sachen ein, deren Parteien aus 110 Ländern der Welt stammten. 2013 nahm das IWSG 428 Sachen zur Verhandlung an, bis September 2014 sind bereits über 350 Sachen eingegangen.

Das Sekretariat und die Schiedsrichter messen der Schnelligkeit der Verhandlung der Sachen große Bedeutung bei. 2013 wurden die Schiedssprüche in 80 % der Fälle innerhalb von 1/2 Jahr getroffen, ab dem Datum der Annahme der Sache zum IWSG-Verfahren (Datum des Beschlusses des Vorsitzenden des IWSG über die Annahme der Sache). Das ist kein schlechtes Ergebnis, besonders unter den Bedingungen der negativen Tendenz, die in den letzten Jahren zum Ausdruck kommt, dass die beklagte Partei ihren Widerstand gegen die Verhandlung der Streitigkeit verstärkt, z.B. durch Änderung des Aufenthaltsorts, durch Verweigerung der Empfangnahme von Unterlagen, dem Missbrauch prozessualer Rechte etc.

Im IWSG wurde ein Programm zum elektronischen Dokumentdurchlauf entwickelt, das eingeführt wird. Neben der Registrierung der Eingangs- und Ausgangsunterlagen, der Streitparteien, des Stands der schiedsgerichtlichen Verhandlung zu einem konkreten Datum und der Kontrolle von Verhandlungsfristen wird das Programm es langfristig ermöglichen, die elektronische Schiedsgerichtsakte, Dokumente und andere Informationen zwischen dem IWSG-Sekretariat, den Schiedsrichtern und den Parteien auszutauschen.

Das IWSG bei der IHK der Ukraine arbeitet mit der internationalen schiedsgerichtlichen Gemeinschaft aktiv zusammen. Es ist Mitglied von praktisch allen internationalen Vereinigungen in diesem Bereich: dem internationalen Verband der internationalen schiedsgerichtlichen Institute in New York (IFCAI), der Europäischen Schiedsgerichtsgruppe bei der IHK in Paris, sowie dem Beratungsorgan des Rates der IHK-Leiter der GUS-Staaten. Auf bilateraler Ebene schloss das IWSG Abkommen mit Schiedsinstitutionen aus 16 Ländern der Welt. Die Vertreter der ukrainischen Schiedsinstitute nehmen an allen internationalen Foren aktiv teil. Ohne ständige Kontakte, ohne Austausch von Erfahrungen und Ideen ist das effektive Funktionieren der internationalen Schiedsgerichtsbarkeit unmöglich.

Zusammenfassend ist zu betonen, dass die Zukunft der internationalen Wirtschaftsschiedsgerichtsbarkeit in der Ukraine in der Verbesserung der rechtlichen Regelung von einzelnen Instituten und Phasen des Schiedsverfahrens, in der Qualitätssteigerung der Schiedssprüche, der Zügigkeit der Verhandlungen und in der Schaffung von Bedingungen für die Kläger und für die Durchführung des Schiedsverfahrens besteht, die es ermöglichen, Schiedssprüche zu treffen, die objektiv sind, dem anzuwendenden Recht und den Umständen der Sache entsprechen und die auch vollzogen werden. Dieses führt zur Erfüllung der Hauptaufgabe der internationalen Schiedsgerichtsbarkeit und der Schiedsverhandlung überhaupt – der Wiederherstellung der verletzten Rechte und Interessen der natürlichen und juristischen Personen.

Dr. Witold Jurcewicz*, Dr. Cezary Wiśniewski**, Warschau

Arbitrability of Corporate Disputes

I. Introduction

The legal grounds for the applicability of the jurisdiction of an arbitration court to review a dispute between the parties are provided by an arbitration clause executed by them. In the Polish legal system it is expressly provided for by art. 1161 of the Code of Civil Procedure[1], which refers to the fundamental regulations included in the model law and in international conventions[2].

Significant complications appear when a dispute between the parties involves third party interests, which are not encompassed by an arbitration clause. The problem is being faced in the legal practice and theory, in particular in the context of operation of legal persons of the corporate type, where the interests of shareholders, members of the governing bodies and the corporation itself having a separate legal capacity meet. Thus, no wonder that the so-called arbitrability of corporate disputes, or at least a certain category thereof, has for a long time evoked concerns and controversies among the representatives of the science and the legal practice in Poland. On the one hand, the supporters of arbitration argued that it is convenient in resolving the disputes in question. On the other hand, certain hazards have been indicated, arising from the fact that firstly it may sometimes lead to the situation in which an entity which is not a party to an arbitration clause will be bound by such arbitration clause and secondly it may lead to the situation in which an entity to which the dispute pertains may be completely deprived of the possibility of participating in the proceedings in which the issue affecting its interests is to be resolved.

---

* *Of Counsel, Noerr, Warsaw Office.*

** *Consultant Partner, Linklaters, Warsaw Office.*

1 Act dated 17 November 1964, Code of Civil Procedure, consolidated text: Journal of Laws of 2014 Item 101, as amended (hereinafter: the Code of Civil Procedure). Art. 1161 § 1 of the Code of Civil Procedure states as follows: *Submission of the dispute to be resolved by arbitration requires the agreement of the parties, in which the subject-matter of the dispute or the legal relationship from which the dispute may arise or has arisen should be mentioned (arbitration agreement).*

2 Ibidem. Uncitral Model Law on International Commercial Arbitration 1985 with amendments as adopted in 2006 and art. 5 of the New York Convention of 1958 on the recognition and enforcement of foreign arbitral awards.

The two basic reservations cause that in respect of some kinds of corporate disputes the possibility of submitting them to the jurisdiction of an arbitration court is being challenged in the context of an objection based on the lack of arbitrability.

To begin with, it should however be pointed out that the term "corporate disputes" constitutes a relatively broad category. Therefore, it should be above all ascertained to which categories of corporate disputes such concerns pertain, in the context of the Polish legislation. It cannot be astonishing that irrespective of the actual intent of the legislative bodies at the time of adopting the regulation, it was met with divergent opinions of commentators regarding its actual content and effects. Such issues are presented in the further part of this article, which will end with the presentation of the view of such authors who, being aware of the imperfection of the present legal system, postulate a change thereof to regulate this issue clearly and in a manner not evoking any concerns, and the conclusions of the authors of this article.

II. The notion of the corporate dispute and its scope

Some authors try to define the term in question in a simple manner by stating that "corporate disputes are disputes arising from relationships of corporations."[3] G. Suliński precisely captures the issue by assuming that: "the concept of a dispute arising from a company relationship encompasses conflicts between particular shareholders, between the shareholders and the company, between the company and its governing bodies or their particular members and between the company and persons who caused harm to it, arising in the context of membership in a company".[4]

It is beyond any doubt that the category of "corporate disputes" is highly differentiated[5]. As a matter of fact, we are dealing with very different types of factual and legal circumstances. On the one hand, these are disputes of an undoubtedly financial nature and pertaining to a bilateral relationship (e.g. a dispute between the transferor and the transferee concerning the transfer of shares), the resolution of which usually does not affect directly any third parties.

---

3 [sic] R. Uliasz, Resolution of disputes by an arbitral tribunal – selected issues, ADR 3/2008.

4 G. Suliński, Resolution of disputes arising from corporation's relationships by an arbitral tribunal, Warsaw 2008, p. 37, Lex.

5 List of various categories of corporate disputes was presented for example by A.W. Wiśniewski in the following monograph: International commercial arbitration in Poland, legal status of arbitration and arbiters, Warsaw 2011, p. 241.

At the other extreme, there are disputes arising in the context of multilateral relationships, with at least equivocal financial nature, involving inevitably and directly third party interests (it happens e.g. in the case of disputes concerning the validity and effectiveness of resolutions of corporate meetings). Accordingly, certain concerns are expressed whether it is possible to give a uniform answer to the question regarding arbitrability of such disputes. In this respect, the legal literature presented a view[6] that it is not controversial to consider that the following disputes between a company and a shareholder are arbitrable: related to contributions, concerning the shareholders' obligation to make additional contributions, related to a shareholder giving recurring non-monetary considerations to the company, concerning payments of dividends, concerning the determination of the value of shares or stock being redeemed, as well as disputes concerning the exercise of pre-emption rights or put or call options.[7] There are also no doubts as to the arbitrability of disputes related to trading in shares (stock) which may occur between shareholders (stockholders) on the one hand and various kinds of entities on the other (other shareholders (stockholders), third parties and the company itself).

However, there is a principal controversy as to whether disputes related to lodging appeals against the company's resolutions may be subject to the jurisdiction of an arbitral tribunal[8]. The main source of the dispute is a specific range of entities involved. Namely, a resolution is passed by shareholders (stockholders) realizing their interests by exercising their rights arising from shares (stock). Similarly, the shareholders' (stockholders') interests are realized most often at the time of lodg-

---

6 R. Sikorski, [in:] Analysis of arbitration. Operation of arbitration law and directions of postulated changes, ed. B. Gessel-Kalinowska vel Kalisz, p. 75–77.

7 R. Sikorski, Ibid., p. 76. A similar view is represented by A. Szumański, Subjective scope of the arbitration clause in a dispute arising from a relationship of a corporation with particular emphasis on a dispute arising in the context of disposal of equity interests, [w]: International and domestic arbitration at the turn of the 20th century. Commemorative book dedicated to Tadeusz Szurski, PhD, P. Nowaczyk, S. Pieckowski, J. Poczobut, A. Szumański, A. Tynel (ed.), Warsaw 2008, p. 229–230.

8 It should be noted that the Polish Commercial Code provides two possibilities for attacking a resolution of shareholders. It is possible to seek to have an unlawful resolution of shareholders pronounced invalid by a court or to request a court to revoke the resolution even if it is not unlawful but is contrary to the company deed and good practice and prejudicial to the interests of the company or intended to wrong a shareholder. See art. 249 and 253 of the Polish Commercial Code with respect to resolutions of limited liability companies and art. 422 and 424 with respect to resolutions of joint stock companies.

ing an appeal against the resolution[9]. However, the entity defending the resolution in the proceedings is usually not the other shareholders (stockholders), who voted in favor of its adoption, but the company itself represented usually by its management board[10]. Moreover, a resolution which was passed by the majority of shareholders (stockholders) may be challenged by one shareholder (stockholder). However, one cannot imagine the situation in which the result of arbitration proceedings between one shareholder and the company consisting of the revocation of the resolution will only be binding upon the participants of the proceedings, and in relationships of the company with other shareholders the resolution will continue to be in force. The provisions of the Commercial Companies Code provide for a general rule (in art. 254 in respect of a limited liability company and in art. 427 of the Commercial Companies Code[11] in respect of a joint stock company, respectively), according to which a legally valid judgment revoking a resolution is binding in relations between the company and all shareholders (stockholders) and between the company and the members of its governing bodies. Further, it may happen that the management board (or particular members thereof) and the supervisory board (or particular members thereof) will challenge, pursuant to the Commercial Companies Code, a resolution passed by the shareholders meeting (general meeting). In any such case, the structure of interests realized by particular

9 Pursuant to art. 250 of the Polish Commercial Code *the right to bring an action for the revocation of a resolution of shareholders of a limited liability company shall be vested in: 1/the management board, supervisory board, audit commission and individual members of the said bodies; 2/a shareholder who voted against the resolution and, upon the resolution's being adopted, demanded that this objection be put on record; 3/a shareholder who was unduly prevented from participating in a meeting of shareholders; 4/a shareholder who was absent from a meeting of shareholders, exclusively in the event that the meeting of shareholders had been improperly summoned or a resolution was adopted on a matter not included in the agenda; 5/in respect of voting in writing, a shareholder who voted against the resolution and, upon being informed of the resolution, lodged an objection within two weeks.* The same persons are authorized to seek that a resolution of a liability company be pronounced unlawful. Pursuant to art. 422 and 424 of the Polish Commercial Code similar rules are established in respect of joint stock companies.

10 See art. 253 § 1 of the Polish Commercial Code pursuant to which *in a dispute over revoking or pronouncing invalid a resolution of shareholders, the defendant company shall be represented by the management board, unless an attorney has been appointed for this purpose under a resolution of shareholders.* The same rule applies to joint stock companies under art. 426 of the Polish Commercial Code.

11 Act dated 15 September 2000 Commercial Companies Code, Journal of Laws No. 94, Item 1037, as amended (hereinafter: the Commercial Companies Code).

persons participating in the adoption of a resolution and – subsequently – in the proceedings intended to challenge it becomes even more complicated.[12] Although all such complications do not evoke any reservations since the common court is the body resolving the dispute, there are certain concerns as to the possibility of their resolution in arbitral proceedings since in this case, there is space for far reaching abuses[13].

The issue of the arbitrability of corporate disputes can be observed in a worldwide context. Taking into consideration other jurisdictions, various perceptions of the problem are visible[14]. According to Ch. Borris, in most common-law countries the issue of the arbitrability of corporate disputes is a problem of a smaller scale and is not widely discussed. In England and Wales the possibility of using arbitration as a method of resolving intra-corporate disputes was confirmed by the Court of Appeal decision in the *Fulham Football Club [1987] Ltd v. Richards and Another*[15] case. Meanwhile, in the Unites States the approach towards arbitrability mainly arises in the context of the "arbitrability of (internal) trust disputes".[16] Kennett notes the growing judicial support for arbitration in relation to such disputes, however it is limited to private companies only[17].

In Italy the concept of arbitrability, which has been previously debated,[18] has been changed by Legislative Decree 5 of 17 January 2003 on Company and Commercial Proceedings, where in Articles 35(5) and 36 of the Decree, the arbitration procedure includes the possibility to determine the validity of resolutions of

---

12 In such a case, the challenging person should promote the company's interests.

13 It is indicated e.g. by M. Tomaszewski: Challenging corporate resolutions in an arbitral tribunal – de lege ferenda, Przegląd Sądowy 2012/4, p. 30–33.

14 Perales Viscasillas in her comparative research observed that there is a general presumption in favour of using arbitration as a method of resolving intra-corporate disputes. The countries, among others, in which such approach is used are Spain, Switzerland, and the United States. The element that may restrain such practice is the exclusivity of the jurisdiction of national courts or where public policy is involved. (Maria del Pilar Perales Viscasillas, Arbitrability of (Intra-) Corporate Disputes, [in:] Lukas A. Mistelis &Stavros L. Brekoulakis: Arbitrability, International & Comparative Perspectives, Wolters Kluwer, 2009, p. 285–6).

15 [2011] EWCA Civ 855; [2012] Ch. 333.

16 Christian Borris, Arbitrability of Corporate Law Disputes in Germany, (2012) International Arbitration Law Review, p. 161.

17 Wendy Kennett, Arbitration of intra-corporate disputes, (2013) International Journal of Law & Management, p. 346.

18 Anne-Manuelle Gaillet, Arbitration procedures under the new Italian company law, (2005) International Business Law Journal 743, p. 747.

shareholders meetings enacted at that time.[19] Spain has provided a model arbitration clause for intra-corporate disputes that can be incorporated into the by-laws of any kind of corporation[20]. Swiss law can be characterized as one that enables intra-corporate disputes to be solved by arbitration, including resolutions. In regard to the latter example, A.W. Wiśniewski stresses the fact that in order for such solution to be effective, it needs to be included in the statute of the company.

III. *Travaux preparatoirs* regarding arbitrability in the Polish Code of Civil Procedure

Reservations as to the possibility of challenging resolutions of companies in arbitration proceedings were expressed in the Polish legal literature as early in the interwar period.[21] After the Second World War the issue was for a long time insignificant due to the fact that in the Polish economy a company structure was almost not used at all. The discussion was only resumed after the market economy was reinstated in Poland and parallel to the broad use of the company structure in commercial dealings.

A broader discussion concerning this subject was conducted during the works on the new regulation of arbitration proceedings in the Code of Civil Procedure, finally promulgated in 2005[22]. It seems to be worth saying a little more about the history of works on this legislative act, since it illustrates quite well the evolution of the views of the authors of this regulation on the issue being discussed here. A particular attention should be paid to the regulation of the arbitrability of disputes, since it is a certain kind of criterion used by the legislative bodies to permit the possibility of referring some categories of disputes for resolution of arbitral tribunals or exclude such a possibility and leave such disputes subject to the exclusive jurisdiction of common courts.

The initial draft of art. 1157 defining the arbitrability in the new legal regulation was as follows[23]:

---

19 A.W. Wiśniewski, International Commercial Arbitration, Warsaw 2011, p. 251.

20 See Maria del Pilar Perales Viscasillas, Arbitrability of (Intra-) Corporate Disputes, [in:] Lukas A. Mistelis & Stavros L. Brekoulakis: Arbitrability, International & Comparative Perspectives, Woters Kluwer, 2009, p. 281–2.

21 Ibidem. A. Jackowski: Actions for annulment of resolutions of shareholders meetings in corporations and an arbitral tribunal, "Polski Proces Cywilny" 1937, p. 353 at seq.

22 As the fifth part of the Code of Civil Procedure added by the Act dated 28 July 2005 (Journal of Laws No. 178, Item 1478), which took effect on 17 October 2005.

23 Such evolution is presented on the basis of the publications of A. W. Wiśniewski: Resolution of corporate disputes by arbitral tribunals in the context of the new regulation of the arbitrability of disputes, [in:] International and domestic arbitration at the turn

Unless a special provision states otherwise, the parties may refer for resolution of an arbitral tribunal disputes concerning monetary value rights, except any disputes concerning alimonies, and any disputes concerning non-monetary value rights to the extent they may be the subject to settlement.

In the draft, the factor deciding about the arbitrability was as a matter of principle the fact whether the dispute is monetary value related or not. All monetary value related disputes, except disputes regarding alimonies, were arbitrable (unless otherwise stipulated by special regulations). However, as regards disputes of a non-monetary value nature, the possibility of referring them to an arbitral tribunal existed as long as such a dispute could be the subject of a settlement agreement (again, subject to the general reservation that certain far reaching limitations could arise from special regulations).

The general regulation concerning arbitrability, included in the subsequent versions of art. 1157, was accompanied by a special regulation included in art. 1163 whereby:

An arbitration clause included in the articles of association (statute) of a commercial company, concerning disputes arising from the company's relationships, is binding upon the company and all shareholders[24].

In the context of the two regulations there was a discussion about the arbitrability, and in particular the settleability, of corporate disputes. Due to the hazards which may arise from the expanded effectiveness of judgments concerning revocation of resolutions in the situation in which all parties interested in such decision may be deprived of the possibility of participating in the proceedings concerning the challenged resolution, it was decided to expressly exclude the arbitrability of such disputes. Consequently, the second paragraph was added to art. 1157 which reads as follows:

It is not possible to refer for resolution of an arbitral tribunal any request to revoke or invalidate resolutions of the governing bodies of legal entities and organizational units other than legal entities who are assigned legal capacity by the law.

During the further discussion between the supporters and the opponents of the idea of submitting disputes related to challenging resolutions to the jurisdiction of arbitration courts, art. 1157 further evolved such that the previously added

of the 20th century. Commemorative book dedicated to Tadeusz Szurski, PhD, Warsaw 2008, p. 267 et seq.

24 This provision was slightly modified in the next bills, but such modifications were not very significant for the issue being analyzed here.

paragraph 2 expressly excluding such a possibility was deleted and the provisions of paragraph 1 were changed as follows (and have not been further amended):

> *Unless otherwise provided by special provisions, the parties may refer for resolution of an arbitral tribunal any disputes concerning monetary value rights or disputes concerning non-monetary value rights which may be subject to a court settlement, except for disputes concerning alimonies.*

IV. Different interpretations of the new regulation regarding arbitrability in the Polish Code of Civil Procedure

Despite the fact that during the works on the new legal regulation concerning arbitration, the arbitrability of corporate disputes was intensely discussed, as a result of which art. 1157 of the Code of Civil Procedure was repeatedly amended and art. 1163 of the Code of Civil Procedure was introduced; the final result of such works does not unfortunately give a clear answer to the question regarding the scope of arbitrability of corporate disputes *de lege lata*. Consequently, in the legal doctrine concerning the regulation being analyzed many arguments leading to different conclusions in this respect appear[25].

In the discussion regarding arbitrability of corporate disputes, several views can be distinguished but each of them has certain weaknesses.

1. Firstly, the most radical view, whereby disputes related to challenging resolutions do not have the required settleability and therefore are also not arbitrable. The reason is a specific range of entities involved in such disputes which justifies the exclusion of arbitrability in respect of this category of disputes. Namely, a resolution passed by the shareholders meeting may be challenged by each shareholder who is not satisfied therewith[26] and by the members of the management board or the supervisory board of the company, and the defendant in any such action is always the company represented by the management board. Thus, the parties to the proceedings are different than the persons who passed the resolution (the shareholders present at the shareholders meeting); therefore, during the proceedings it is not possible to enter into a settlement agreement concerning the resolution but only to eliminate such resolution from legal

25 Detailed presentation of views divided into shades; vide e.g. A. W. Wisniewski, International commercial arbitration ..., p. 278 et seq.

26 After the fulfillment of certain additional conditions such as voting against the resolution and expressing an objection for the record during the shareholders meeting or the situation in which a shareholder was not unreasonably admitted to the shareholders meeting.

transactions. This view principally ends any further research intended to find a way to make disputes related to challenging resolutions arbitrable. Presently, we may probably say that this is the prevailing view in the legal doctrine[27].

2. The view whereby art. 1157 of the Code of Civil Procedure may be interpreted in such a way that the settleability constitutes a test of arbitrability only in the case of disputes concerning non-monetary value rights, and disputes regarding monetary value rights are arbitrable, unless otherwise stipulated by special regulations. Since in respect of disputes related to challenging resolutions there is no express statutory exclusion, it should be considered that as a matter of principle they are arbitrable, but to the extent that they may be treated as disputes concerning monetary value rights. However, this view has two weak points. Firstly, the very interpretation of art. 1157 of the Code of Civil Procedure according to which the settleability test applies only to disputes of a non-monetary value nature is not fully convincing. The legal literature presents a different interpretation of this provision, whereby it should rather be considered that the wording thereof means that the settleability test relates to all kinds of disputes. Secondly, under the laws of Poland it is not obvious that all disputes related to challenging resolutions are monetary value related disputes. Although this view is expressed quite strongly in the legal doctrine[28], judicial decision of the Supreme Court represent a prevailing view that the contents of the resolution which has been challenged decide about the nature of the dispute, i.e. whether the dispute is monetary value related or not.[29] However, there are certain discrepancies in this respect; therefore, the adoption of this concept causes that a certain duality will be possible, consisting of the fact that some resolutions (which are undoubtedly monetary value related) will be challenged in arbitration proceedings and other (non-monetary value related resolutions) will be challenged in arbitration proceedings only if it is possible to ascertain that they are settleable. Finally, this concept also goes back to the settleability test and depending on the adopted interpretation it may be justifiable to conclude that either all disputes are arbitrable (since they constitute disputes concerning monetary value rights or disputes concerning non-monetary value

27 Vide T. Ereciński, K. Weitz, Arbitration court ..., p. 121 and other authors indicated in footnote 212.

28 Vide e.g. S. Sołtysiński w S. Sołtysiński, A. Szajkowski, A. Szumański, J. Szwaja, Commercial Companies Code, V. III, Commentary to articles 301–458, ed. C.H. Beck, Warsaw, p. 244–245.

29 Vide T. Ereciński, K. Weitz, Arbitration court, Warsaw 2008, p. 118–119 and the jurisprudence referred to therein.

rights but in the case of such disputes each of them is settleable, in an abstract sense) or alternatively a dual method of challenging resolutions will be justified, whereby some of them will be challenged in arbitration proceedings and others in court proceedings.

3. The concept whereby art. 1157 of the Code of Civil Procedure does not apply at all to disputes arising from the company relationships since such disputes were comprehensively regulated in art. 1163 of the Code of Civil Procedure[30] However, there are serious doubts whether art. 1163 of the Code of Civil Procedure may be treated as *lex specialis* in respect of art. 1157 of the Code of Civil Procedure. The legal literature pointed out that art. 1163 is only limited to the ascertainment of expanded effectiveness of arbitration clauses for persons who did not participate in the execution thereof. However, this provision does not apply to arbitrability, which is generally regulated by art. 1157 of the Code of Civil Procedure[31] Also, the Supreme Court shared this view by holding that "art. 1163 § 1 of the Code of Civil Procedure does not contain a special provision in respect of art. 1157 of the Code of Civil Procedure regarding the requirement that disputes referred for resolution of an arbitral tribunal must be settleable"[32] An additional shortcoming of this solution consists of the fact that art. 1163 of the Code of Civil Procedure pertains only to shareholders and companies and it does not extend onto other persons who, under the provisions of the Commercial Companies Code, have the title to challenge resolutions, such as the company's governing bodies and members of such bodies. Accordingly, if an arbitration clause is included in the articles of association/statute of a company, we will deal with a dual method of challenging resolutions: by the shareholders – through arbitration proceedings and by the management board or supervisory board or by particular members of such bodies – through a court action. However, please note that the Supreme Court did not approve of this concept.
4. Finally, the concept whereby art. 1157 of the Code of Civil Procedure, and in particular the settleability test provided for therein, applies to disputes related to challenging resolutions; however, the test should be applied in a special manner, by evaluating the category of the dispute *in abstracto*, through examining whether the persons authorized to pass a resolution are at the same time able to achieve the result similar to the one which may be achieved through lodging an

30 [sic] in concreto: A. Szumański, Scope of entities ..., s. 227 et seq. and G. Suliński: Resolution of disputes arising ..., p. 103.

31 Vide A.W.W. ..., p.

32 Vide Resolution of the Supreme Court of 7.05.2009 (III CZP 13/09) OSNC 2010/1, Item 9.

effective appeal against the resolution[33]. In this approach, the expanded validity of a judgment invalidating or revoking a resolution should be treated as an element that is significant but not deciding about arbitrability of disputes (more precisely: deciding about the necessity to exclude arbitrability). It is rather an element of evaluation whether the arbitration clause is properly formulated and the arbitration proceedings are conducted in such manner as necessary to ensure that all persons who may be affected by the judgment will be able to participate in the proceedings and properly express their standpoint. However, this issue is subject to assessment at a different stage than the decision about the arbitrability of a dispute.

Due to significant differences in views represented in the context of the applicable laws, in practice the number of instances in which shareholders exercise their rights to challenge resolutions by way of arbitration proceedings is insignificant. It cannot be surprising since due to the fact that the deadlines prescribed by the Commercial Companies Code for lodging an appeal against a resolution are very short, the risk involved in choosing arbitration proceedings to challenge a resolution is too high given that an arbitration court may consider that it has no jurisdiction to resolve the dispute due to the fact that it is not arbitrable, or worse still, there is a risk that such decision may be issued in post-arbitration proceedings revoking the judgment of the arbitration court which has recognized its jurisdiction and resolved the dispute.

V. Proposals for the amendment of the Polish Code of Civil Procedure with the purpose of clarifying the issue of the arbitrability of corporate disputes

In connection with that, the supporters of the possibility of resolving disputes related to challenging resolutions in arbitration proceedings also present radical proposals consisting of clear and unequivocal regulation of this issue in the Polish law. Generally speaking, such proposals are based on the assumption that disputes related to challenging resolutions are not immanently deprived of arbitrability. And that the imposition of a filter in the form of settleability, to which certain concerns may exist, but at least according to the majority of commentators it pres-

33 [sic] in concreto A.W. Wiśniewski in many publications, most recently in the monograph: International commercial arbitration ..., p. and R. Kos, Arbitrability of disputes concerning the validity of resolutions in corporations, Przegląd Prawa Handlowego 2014, no. 3, p. 32.

ently eliminates arbitrability of such disputes, is as a matter of fact only an instrument intended to exclude the possibility of abuses which may occur in resolution of such disputes in connection with a very specific range of entities involved in such proceedings. However, the possibility of eliminating the risk of such abuses exists through proper formulation of an arbitration clause and its realization during the pending arbitration proceedings. If such conditions are met, then there is no problem with submitting disputes related to challenging resolutions to the jurisdiction of an arbitration court; just the opposite, it is possible to use many advantages of arbitration proceedings in resolving such disputes.

As part of this trend, concrete proposals how to amend the laws regulating arbitration proceedings were developed. One of them was presented by M. Tomaszewski, PhD, in the above-referenced article: About challenging of corporate resolutions in an arbitral tribunal – *de lege ferenda*. Simultaneously with this proposal, a proposed amendment to the provisions of the Code of Civil Procedure concerning arbitration proceedings was prepared and presented during a meeting of the Civil Law Codification Commission in 2010.[34].

Although the proposals are different, they principally represent the same approach to solutions.

Firstly, they expressly state that disputes related to revocation or invalidation of resolutions are arbitrable. It arises from the very fact that the statute expressly provides for the possibility of executing an arbitration clause submitting such disputes to the jurisdiction of an arbitration court. A. Szumański's bill further provides for modification of art. 1157 of the Code of Civil Procedure by clearly stating that the settleability, as a condition of arbitrability, refers only to disputes relating to non-monetary value rights and does not apply to disputes concerning monetary value rights.

Secondly, a requirement is introduced to announce the commencement of such proceedings in such manner as necessary to ensure that all interested parties (shareholders/stockholders) become aware thereof, in order to allow them to join the proceedings on the side of one of the parties. It is worth noting that both proposals provide for the introduction of such obligation in different ways. A. Szumański's bill states that the introduction of the relevant requirements to the arbitration clause constitutes a condition of its effectiveness, and according to M. Tomaszewski's proposal this obligation arises directly from the law.

---

34 The proposal, hereinafter referred as A. Szumański's bill was prepared by a team composed of the following individuals: A. Szumański, M. Furtek, S. Pieckowski, A. W. Wiśniewski, W. Jurcewicz, M. Tomaszewski.

Thirdly, both proposals state that in the situation in which there is more than one person on the side of the claimant or defendant, all persons acting on the same side appoint an arbiter or arbiters unanimously (although A. Szumański's bill provides for a possibility of regulating this issue differently in the arbitration clause).

Further, both proposals provide for modification of art. 1163 of the Code of Civil Procedure whereby an arbitration clause included in the articles of association (statute) would be binding not only upon the company and all shareholders (stockholders) but the company's governing bodies and their members.

VI. Comparison of the Polish and German approaches to the arbitrability of corporate disputes

The possibility of referring corporate disputes, and in particular disputes related to challenging corporate resolutions, to resolution of arbitral tribunals is problematic both in Poland and in Germany, although the German legal doctrine and jurisprudence is slightly more advanced in resolving this problem.

Nevertheless, the conclusion which does not evoke any doubts is that in both legal systems there seems to be space for arbitration in corporate disputes. The justification of this argument has strong axiological and constitutional grounds. In Germany, arbitration as a method of resolving disputes is treated equally with litigation and it is only a matter of decision of autonomous parties which path to choose in a concrete case[35]. In Poland the opinion about constitutional grounds of arbitration in the dispute resolution system is not so expressly established. However, it seems that there are no axiological or dogmatic reasons why the opinion in this respect should differ from the one prevailing in Germany.

Certain differences arise from the legal regulation adopted in the German law where since 1998 a very clear rule has applied that all disputes concerning monetary value rights are arbitrable and the settleability constitutes an additional filter for arbitrability only in respect of disputes concerning non-monetary value rights[36].

---

35 In relation to arbitration as a method of resolving disputes, in the past, Austrian law was similar to that in Germany. Following the changes to the Austrian Arbitration Act as amended by SchiedsRÄG 2013 it is suggested by A.W. Wiśniewski that Austria, in terms of lodging appeals against corporate resolutions, would follow the route of Germany. (A.W. Wiśniewski, International Commercial Arbitration, Warsaw 2011, p. 250).

36 It arises from the Act on New Regulation of Arbitration Proceedings in force since 1 January 1998 (Schiedsverfahren-Neuregelungesgesetzes). Bearing in mind the leg-

However, it does not change the fact that the German legal doctrine and jurisprudence felt very strongly the need to treat corporate disputes in a special way due to the fact that the judgment which is issued for the parties to the proceedings may affect the rights and interests of persons who do not participate in the proceedings. In the above-referenced judgment Arbitrability I the Federal Tribunal pointed that out and expressed the view that the issue should be regulated in a special way by the German legislative bodies.

However, it appeared that the substantial amendment of the arbitration law in Germany taking effect soon after the date of issue of such judgment did not resolve that issue; just the opposite, the justification thereof demonstrated that the legislative bodies, due to the difficulties they perceived they would face to clearly regulate this issue, left it deliberately to the discretion of courts[37].

One had to wait another 10 years for that issue to be substantially addressed by another judgment of the Federal Tribunal known as "Arbitrability II"[38]. The judgment sets out four conditions which should be met by an arbitration clause to validly submit corporate disputes to the jurisdiction of an arbitral tribunal. In simple terms, such conditions are as follows:

a. All shareholders must consent to the arbitration clause,
b. All shareholders and all governing bodies of the company should be informed about the commencement and progress of arbitration proceedings, so that they should be able to join the proceedings at least as a side intervener,
c. All interested parties who may be potentially affected by the judgment of the arbitral tribunal should be given the possibility of participating in the selection and appointment of an arbiter (unless the appointment is made by an impartial institution),
d. The arbitration clause should guarantee that all disputes related to challenging resolutions, pertaining to the same resolution, will be resolved by the same arbitration court.

---

islative bodies aim at this direction, the German Federal Tribunal held, still prior to the enforcement of this amendment, that corporate disputes are settleable since they have a dispositive nature in a sense that they may be revoked by all shareholders acting jointly (the judgment known as Schiedsfahigkeit I (Arbitrability I) BGH, Urteil vom 29. Marz 1996, Az. II ZR 124/95, NJW 1996, 1753). The judgment constituted a principal change in the hitherto jurisprudence, according to which disputes regarding resolutions were not settleable and accordingly were not arbitrable.

37 Reference to Karl's article or to the justification cited by Karl.

38 Schiedsfähigkeit II of 6 April 2009, BGH, Urteil vom 6. April 2009, Az. II ZR 255/08, NJW 2009, 1962.

The above-referenced judgment known as Arbitrability II[39] set out certain general rules to be met by an arbitration clause submitting corporate disputes to the jurisdiction of an arbitration court in order to be valid. In the German legal practice it is quite commonly considered that the level of complexity of such clauses is so great that the most advisable solution is to comprehensively regulate this issue in the regulations of a permanent arbitration court, to which the parties may refer in a relatively simple arbitration clause included in the articles of association. In order to promote such an approach DIS prepared special rules of procedure regarding corporate matters[40].

The recognition of the jurisdiction of arbitration courts to resolve corporate disputes does not eliminate concerns as to the practical risks which may arise from the choice of this method of dispute resolution for the interests and rights of persons who may be affected by judgments of arbitral tribunals. The discussion demonstrates that the source of the problem is not the theoretical definition of settleability, or even arbitrability of certain kind of disputes, *in abstracto*, but the practical protection of the interests in question in the course of and after the arbitration proceedings.

When we analyze the issue from the Polish perspective, it seems that the opinion that becomes increasingly popular is the one according to which the actual problem we face in the case of corporate disputes, in particular disputes concerning corporate resolutions, does not consist of the lack of settleability of such disputes but – similarly to Germany – the need to ensure protection of rights and interests of persons who do not participate in arbitration proceedings, but may be affected by a judgment issued in such proceedings. The settleability test introduced by the Polish legislative bodies as the prerequisite for arbitrability is rather only an instrument which makes it possible to completely exclude the possibility of submitting disputes concerning resolutions to the jurisdiction of an arbitral tribunal. However, the instrument was not used because it was objectively necessary but because at the time when the final text of the amendment of the Code of Civil Procedure was adopted in 2005 the legislative bodies were not able to use more subtle instruments which, on the one hand, would ensure protection

39 For further analysis of the judgment see: Rafał Kos, The "Arbitrability II" Decision on the German Supreme Court (BGH) – The German Benchmark for Arbitrating Corporate Disputes in Poland? [in:] Jerzy Rajski, Beata Gessel-Kalinowska vel Kalisz, The Challenges and the Future of Commercial and Investment Arbitration, Court of Arbitration Lewiatan, Warsaw 2015, p. 75–91.

40 See Ergänzende Regeln für gesellschaftsrechtliche Streitigkeiten (DIS-ERGeS), which took effect on 15 September 2009.

of all persons whom a judgment may affect, and, on the other hand, would not completely block the possibility of referring such disputes to arbitration courts, and by the same using certain advantages of arbitration proceedings in resolving such disputes.

The German example demonstrates that looking for such a solution is possible and purposeful. The way chosen by the German practitioners is very interesting, but looking at it from the historical perspective one can have certain doubts whether it is an optimal solution. It should be pointed out in Germany the legislative bodies and jurisprudence mutually indicated the right place to resolve this issue, and to determine the conditions of arbitrability of corporate disputes. The final effect is the result of decisions taken on both levels. Namely, on the one hand, at the statutory level the criterion of settleability as the condition for arbitrability of disputes concerning monetary value rights was expressly eliminated, and on the other hand the jurisprudence independently developed the conditions of validity of an arbitration clause, concerning corporate disputes, which significantly differ from the general conditions of validity of an arbitration clause.

In Poland, the starting point is even more complicated since we do not additionally have an agreement as to the nature of corporate disputes (in particular, disputes concerning resolutions), in particular whether they should be treated as disputes concerning monetary value rights or non-monetary value rights, or whether the classification of a dispute to one of such categories depends on the subject of the resolution itself or not. It seems that we can assume that legislative bodies (although it has not been expressly indicated in the justification of the bill introducing new solutions in the arbitration law) clearly had doubts as to the method of regulating the arbitrability of corporate disputes, and – therefore – decided to leave this issue open hoping that the relevant opinion will be developed by jurisprudence. Almost 10 years have passed since the date of enforcement of the new arbitration law, but nothing allows us to believe that we can expect the Supreme Court to issue a judgment which in Poland would play a similar role as the judgment known as "Arbitrability II" in Germany. Therefore, it seems that in Poland the only way to confirm the permissibility of submitting corporate disputes to the jurisdiction of arbitration tribunals is to clearly regulate this issue in the law.

It seems that the discussions about an appropriate solution should be conducted at several levels. Firstly, with respect to the very arbitrability of corporate disputes it seems necessary to eliminate the criterion of settleability as the condition for arbitrability of such disputes, and to state that all such disputes constitute disputes concerning monetary value rights (or to make them arbitrable even if we permit various opinions regarding that – as a special case). Secondly, in respect of an arbitration clause whereby jurisdiction of arbitration courts is chosen for such disputes, the criteria such clause should meet and the consequences of the failure to meet them (invalidity, ineffectiveness or the possibility of validation through ensuring certain factual circumstances even if they do not directly arise from the clause) should be indicated. Thirdly, in respect of proceedings conducted on the basis of the clause, the conditions for correctness of such proceedings should be determined, in particular the level of protection of the rights of persons who may be affected by a judgment issued in arbitration proceedings[41]. Finally, one should also consider the consequences of the failure to meet the requirements so imposed, and – accordingly – the method of monitoring compliance with the requirements and the consequences of non-compliance, both discovered during the proceedings and after the completion thereof.

German experiences also demonstrate that, in looking for practical solutions one may place them on various levels. The discussion conducted for years as part of the legal doctrine and jurisprudence in both countries demonstrates that there are three possibilities in this respect: firstly, to leave this issue only to contractual regulations; secondly, to rely on court decisions; and thirdly, to regulate them in a legislative act.

The above-mentioned experiences also demonstrate that it is extremely difficult to find a satisfactory solution on the first of the indicated levels because bearing in mind a usually multilateral nature of corporate disputes, appropriate contractual regulations would have to be extremely complicated and expanded. Their negotiation at the stage when the dispute between the parties has not yet arisen is usually considered too burdensome and useless, and often evokes suspicions as to the intentions of the party opting for such a regulation and is rejected even for this very reason.

The solution based on jurisprudence which now exits in Germany on the basis of the judgment of the Federal Tribunal called Arbitrability II is from this perspective a much better solution, but is not free from certain defects. In particular, it is about the precision of criteria which condition an effective choice of arbitration as the dispute resolution method by the parties of a corporate relationship. One should bear in mind the possibility that the court jurisprudence may change

41 In particular, it needs to be ascertained e.g. whether proper protection of persons which may be affected by an arbitral judgment requires their participation in the appointment of an arbiter and in the proceedings, or whether it is sufficient that all such persons are given the possibility of participating in such actions, provided that any failure to use such possibilities within a reasonable period of time does not prevent the proceedings from being continued.

which have repeatedly witnessed in the Polish judicial decisions. From this perspective, in Poland a statutory interference in the matter being analyzed is strongly recommended.

The attempts made thus far to resolve the issue *de lege lata* in line with a pro-arbitration spirit, in our opinion, cannot assumedly bring the anticipated effect. Not to take anything away from the legal craft and the sophistication of the presented views, they are based on an axiological choice of the author who tries to subsequently demonstrate that the existing legislation in force may be reconciled with the choice so made. However, it does not guarantee sufficient safety for the parties submitting to an arbitration clause, since they are fully aware that there is no guarantee that the common court assessing the effectiveness of the clause will also adopt such a pro-arbitration approach. We are deeply convinced that only a solution which will ensure the greatest safety of the choice made by the parties will make sense for the legal practice, and this may only be ensured by a solution based on a consensus between the legislative bodies' intent, the standpoint represented by jurisprudence and the approval of the arbitration experts and practitioners.

It seems that the choice of statutory intervention through comprehensible regulation of this issue in the law allows Poland to achieve the goal in a relatively simpler manner than in the German legal system. The proposal presented above as Szumański's bill seems to meet all necessary conditions of a statutory regulation which guarantees proper protection the interests of all entities who may be affected by a judgment in connection with a dispute related to revocation or invalidation of a resolution. Therefore, it seems that it constitutes a good starting point for works on the amendment of the Code of Civil Procedure which would make it possible to review corporate disputes, in particular disputes regarding resolutions also in arbitration proceedings.

Prof. Dr. Sebastian Spinei[*], Sibiu

Rules of Arbitration in the Romanian New Code of Civil Procedure

I. Introduction

Arbitration had been regulated in the Code of 1865[1], the first modern code of civil procedure in Romania.

During the Socialist period, after the Soviet model, a new institution was established – the State Arbitration, which was enabled to decide over disputes between State-owned companies[2]. The dispositions regarding arbitration were maintained in the Code of Civil Procedure, but they had become obsolete in that period[3].

The New Romanian Code of Civil Procedure[4] contains the rules of arbitration in Book IV ('On arbitration'), which maintained many of the provisions of the previous Code but also introduced new regulations, some inspired from different legal systems (France, Italy, Quebec)[5].

II. General dispositions on arbitration

1. The Code of Civil Procedure defines arbitration as an alternative private jurisdiction. It further states that, when managing the arbitration, the parties and the arbitral tribunal can adopt specific rules of procedure, different from the

* *Associate Professor, Faculty of Law, Lucian Blaga University, Sibiu.*

1 Book IV – '*On arbitrators*', art. 339–370 of the 1865 Code. See also Em. Dan, *Codul de procedură civilă adnotat*, Atelierele grafice Socec & Comp, Bucharest, 1910, pp. 433–445.

2 See A. Hilsenrad, I. Stoenescu, *Procesul civil în R.P.R.*, Editura Ştiinţifică, Bucharest, 1957, pp. 506–522. *Idem*, pp. 523–525, for the arbitration before the Arbitration Commission attached to the Chamber of Commerce of the People's Republic of Romania (foreign commerce arbitration).

3 See Gr. Porumb, *Codul de procedură civilă comentat şi adnotat*, Editura Ştiinţifică, Bucharest, 1962, vol. II, pp. 137–138.

4 The New Code of Civil Procedure (henceforth also NCCP) entered into force on the 15th of February 2013.

5 See Fl.A. Baias, *Comentariu general*, in V.M. Ciobanu, M. Nicolae (coord.), *Noul cod de procedură civilă comentat şi adnotat*, vol. II, Universul Juridic, Bucharest, 2016, p. 57.

general rules of the Code, unless they are not contrary to public policy and imperative legal provisions[6].

The Code also contains in its introductory part a number of general rules regarding arbitrability, the arbitral tribunal, self-administered and third-party administered arbitration, representation and court intervention (assistance).

2. Persons having legal capacity may agree to submit to arbitration the disputes between them, with the exception of those regarding civil status, capacity, succession settlements, family matters and other rights that the party cannot dispose of (non-transferable rights).

The State and public authorities may enter into an arbitration agreement only if authorized by law or international conventions.

Public-law legal persons entitled to carry out economic activities may enter into an arbitration agreement, unless otherwise provided by law or by their internal rules and regulations[7].

3. The arbitration may be entrusted, according to the arbitration agreement, to one or more persons, empowered by the parties to resolve the dispute and to make a final and binding decision. The empowered sole arbitrator or panel of arbitrators constitutes the arbitral tribunal[8].
4. In case of self-administered arbitration, the arbitration shall be managed according to the arbitral agreement.

Under the reserve of complying with public policy, morality and imperative provisions of the law, the parties can adopt rules regarding the constitution of the arbitral tribunal, the appointment, revocation and replacement of the arbitrators, the time limits and place of the arbitration, the procedural rules governing the arbitration, the costs, and any other rule regarding the conduct of the proceedings.

These rules can be established, explicitly or by reference to a certain arbitration regulation, in the arbitral agreement, or in a written convention concluded subsequently, but not later than the date when the arbitral tribunal is constituted.

Where no such rules are established, the arbitral tribunal will set down the rules of procedure in such manner as it considers appropriate.

---

6 Art. 541 NCCP. See also Ioan Leş, *Noul cod de procedură civilă. Comentariu pe articole*, C.H. Beck, Bucharest, 2015, pp. 885–886.

7 See art. 542 NCCP.

8 Art. 543 NCCP.

If the arbitral tribunal has not established these rules, the dispositions of the Code of Civil Procedure will apply[9].

5. Parties may agree that the arbitration be administered by a permanent arbitration institution, or by another legal entity or natural person. In these cases, the resolution of the dispute is entrusted to arbitrators which are appointed or accepted by the parties according to the arbitration agreement or to the rules of the permanent arbitration institution.
6. Parties in arbitral proceedings can make demands and exercise their procedural rights by themselves or through a representative. Parties can be also assisted by experts.

An agreement for legal representation entails election of domicile (address for service) at the lawyer's office, unless otherwise specified, and other prerogatives of the lawyer[10].

In case difficulties arise during arbitration proceedings, as well as when other prerogatives of the court are to be exercised, the interested party can make a demand to the Higher Court of first instance (*Tribunal*)[11] in whose circumscription the arbitration takes place. The Court will resolve the demands under emergency proceedings[12], the decision being subject to no appeal.

III. The arbitration agreement

1. The arbitration agreement will be concluded in writing, under the sanction of nullity. The written form rule is considered to be met when the arbitration was agreed upon by correspondence of any kind, or by an exchange of procedural acts[13].

When the arbitration agreement refers to a dispute related to the transfer of a right in immovable property or other dismemberments of such ownership, the agreement must be concluded in the form of an authentic (notarial) document[14].

---

9 See art. 544 NCCP.

10 The prerogatives related to the objection of inefficacy, regulated by art. 568 and to the extension of the time limits of arbitration, regulated by art. 567 (see *infra*, § **III.6.**).

11 There are two types of courts of first instance in Romanian Judiciary – Lower Court (*Judecătorie*) and Higher Court (*Tribunal*).

12 Emergency proceedings (*ordonanță președințială*) are regulated in art. 997–1002 of the NCCP.

13 Express consent to arbitration may be given in the answer to an arbitral claim (see M. Nicolae, in V.M. Ciobanu, M. Nicolae, *op. cit.*, pp. 104–105).

14 Art. 548 NCCP.

2. The arbitration agreement may be concluded in the form of an arbitration clause (compromisory clause) included in the main contract or in a separate agreement, or in the form of a compromise. The arbitration agreement may also be concluded in writing before the arbitration tribunal[15].

The conclusion of the arbitration agreement excludes the jurisdiction of courts over the dispute[16].

3. A court before which an action is brought in a matter which is the subject of an arbitration agreement will decline its jurisdiction in favor of the arbitration institution; or, in case of an *ad-hoc* arbitration agreement, it will dismiss the claim.

The court will take jurisdiction over the claim in several situations: when the defense on the merits is raised without any reservation as to jurisdiction; when the arbitration agreement is null and void or inoperative; when the arbitral tribunal cannot be constituted because of the fault of the defendant.

The conflict of jurisdictions between the arbitral tribunal and a court will be resolved by the court which is higher up in the hierarchy[17].

IV. The arbitral tribunal

1. Any natural person may be an arbitrator if he or she has full legal capacity[18].
2. The parties to arbitration decide if the dispute will be resolved by a sole arbitrator or by an odd number of arbitrators. If the number of arbitrators is not decided by the parties, the dispute will be solved by three arbitrators, each party appointing one arbitrator, and the third one (the umpire) being appointed by the other two arbitrators[19].
3. Any clause in the arbitral agreement allowing a party an advantage regarding the appointment of the arbitrators, or granting to one party the right to appoint the arbitrator in place of its adversary, or to appoint more arbitrators than the adversary, is deemed to be null and void[20].
4. The arbitrators are appointed, revoked or replaced according to the arbitration agreement. In case they were not appointed by agreement, the NCCP prescribes the procedure to be followed for the appointment.

---

15 Art. 549 NCCP. See also art. 550–552.

16 Art. 553.

17 Art. 554.

18 Art. 555.

19 Art. 556.

20 Art. 557.

The code also provides for the rules regarding the acceptance of office by the arbitrator, the appointment of the umpire and the appointment of arbitrators by the court[21].

Arbitrators may be challenged on the same grounds as judges. They can also be challenged on some additional grounds: when the arbitrator does not meet the qualifications or other conditions stipulated in the arbitral agreement; when the arbitrator is an associate or a member of the governing body of a legal person which has an interest in the dispute; when he or she has employment or professional relationships, or direct commercial relationships with one of the parties, or with a company which is controlled by one of the parties or is being under common control with the aforesaid company; when he or she provided consulting services for one of the parties, assisted or represented one of the parties, or testified in a previous stage of the dispute.[22]

The arbitrator may be replaced if he or she is prevented from exercising his/her tasks[23].

5. The arbitrators shall be held liable for damages: if after accepting their appointment, they relinquish the office without just cause; if, without valid cause, they do not participate in the proceedings or do not render the arbitral award in the time limit prescribed by the agreement or by law; if they fail to respect the confidentiality of arbitration; or if they fail, with intent or gross negligence, to fulfill their duties[24].
6. Unless otherwise agreed by the parties, the time limit within which the arbitral tribunal must render its final award is six months, under the sanction of inefficacy of arbitration (or 'caducity'[25], that is to say termination of the arbitrators' authority[26]). During the proceedings, the parties may agree on extending the time limit. The arbitral tribunal can also decide, a single time only, the extension of the time limit, for reasonable grounds[27].

Nevertheless, the objection of inefficacy cannot be raised if the parties have failed to notify in writing, at the first hearing, of their intention to raise it. Furthermore, expiry of the time-limit cannot be raised as a reason for setting aside the award[28].

---

21 See art. 558–561 NCCP.

22 Art. 562 para. 1 NCCP. See art. 562 paras. 2–5 and 563 for the procedure of abstention and recusal.

23 See art. 564 NCCP.

24 Art. 565.

25 Romanian: '*caducitate*'.

26 See also art. 821 Italian CCP, which served as a model for the regulation in the NCCP.

27 Art. 567.

28 See art. 608 NCCP; art. 821 Italian CCP.

7. The rules regarding the seat and language of arbitration are prescribed by art. 569 and 570 NCCP, respectively.

V. Arbitration Proceedings

1. The seizing of the arbitral tribunal.

The seizing of the arbitral tribunal is regulated by art. 571 to 574 of the NCCP, which relate to the elements of the arbitration claim, the statement of defense and the counterclaim.

2. The Proceedings.

a. General provisions regarding the applicable rules of procedure, the service of documents, the verification and preparation of the case file are established by art. 575–578 of the NCCP.

b. Issues of verification of jurisdiction, time limit for service, third party participation and absence of parties are regulated in art. 579–584.

At the first hearing, the arbitral tribunal will verify whether it has jurisdiction over the dispute. Where it decides that it has jurisdiction, the ruling is not subject to an interlocutory appeal[29].

Service of the summons must be made at least 15 days before the hearing.

Intervention and joinder of a third party in the arbitral proceedings is permitted if all the parties, including the third party, agree. An intervention intended to support the claims of one of the existing parties (`accessory intervention`) is permitted without the agreement of the parties[30].

The absence of one party does not prevent the arbitration to proceed, unless the party requests, for valid grounds, a postponement.

The parties may request the proceedings to take place even if they will be absent.

If both parties, even after due notice, fail to be present, the arbitration will proceed, unless a postponement was requested for valid grounds or ordered by the tribunal[31].

c. Before or during the arbitral proceedings, the parties may request the competent Court[32] to order interim and precautionary measures or measures to preserve evidence.

---

29 See art. 579 NCCP.

30 Art. 581 NCCP.

31 See art. 584 NCCP.

32 See art. 547 NCCP.

Such measures may also be granted, during proceedings, by the arbitral tribunal. In this case, their enforcement will be ordered by the court.

d. Art. 586–591 make provision about the rules of evidence in the arbitration proceedings.

Parties have the duty to prove the existence of the facts which they assert (facts on which the claim or defense are based).

The arbitral tribunal may also require the parties to offer written clarifications regarding the subject matter and the facts of the dispute and order the taking of any evidence allowed by the law.

Evidence can only be requested in the arbitration claim and statement of defense, except when: the necessity of the evidence is determined by the modification of the claim; the necessity of the evidence appears during the proceedings and the party was not able to anticipate it; the party was unable to request the evidence for solidly justifiable reasons; the taking of the evidence does not determine the delay of the proceedings; or if all the parties agree to the taking of the evidence[33].

The arbitral tribunal may, after consulting the parties, establish time limits for the taking of evidence[34].

Evidence is taken at the hearing. The tribunal can decide that evidence be taken by the presiding arbitrator or, with the consent of the parties, by one of the arbitrators.

If one of the parties is in possession of a means of evidence, the tribunal can order its presentation[35].

The tribunal can also request relevant information from public authorities. If the authority refuses to answer, the tribunal can ask the court to impose legal sanctions[36].

Rules regarding the hearing of witnesses and experts are stipulated in art. 589.

Evidence is evaluated according to the intimate conviction of the arbitrator[37].

e. Art. 592 establishes rules concerning the demands and the procedural defenses.

Defenses regarding the existence and validity of the arbitration agreement, the constitution of the arbitral tribunal, limits of the powers of the arbitrators and the ongoing of the proceedings prior to the first hearing cannot be raised later than the date of the first hearing, unless a shorter time limit was set.

33 Art. 254 para. 2 NCCP.

34 See art. 587 NCCP.

35 Art. 588 NCCP.

36 Art. 590 NCCP.

37 Art. 591 NCCP.

Any demands and documents will be submitted no later than the date of the first hearing[38].

Procedural irregularities can only be raised in the course of the hearing when they occurred, or, for the absent parties, at the next hearing when they were properly summoned or present in court, and before the closing arguments.

f. Interlocutory decisions[39] can be challenged separately before the courts under the proceedings for setting aside awards[40] when: the arbitral tribunal ordered the stay of the proceedings; it granted interim or precautionary measures; or it denied a request for referring a question on the constitutionality of a legal disposition to the Constitutional Court[41].

VI. Costs of Arbitration[42]

The costs for organizing and conducting the arbitration, the fees of the arbitrators, the expenses for the taking of evidence and the travel costs of the participants are borne according to the agreement between the parties.

In the absence of such agreement, the costs of the arbitration are borne by the unsuccessful party, in proportion with the award (*i.e.* with the degree of success of the opposing party).

The arbitral tribunal may estimate the amount of the fees of the arbitrators and order the parties to constitute a provision by equal contribution and deposit it[43].

The arbitration tribunal may order the parties to pay a provisional advance to cover the costs of the arbitration.

The arbitration tribunal may not continue the proceedings until the necessary funds are not deposited, advanced or paid as ordered.

Parties may request the court to examine the well founded character of the measures ordered by the tribunal on the costs. The court will decide over the

---

38 Art. 587 NCCP is applicable.

39 At each hearing, the courts and also the arbitral tribunal issue a procedural document (*încheiere de ședință* – '*closure of the hearing*') having a dual function – record of the hearing (court minutes) and interlocutory decision (a ruling on various requests and motions or an order issued *sua sponte*). See art. 593 NCCP for the contents of the closure of the arbitration hearing.

40 Which is regulated by art. 608 NCCP. See art. 608–613 and *infra*, § **V**, for the setting aside proceedings.

41 See art. 594 NCCP.

42 See art. 595–600 NCCP.

43 See art. 596 NCCP.

amount of the fees of the arbitrators and other costs and on the deposit, advancement or payment terms by a non-appealable and enforceable ruling.

The payment of the fees of the arbitrators is made after the notification of the award to the parties. If arbitration was discontinued, arbitrators` fees will be reduced accordingly.

All costs must be paid before the notification of the award. The award shall not be notified until payment[44].

VII. Arbitral award[45]

The arbitral tribunal shall decide the dispute in accordance with the terms of the contract and the applicable rules of law. Furthermore, art. 5 NCCP (which regulates the duty of the judge to hear and decide on claims) is applicable.

If the parties have expressly authorized it to do so, the arbitral tribunal shall decide *ex aequo et bono*[46].

The arbitral award is final and binding[47].

The NCCP provides for the possibility of supplementation of the award in case the tribunal omitted to decide on a question in dispute, for its correction and interpretation, and for the removal of conflicting dispositions[48].

The arbitral tribunal shall transmit the case-file to the competent court for keeping[49].

VIII. Setting aside of the arbitration award

The arbitral award may be contested before the competent court[50] only by way of an application to set aside, in cases mentioned in art. 608 NCCP: a) the dispute was not capable of settlement by arbitration; there was no valid arbitration agreement; the arbitral tribunal was not constituted according to the arbitration agreement; the party was absent at the hearing and it was not given proper notice of the

---

44 According to art. 601, the *notified* arbitral award is final and binding.

45 See art. 601–607 NCCP.

46 Art. 601 NCCP. See also art. 602, 603.

47 See art. 606. The arbitration award may nevertheles be set aside in a number of circumstances (see *infra*, § VI. Setting aside of the arbitration award).

48 Art. 604 NCCP.

49 According to art. 619 NCCP, in case of institutional arbitration, the case-file shall be kept by the institution which administered the arbitration.

50 Which is, under art. 610 NCCP, the Court of Appeal in whose circumscription the arbitration took place.

arbitration; the award was made after expiration of the time limit for rendering the award[51] and the parties have raised the objection of inefficacy (caducity) and have not agreed that the arbitration should continue[52]; the arbitral tribunal has decided *ultra* or *extra petita*; the award does not contain the dispositive part or the reasons for the determination, or it does not state the seat of the arbitration and the date on which it was made, or it was not signed by the arbitrators; the award is contrary to public policy, morality or imperative provisions of the law; after the making of the award, the Constitutional Court declared as unconstitutional a legal rule which was applied when deciding over the dispute.

Irregularities which were not invoked according to art. 592 paragraphs (1)[53] and (3)[54] NCCP or which can be cured by the remedies prescribed by art. 604[55] cannot be raised as grounds for setting aside the award.

The only means of evidence in setting aside proceedings is documents.

The rules governing the proceedings of the application to set aside are prescribed in articles 609–613 of the NCCP.

IX. Enforcement of award

The NCCP establishes the principle that, in case of non-compliance, the arbitral award may be enforced in the same manner as a court judgment[56].

X. Institutional arbitration

Articles 616 to 621 of the NCCP contain a number of general provisions regarding the institutional arbitration. According to these provisions, the appointment of the arbitrators and the costs are governed by the regulations of the institution

51 Acording to art. 567 NCCP. See *supra*, § **III.6.**

52 See art. 568 NCCP and *supra*, § **III.6.**

53 Defenses regarding the existence and validity of the arbitration agreement, the constitution of the arbitral tribunal, limits of the powers of the arbitrators and the ongoing of the proceedings prior to the first hearing cannot be raised later than the date of the first hearing, unless a shorter time limit was set.

54 Procedural irregularities can only be raised in the course of the hearing when they occurred, or, for the absent party, at the next hearing when they were properly summoned or present in court, and before the closing arguments.

55 Supplementation, correction and interpretation of the award, and removal of conflicting dispositions.

56 See art. 614, 615 NCCP. For the procedure of enforcement of judgments and non-judicial decisions, see Book V, art. 622–914 of the NCCP.

which administers the arbitration. The applicable rules of procedure are those prescribed by the same regulations.

XI. International arbitration

Rules regarding international arbitration and the recognition and enforcement of foreign awards are prescribed in Title IV of Book VII (‘*International Litigation*’) of the NCCP.

Art. 1111–1123 refer to the scope of application of the rules regarding international arbitration, the arbitrability of disputes, the arbitral agreement, the arbitral tribunal, the proceedings, language of arbitration, interim and precautionary measures, the applicable law, the arbitral award and the costs of arbitration. These rules are similar to those stipulated in Book IV of the Code, as mentioned above.

Provisions regarding the recognition and enforcement of foreign awards are listed in art. 1124–1133.

According to art. 1125, any award made in a foreign state shall be recognized as binding and shall be enforced if the subject-matter of the dispute is capable of settlement by arbitration under the law of Romania, and if the award is not contrary to international public policy of Romania[57].

The court which is competent to rule over the recognition and enforcement application is the Higher Court of first instance[58].

The party applying for the recognition or enforcement[59] shall supply the original or a copy of the award and of the arbitration agreement. If necessary, the party shall also supply a translation of the documents[60].

Recognition or enforcement of an arbitral award may be refused[61]: if the parties to the arbitration agreement were, under the law applicable to them according to the rules of the country where the award was made, under some incapacity; if the arbitration agreement is not valid under the law to which the parties have

57 See, for the notion of international public policy in France, Jean-Louis Delvolvé, Jean Rouche, Gerald H. Pointon, *French Arbitration Law and Practice*, pp. 156–157; *Conception française de l’ordre public international*, at https://www.courdecassation.fr/publications_26/rapport_annuel_36/rapport_2013_6615/etude_ordre_6618/sources_ordre_6624/titre_1_sources_internationales_6625/conception_fran_29035.html.

58 See art. 1126 NCCP.

59 Art. 1127 NCCP.

60 Art. 1128 NCCP.

61 Grounds for refusing recognition or enforcement are listed in art. 1129 NCCP. The provisions of art. 1229 closely follow those of art. V para. 1 of the 1958 United Nations Convention on the Recognition and Enforcement of Foreign Arbitral Awards.

subjected it or, failing any indication thereon, under the law of the country where the award was made; if the party against whom the award is invoked was not given proper notice of the appointment of the arbitrator or of the arbitration proceedings or was otherwise unable to present his case; if the composition of the arbitral authority or the arbitral procedure was not in accordance with the agreement of the parties, or, failing such agreement, was not in accordance with the law of the country where the arbitration took place; if the award deals with a difference not contemplated by or not falling within the terms of the submission to arbitration, or it contains decisions on matters beyond the scope of the submission to arbitration. Nevertheless, if the decisions on matters submitted to arbitration can be separated from those not so submitted, that part of the award which contains decisions on matters submitted to arbitration may be recognized and enforced[62]; if the award has not yet become binding on the parties, or has been set aside or suspended by a competent authority of the country in which, or under the law of which, that award was made.

If an application for setting aside or suspension of an award has been made to the aforementioned competent authority, the court where recognition or enforcement is sought may adjourn its decision and may also, on the application of the party claiming recognition or enforcement of the award, order the other party to provide appropriate security[63].

62 The wording of art. 1129 para. 1(a) is somewhat different from the one of its model – art. V para. 1 (c) of the New York Convention, which may cause difficulties in interpreting the text: 'hotărârea priveşte un diferend neprevăzut în convenţia arbitrală sau în afara limitelor fixate de aceasta ori cuprinde *dispoziţii care excedează termenilor convenţiei* arbitrale. Totuşi, dacă *dispoziţiile din hotărâre care privesc aspecte supuse arbitrajului* pot fi separate de cele privind *chestiuni nesupuse arbitrajului*, cele dintâi pot fi recunoscute şi declarate executorii'.

63 Art. 1130 NCCP.

III. Mediation

Prof. Dr. Oleksandr Kopylenko*, Nina Petscherowa**, Kiew

Die gesetzliche Regelung der alternativen Streitbeilegung in der Ukraine: *De lege lata* und *de lege ferenda*

Das Verfahren der alternativen Streitbeilegung (Schiedsverfahren) stellt schon seit langer Zeit ein eigenständiges Rechtsinstitut dar, das sowohl durch nationale Normen- und Rechtsvorschriften als auch durch internationale Rechtsakte geregelt wird. Besonders ist hier das New Yorker Übereinkommen von 1958 über die Anerkennung und Vollstreckung ausländischer Schiedssprüche zu erwähnen, dem über 149 Länder beigetreten sind. Für die Ukraine trat dieses Übereinkommen ab 1961 mit dem Vorbehalt „b" in Kraft, und zwar in Bezug auf Schiedssprüche aus denjenigen Staaten, die dem Übereinkommen nicht beigetreten sind, soweit der jeweilige Staat das Übereinkommen in dem Maße anwendet und diese Staaten das Prinzip der Gegenseitigkeit anerkennen[1]. Der Wert der Schiedsgerichtsbarkeit als ein Verfahren zur Schlichtung von in Zusammenhang mit internationalen Wirtschaftsbeziehungen entstandenen Streitigkeiten wurde auch in der am 15. Dezember 1976 von der Generalversammlung einstimmig verabschiedeten Resolution A/31/98 unterstrichen (was in der Praxis dieses Organs nicht oft vorkommt), wobei im Kapitel „Zusammenarbeit in Bereichen Wirtschaft, Wissenschaft und Technologie sowie Umwelt. Handel. Schiedsgerichtsbarkeit" der am 1. August 1975 in Helsinki unterzeichneten Schlussakte der Konferenz über Sicherheit und Zusammenarbeit in Europa zum ersten Mal auf multilateraler Ebene eine Bestimmung angenommen wurde, die sich auf die rasche Beilegung von Streitigkeiten, die sich aus Handelsgeschäften ergeben, beziehen, wobei die Schiedsgerichtsbarkeit dort als einer der bequemsten Wege zur Streitbeilegung

---

* *Direktor des Instituts für Gesetzgebung der Verchowna Rada der Ukraine, korrespondierendes Mitglied der Nationalen Akademie der Wissenschaften der Ukraine, Doktor der Rechtswissenschaften.*

** *Senior-Beraterin im Referat Europarecht und Internationale Integration des Instituts für Gesetzgebung der Verchowna Rada der Ukraine, Kandidatin der Rechtswissenschaften.*

1 Übereinkommen über die Anerkennung und Vollstreckung ausländischer Schiedssprüche von 1958 [elektronische Ressource]/Zugriffsart: http://www.uncitral.org/uncitral/ru/uncitral_texts/arbitration/NYConvention_status.html).

bezeichnet wurde[2]. Die Schiedsgerichtsbarkeit ist jedoch nicht die einzige Art der alternativen Beilegung einer Streitigkeit (eines Konflikts). Es zählen hierzu auch Verhandlungen und Mediation, die insbesondere wenn man bedenkt, dass es Verhandlungen zur Schlichtung schon lange vor der Einführung des Instituts der Schiedsgerichtsbarkeit gab, jedenfalls dann, wenn als Mediator ein Vermittler bei der Beilegung von Streitigkeiten verstanden wird. Aus unserer Sicht stellt das eben das Hauptproblem dar, denn als Vermittler sollte ein hochqualifizierter Jurist agieren, der über die notwendigen Kenntnisse in einem spezifischen Rechtsbereich und praktische Erfahrungen verfügt, der den Parteien Dienstleistungen in der Konfliktlösung auf der Ebene des Rechts durch Vermittlung anbietet. Die Dienstleistungen eines Mediators müssen von sehr hoher Qualität und auf einem hohen professionellen Niveau erbracht werden, da dies die Garantie dafür ist, dass die Parteien mit dem Ergebnis der durchgeführten Mediation zufrieden sind, und keine weiteren gerichtlichen Verfahren in Anspruch genommen werden, wobei eine Mediation auch noch während eines Gerichtsprozesses möglich ist, insbesondere gemäß den Dokumenten des Europarates und der EU-Richtlinie. Das Mediationsverfahren erfordert eine gesetzliche Verankerung, damit es u. a. möglich ist, eine Verschleppung des Verhandlungsprozesses zu vermeiden und zur Wahrung der Gleichberechtigung der Parteien.

Zugleich ist es, insbesondere in der Praxis erforderlich, das vom Gesetzgeber im Abschnitt 2 der Handelsprozessordnung der Ukraine von 11.06.1991[3] verankerte Verfahren der vorgerichtlichen Beilegung von Handelsstreitigkeiten von einer außergerichtlichen Schlichtung wie der Mediation zu trennen. Dabei wäre es darauf hinzuweisen, dass die Zivilprozessordnung der Ukraine kein solches oder ein ähnliches Verfahren der vorgerichtlichen Streitbeilegung vorsieht (wenngleich dies in der Lehre umstritten ist).

Im Rahmen des EU-Rechts gilt die Richtlinie 2008/52/EG des Europäischen Parlaments und des Rates über bestimmte Aspekte der Mediation in Zivil- und Handelssachen. Darüber hinaus hat der Europarat die folgenden Empfehlungen und Richtlinien erlassen: Die Empfehlung Rec (98) 1 über die Mediation in Familiensachen, die Empfehlung Rec (99) 19 über die Mediation in Strafsachen, die Empfehlung Rec (2001) 9 über alternative Verfahren zur Beilegung von Streitigkeiten zwischen Verwaltungsbehörden und privaten Parteien, die Empfehlung (2002) 10 über die Mediation in Zivilsachen, die Leitlinien für eine bessere Umset-

---

2 Діловий вісник № 08 (159), 2007 „15 років світового визнання". [elektronische Ressource]/Zugriffsart: http://www.ucci.org.ua/synopsis/dv/2007/dv0708081.ua.html.

3 Handelsprozessordnung der Ukraine vom 06.11.1991 [elektronische Ressource]/Zugriffsart: http://zakon4.rada.gov.ua/rada/show/1798-12.

zung der bestehenden Empfehlung zur Mediation in Strafsachen, die Leitlinien für eine bessere Umsetzung der bestehenden Empfehlung über alternative Methoden der Beilegung von Streitigkeiten zwischen Verwaltungsbehörden und privaten Parteien, die Leitlinien für eine bessere Umsetzung der bestehenden Empfehlung zur Mediation in Familiensachen und Mediation in Zivilsachen.

Die Wirksamkeit der Mediation wurde von der EU anerkannt - die meisten Dokumente des Europarates und die EU-Richtlinie empfehlen die Implementierung der Mediation als Hauptmethode der alternativen Streitbeilegung in der vorgerichtlichen Phase oder während eines Gerichtsprozesses[4].

Der ukrainische Gesetzgeber, der sich der weiten Verbreitung der Mediation als ADR-Methode und der Verabschiedung von einschlägigen Gesetzen über ADR-Verfahren unter Mitwirkung eines Vermittlers, u. a. auch in Ländern wie Kasachstan, Republik Moldova[5] wohl bewusst war, hat seinerseits gesetzgeberische Arbeiten zur gesetzlichen Verankerung des Mediationsverfahrens begonnen. U.a. geht es um die Gesetzentwürfe 10301 vom 05.04.2012, 10301-1 von 19.04.2012, 2425a von 26.06.2013, 2425a-1 von 03.07.2013.

Wir möchten uns hier auf die Abhandlung von bestimmten Bestimmungen des Gesetzentwurfs 2425a-1 von 03.07.2013[6] konzentrieren, als des letzten von oben angeführten (dieser Gesetzentwurf stellt eine in der sechsten Legislaturperiode behandelte nachgebesserte Fassung des Gesetzes über die Mediation unter Reg.-Nr. 10301-1 vom 19.04.2012 dar[7]).

Dieser Gesetzentwurf ist auf die Festlegung der Rechtsgrundlagen zur Implementierung und Durchführung der Konfliktbeilegung im gegenseitigen Einvernehmen der Konfliktparteien und unter Beteiligung eines Vermittlers (Mediators) ausgerichtet, legt die Grundsätze und das Verfahren der Durchführung der Mediation und den Status des Mediators fest. Es wird vorgeschlagen, bestimmte

4 Erläuterungsbericht zum Entwurf des Gesetzes der Ukraine „Über Mediation" Nr. 2425a-1 vom 03.07.2013 [elektronische Ressource]/Zugriffsart: http://w1.c1.rada.gov.ua/pls/zweb2/webproc4_1?pf3511=47710.

5 Erläuterungsbericht zum Entwurf des Gesetzes der Ukraine „Über Mediation" Nr. 2425a-1 vom 03.07.2013 [elektronische Ressource]/Zugriffsart: http://w1.c1.rada.gov.ua/pls/zweb2/webproc4_1?pf3511=47710.

6 Entwurf des Gesetzes der Ukraine „Über Mediation" Nr. 2425a-1 vom 03.07.2013 [elektronische Ressource]/Zugriffsart: http://w1.c1.rada.gov.ua/pls/zweb2/webproc4_1?pf3511=47710.

7 Erläuterungsbericht zum Entwurf des Gesetzes der Ukraine „Über Mediation" Nr. 2425a-1 vom 03.07.2013 [elektronische Ressource]/Zugriffsart: http://w1.c1.rada.gov.ua/pls/zweb2/webproc4_1?pf3511=47710.

Begriffe folgendermaßen zu verstehen: Unter Mediator – einen fachlich ausgebildeten neutralen Vermittler in den Verhandlungen zwischen den Konfliktparteien; unter Mediationsvereinbarung – eine schriftliche Vereinbarung zwischen den Parteien der Mediation über die Konfliktschlichtung und/oder zur Beseitigung des durch den Konflikt verursachten Schadens; unter Mediationsklausel – die Bestimmung in einem zivil-, wirtschafts-, arbeits- oder familienrechtlichen Vertrag, wonach die aus vertraglichen Beziehungen zwischen den Parteien entstehenden Streitigkeiten verbindlich zur Mediation zu übergeben sind; unter Mediation – ein außergerichtliches Verfahren zur Beilegung eines Konflikts mithilfe eines oder mehrerer Vermittler (Mediatoren); unter zugelassenem Mediator – ein Vermittler, der eine Beurteilung bestanden hat und ins nationale Register der zugelassenen Mediatoren in Übereinstimmung mit dem laut Art. 2 des obigen Gesetzentwurfs gesetzlich vorgeschriebenen Verfahren eingetragen ist.

Nach Art. 3 dieses Gesetzentwurfs definiert der Gesetzgeber folgende Aufgaben der Mediation: 1) Konfliktbeilegung; 2) Beseitigung der durch den Konflikt verursachten Schäden; 3) möglichst vollständige Befriedigung der Bedürfnisse der Konfliktparteien; 4) Senkung des Niveaus des Konflikts; 5) Wiederherstellung von Recht und Ordnung. Bemerkenswert ist auch die Tatsache, beim Vergleich der Mediation mit der Schiedsgerichtsbarkeit als ADR-Methode, dass mithilfe der Mediation ein breiteres Spektrum von Streitigkeiten (Konflikten) geschlichtet werden kann. U.a. gehören nach Art. 4 des genannten Gesetzentwurfs zum Anwendungsbereich der Mediation alle durch dieses Gesetz vorgesehenen Konflikte, einschließlich zivil-, wirtschafts-, verwaltungs-, arbeits-, familienrechtlicher Streitigkeiten sowie die Fälle in Zusammenhang mit Ordnungswidrigkeiten, Strafverfahren in den durch geltendes Gesetz vorgesehenen Fällen.

Die Mediation im Sinne von Art. 5 findet im gegenseitigen Einvernehmen der Parteien des Konflikts auf der Grundlage der Prinzipien der Freiwilligkeit, der Gleichheit und des Engagements der Parteien in der Mediation, der Unabhängigkeit, Neutralität und Toleranz des Mediators, der Vertraulichkeit von Informationen während der Mediation statt. Beachtenswert sind die entwickelten Bedingungen zum Erwerb des Status eines Mediators (Art. 13 des Gesetzentwurfs), Bedingungen und Verfahren zum Erwerb des Status eines zugelassenen Mediators (Art. 14 des Gesetzentwurfs). Im Sinne von Art. 14 Teil 1 darf als zugelassener Mediator eine natürliche Person im Alter von mindestens 25 Jahren tätig sein, die einen Hochschulabschluss und eine fachliche Ausbildung in Richtung „Mediation" absolviert hat, vom Rat der Mediatoren der Ukraine geprüft und in das Nationale Register der zugelassenen Mediatoren eingetragen wurde, was durch die Bescheinigung durch den vorgeschriebenen Muster nachgewiesen wird.

Gleichzeitig darf i.S.d. Art. 13 Teil 1 als Mediator eine natürliche Person tätig sein, die das Alter von achtzehn Jahren erreicht und eine fachliche Ausbildung der Richtung „Mediation" in einer Bildungseinrichtung oder Organisation in der Ukraine oder im Ausland absolviert hat.

Art. 18 sieht vor, dass der Mediator für die Verletzung der Vorgaben des Gesetzes über die Vermittlung und die professionellen Standards und Regeln der disziplinarischen die Verantwortung im Rahmen des durch den vorliegenden Gesetzentwurf vorgesehenen Verfahrens trägt. Auf einen Mediator können solche Disziplinarstrafen wie Abmahnung und Ausschluss aus dem Nationalen Register der zugelassenen Mediatoren angewendet werden.

Gemäß Art. 27 geht die Initiative zur Durchführung der Mediation von den Konfliktparteien oder dem Organ aus, das ein einschlägiges Verfahren eröffnet hat. Den Konfliktparteien steht es frei, diese Initiative zu akzeptieren oder abzulehnen. Der Abschluss durch die Konfliktparteien einer Mediationsvereinbarung stellt einen Grund für die Aussetzung des Verfahrens für die Zeit der Durchführung der Mediation nach dem gesetzlich vorgeschriebenen Verfahren dar.

Besonders beachtenswert sind auch die Bestimmungen des Art. 31, wonach eine Mediation im Falle eines Konflikts sowohl vor der Anrufung des Gerichts als auch während des Gerichtsverfahrens durchgeführt werden kann. Die durch das Gericht angeregte Mediation wird ausschließlich durch einen zugelassenen Mediator durchgeführt. Eine während des Gerichtsverfahrens geschlossene Mediationsvereinbarung kann durch das Gericht gemäß dem gesetzlich vorgeschriebenen Verfahren genehmigt werden[8].

Man kann nicht umhin, darauf hinzuweisen, dass die Bestimmungen des oben genannten Gesetzesentwurfs auch beanstandet wurden, u.a. durch die Hauptabteilung Forschung und Begutachtung der Verchovna Rada der Ukraine[9], aber zur gleichen Zeit stellt dieser Gesetzesentwurf einen weiteren Schritt zur Harmonisierung der ukrainischen Gesetzgebung mit europäischen Standards dar, und die Schaffung eines modernen und effizienten Gesetzes ist ohne produktive Arbeit nicht möglich, die sich in einer Nachbesserung aufgrund der ausgesprochenen Beanstandungen zeigt. Spricht man über die Schiedsgerichtsbarkeit als eines ADR-

8 Entwurf des Gesetzes der Ukraine „Über Mediation" Nr. 2425a-1 vom 03.07.2013 [elektronische Ressource]/Zugriffsart: http://w1.c1.rada.gov.ua/pls/zweb2/webproc4_1?pf3511=47710.

9 Stellungnahme der Hauptabteilung Forschung und Begutachtung vom 12.02.2014 betreffs des Gesetzes der Ukraine „Über Mediation" Nr. 2425a-1 vom 03.07.2013 [elektronische Ressource]/Zugriffsart: http://w1.c1.rada.gov.ua/pls/zweb2/webproc4_1?pf3511=47710.

Verfahren, sollten auch die Besonderheiten dieses Schlichtungsverfahrens in der Ukraine angesprochen werden. So gelten in der Ukraine das Gesetz der Ukraine „Über das Internationale Handelsschiedsgericht" vom 24.02.1994 und das Gesetz der Ukraine „Über Schiedsgerichte" vom 11.05.2004.[10] Die oben genannten Gesetze gelten für unterschiedliche Anwendungsbereiche. Nach Art. 1 des Gesetzes der Ukraine „Über Schiedsgerichte" kann je nach Anwendungsbereich des Gesetzes und gemäß der Vereinbarung der Parteien einem Schiedsgericht jede Streitigkeit übertragen werden, die aus zivil- und wirtschaftsrechtlichen Beziehungen entsteht, ausgenommen in den gesetzlich vorgesehenen Fällen. Die Geltung des Gesetzes der Ukraine „Über Schiedsgerichte" erstreckt sich nicht auf die internationale Handelsschiedsgerichtsbarkeit. Der Gesetzgeber hat auch vorgesehen, dass nach Art. 6 Abs. 12 des Gesetzes der Ukraine „Über Schiedsgerichte" ein Fall einem Schiedsgericht zur Entscheidung übertragen werden kann, wenn zumindest eine der Streitparteien ein Steuerausländer der Ukraine ist. Gemäß Art. 1 Teil 2 des Gesetzes der Ukraine „Über das Internationale Handelsschiedsgericht" können ausgehend vom Anwendungsbereich des Gesetzes gemäß einer Vereinbarung der Parteien die aus Vertrags- und sonstigen zivilrechtlichen Verhältnissen entstehenden Streitigkeiten von einem Schiedsgericht entschieden werden, die im Rahmen der Außenhandels- u.a. internationalen Wirtschaftsbeziehungen entstehen, wenn ein Geschäftsunternehmen von mindestens einer der Parteien sich im Ausland befindet und es sich um Streitigkeiten zwischen Unternehmen mit ausländischen Investitionen, internationalen Verbänden und den in der Ukraine etablierten Organisationen untereinander bzw. um die Streitigkeiten zwischen deren Teilnehmern sowie um die Streitigkeiten mit anderen Rechtssubjekten in der Ukraine handelt.

Das wesentliche Merkmal des Anwendungsbereichs der o.g. Gesetze besteht in der Notwendigkeit des Vorliegens eines ausländischen Elements bei der Verhandlung eines Falls beim Internationalen Handelsschiedsgericht.

Somit kann man sagen, dass es zwei getrennte Institute zur Behandlung eines Konflikts (einer Streitigkeit) im Wege der ADR-Verfahren gibt. Als Internationales Handelsschiedsgericht ist gemäß Art. 2 des Gesetzes der Ukraine „Über das Internationale Handelsschiedsgericht" unter Schiedsgerichtsbarkeit jede Schiedsgerichtsbarkeit unabhängig davon zu verstehen, ob es speziell für die Verhandlung des Einzelfalls geschaffen wird, oder ob es sich um eine ständige Schiedsinstitution handelt, insbesondere das Internationale Handelsschieds-

10 Gesetz der Ukraine „Über das Internationale Handelsschiedsgericht" vom 24.02.1994, Gesetz der Ukraine „Über Schiedsgerichte" vom 11.05.2004 [elektronische Ressource]/ Zugriffsart: http://zakon4.rada.gov.ua/laws.

gericht oder der Maritime Schlichtungsausschuss bei der Industrie- und Handelskammer der Ukraine; es wird vorgeschlagen, unter einem Schiedsgericht den Einzelschiedsrichter oder ein Kollegium von Schiedsrichtern zu verstehen. Ein Schiedsgericht ist gemäß Art. 2 des Gesetzes der Ukraine „Über Schiedsgerichte" ein nichtstaatliches unabhängiges Gremium zu verstehen, das nach einer Vereinbarung oder einer einschlägigen Entscheidung von betroffenen natürlichen und/oder juristischen Personen in der durch das vorliegende Gesetz vorgeschriebenen Weise zur Beilegung von Streitigkeiten gebildet wird, die aus zivil- und wirtschaftsrechtlichen Verhältnissen entstehen.

Gleichzeitig ist es in Zusammenhang mit der Behandlung dieser beiden Gesetze notwendig, darauf hinzuweisen, dass gemäß Art. 8 des Gesetzes der Ukraine „Über Schiedsgerichte" vorgesehen ist, dass das Verfahren für die Einsetzung des Schiedsgerichts für die Entscheidung einer konkreten Streitigkeit durch eine Schiedsvereinbarung festgelegt wird, deren Bestimmungen den Vorschriften dieses Gesetzes nicht widersprechen dürfen. Dabei werden vom Gesetzgeber in demselben Art. 8 nur die Anforderungen an die Schiedsrichter der ständigen Schiedsgerichte festgelegt. Es müssen u. a. die Angaben über das Geburtsdatum enthalten sein, über den Bildungsstand im erworbenen Fach, den letzten Dienstort, das gesamte Dienstalter, die Dauer der Beschäftigung in dem jeweiligen Fach. Das könnte ein Risiko für die Partei bedeuten, die das für die Entscheidung einer konkreten Streitigkeit gebildete Schiedsgericht anruft, obwohl der Gesetzgeber gemäß den Bestimmungen vom Art. 22 des oben genannten Gesetzes für den Fall der Nichterfüllung oder unsachgemäßer Erfüllung der Pflichten eines Schiedsrichters ohne Rechtfertigung eine Haftung vorgesehen hat, die im Einzelnen durch die Geschäftsordnung des Schiedsgerichts oder durch die Verordnung über das ständige Schiedsgericht oder durch einen gemäß Art. 24 dieses Gesetzes abgeschlossenen Vertrag geregelt wird, es sei denn, die rechtswidrigen Handlungen des Schiedsrichters erfüllen die Merkmale eines ordnungs- oder strafrechtlichen Tatbestandes.

Die Analyse der oben genannten Gesetze könnte weiter fortgesetzt werden, aber zum Abschluss stellen wir fest, dass im Allgemeinen derartige alternative Verfahren zur Beilegung von Streitigkeiten (Konflikten) in der Ukraine, insbesondere, die Mediation und die Schiedsgerichtsbarkeit unter den Gesichtspunkten der gesetzlichen Verankerung und der Ausfüllung bestehender Gesetzeslücken weiterentwickelt werden müssen. Dennoch ist das Institut der Schiedsgerichtsbarkeit in der Ukraine weltweit recht anerkannt.

So ist das Internationale Handelsschiedsgericht bei der Industrie- und Handelskammer der Ukraine ein Mitglied in der *World Federation of International*

Courts of Arbitration in New York und in der European Arbitration Group bei der Internationalen Handelskammer in Paris.

Die Vertreter des Internationalen Handelsschiedsgerichts nahmen an der Arbeit von Welt- und internationalen Kongressen teil, die in Barcelona, Belgrad, Bremen, Warschau, Venedig, Wien, Genf, Chişinău, Kiel, Lissabon, London, Minsk, Moskau, New York, Paris, Prag, Thessaloniki, Seoul, Istanbul, Stockholm, Zürich, Stuttgart und anderen Städten stattfanden. Das Internationale Handelsschiedsgericht bei der Industrie- und Handelskammer der Ukraine hat Abkommen über eine Zusammenarbeit mit den Schiedsinstitutionen von Griechenland, den USA, der Schweiz, mit internationalen Schiedsgerichten bei der Industrie- und Handelskammern in Bulgarien, Korea, Lettland, Mazedonien, Polen, Rumänien, Russland, Serbien, Slowenien, Tschechien unterzeichnet.[11] Zudem sollte beachtet werden, dass die Industrie – und Handelskammer der Ukraine sich auch selbstständig mit der Normsetzung befasst, u. a. in Bezug auf die Entwürfe von Normen- und Rechtsvorschriften, die durch die Industrie- und Handelskammer der Ukraine als Vorschläge für die Subjekte der Gesetzesinitiative oder für die beauftragten Subjekte der Normsetzung konzipiert werden, einschließlich des Entwurfs des Beschlusses der Nationalbank der Ukraine „Über die Novellierung des Beschlusses der Nationalbank der Ukraine vom 14.11.2013 Nr. 454", „Über Änderung der Fristen zur Abrechnung für Export- und Importgeschäfte und die Einführung des obligatorischen Verkaufs von Einnahmen in ausländischer Währung", des Entwurfs der Weisung des Ministerkabinetts der Ukraine „Über die Vertiefung der Zusammenarbeit zwischen Öffentlichen Beiräten bei der Staatlichen Oblastverwaltung mit der Industrie- und Handelskammer der Ukraine, öffentlichen Vereinen, Organisationen und Verbänden".[12]

Besonders aktuell werden die oben genannten Fragen im Zusammenhang damit, dass im Herbst 2014 eine Geberkonferenz (EU, ihre Mitgliedstaaten, die Geberländer wie die USA, Kanada, Japan, Norwegen, die Schweiz, internationale Organisationen wie Europarat, UNDP (Entwicklungsprogramm der Vereinten Nationen), OECD, internationale Finanzinstitutionen wie die Europäische Bank für Wiederaufbau und Entwicklung, die Europäische Investitionsbank, der Internationale Währungsfonds (als Beobachter), die Weltbank, die Französische Entwicklungsagentur, die deutsche Entwicklungsbank KfW und Organisationen

---

11 Діловий вісник № 08 (159), 2007 „15 років світового визнання". [elektronische Ressource]/Zugriffsart: http://www.ucci.org.ua/synopsis/dv/2007/dv0708081.ua.html).

12 Industrie- und Handelskammer der Ukraine. [elektronische Ressource]/Zugriffsart: http://www.ucci.org.ua/ua/lawmaking/part3.html).

der Zivilgesellschaft) stattgefunden hat. Diese leisteten der Ukraine bei der Vorbereitung des Aktionsprogramms für wirtschaftliche Erholung und Wachstum in den Jahren 2014–2016 Hilfe.[13] Auch in diesem Zusammenhang tragen ADR-Verfahren zu einem günstigen Investitionsklima bei und garantieren künftigen Investoren, Rechtsschutz.

13 Eine Geberkonferenz zur Unterstützung der Ukraine kann im Herbst stattfinden. [elektronische Ressource]/Zugriffsart: http://eeas.europa.eu/delegations/ukraine/press_corner/all_news/news/2014/2014_07_08_03_uk.htm.

Prof. Dr. Tatiana Kyselova[*], Kiew

Mediation Movements in Ukraine: Donor-Sponsored and Grass-Root Level

Mediation[1] proved to be a highly efficient mechanism for solving disputes in the US, Europe and throughout the world; it was embraced by governments and integrated into judiciaries. In many developing countries, for example in Asia and Africa, mediation is being introduced or supported by the international organizations and donor agencies (such as USAID, EBRD, World Bank, etc) through the programs of democracy and rule of law assistance. Therefore, international donors have a profound impact on the way how mediation programmes are structured and implemented. Yet, the role of international donors in mediation is rarely analysed in academic literature.[2]

This article is aimed to uncover the role played by the international donor agencies and their agendas in mediation development in Ukraine. It does not aim to provide a comprehensive survey of all mediation-related initiatives in Ukraine but rather to outline some general trends. The article demonstrates that donors' agenda have profoundly influenced the way how mediation was being institutionalized and professionalized in Ukraine which in turn caused division of mediation movement into two streams – donor-led and grass-root movements.

---

* *Associate Professor, School of Law, National University Kyiv-Mohyla Academy, Ukraine*

1 Mediation is a core method of alternative dispute resolution; it refers to negotiations between the parties of the dispute assisted by a neutral, professional third-party – the mediator. Mediation empowers individuals and allows generating creative, interest-based, and mutually agreeable solutions to problems. The mediator assists the parties in establishing communication through offering a comfortable negotiation environment, guides them in the procedural aspects of negotiations, and helps to frame their settlement agreement. Thus, the main aim of mediation is to assist parties in finding better solutions to their problems through empowering them and improving their relationship. Additionally, if integrated into the justice system, mediation is capable of reducing court congestions and case processing time, thereby increasing savings for individual parties and for the justice system in general, and improving overall access to justice.

2 But see Anthony Wanis-St John, *Implementing ADR in Transitioning States: Lessons Learned from Practice*, 5 HARV. NEGOT. L. REV., 339 (2000); Cynthia Alkon, *Lost in Translation: Can Exporting ADR Harm Rule of Law Development?*, 2011 JOURNAL OF DISPUTE RESOLUTION (2011).

To advance this conclusion, the first and second parts of the article will contrast donor-lead and grass-root mediation movements through historical analysis of their actors, long-term and short-term goals, and main challenges. In conclusion, the paper will demonstrate the positive post-2014 dynamics of change in the policies of the main international donors towards bridging the gap between donor-lead and grass-root mediation movements that hopefully will allow mediation to fully realize its potential in Ukraine.

This article presents findings of the qualitative study which was conducted in May-August 2016 and January 2017 in Kyiv, Odesa, Lviv, Kramatorsk and Berlin and consisted of five focus-group discussions with 35 participants and 63 in-depths interviews.[3] The sample for the interviews was designed to focus on the mediation community but also to include the major stakeholders in mediation development. It was initially based on the information from the database of the National Association of Mediators of Ukraine, and later relied on the snowball sampling technique. The sampling procedure aimed at the highest possible degree of variability of the answers and therefore, proponents and opponents of mediation; the "patriarchs" of the mediation movement and the recent followers; representatives of the Government, local authorities and civil society activists; lawyers and psychologists; Ukrainian and foreign experts were interviewed in this study. Interviews and focus-group discussions have been transcribed and analyzed through NVivo software for qualitative analysis of data.

Empirical data from the fieldwork was supplemented by information from the Internet sources and policy documents of the Ukrainian mediation community and international donors. Finally, a lot of useful information and links for this research derive from the author's professional experience of advising various actors on mediation development in Ukraine for more than ten years.

I. Donor-sponsored mediation movement

Compared to Russia, mediation in Ukraine unluckily, or perhaps luckily, has not enjoyed the wealth of financial support by international donor organizations.

---

3 The fieldwork in Ukraine, including interviews and focus-groups, was conducted as a part of the author's postdoctoral research project "Exporting Mediation as a Part of Rule of Law: Mechanisms and Impediments in post-Soviet Ukraine" at University of Torino, Italy under Marie Curie/COFUND fellowship in 2015–2017. This project has received funding from the European Union's Seventh Framework programme for research and innovation under the Marie Skłodowska-Curie grant agreement No 609402—2020 researchers: Train to Move (T2M).

Neither had it become a focus of international aid in as much as the rule of law, justice and legal reforms programs.

In the 1990s it was organizations mostly from the United States and Canada that brought an idea of modern mediation to Ukraine and other former Soviet Union countries. Throughout the 1990s and the early 2000s these organizations were the main partners of Ukrainian mediation NGOs in terms of financial support, expertise transfer, and mediation ideologies. Among most active foreign donors at that time were USAID and Eurasia Foundation. George Soros Foundation (Renaissance Foundation) has also supported a number of start-up mediation projects in Ukraine.

After 2008 the European Union emerged as a leading promoter of mediation and other ADR mechanisms among its member states, influencing neighboring countries such as Ukraine. Additionally, geographical proximity of the EU, links to European mediation communities and an appealing success story of mediation incorporation into the legal systems of EU member states inspired voluntary import of mediation into Ukraine. Therefore, by the first decade of the new millennium most of the donors which sponsored mediation projects were European, including the European Commission, Council of Europe, UK Embassy, Swedish International Development Agency, Swiss Agency for Development and Cooperation, Polish Aid and others.

Focus on courts and settled cases

With a few exceptions, mediation did not enjoy an independent status within the donors' agendas and was adjacent to the other larger programs in the areas of rule of law and justice reform. It is therefore not surprising that most donor-sponsored mediation projects centered around the courts. For example, out of eight projects that are were implemented by the Ukrainian Center for Common Ground in 2003–2011, six projects operated within broader programs on the rule of law and focused on cooperation with the courts, police and prosecutor's office[4].

Usually a mediation project sponsored under the rule of law heading included a public relations component, foreign experts conducting trainings and research; mediation awareness training for representatives of the Ukrainian legal system: judges, lawyers, prosecutors, etc.; training and certification of mediators and trainers; study tours abroad for high-rank Ukrainian officials; and often a pilot court mediation scheme. The donors were keen to see mediation in action – the cases

4 Interview on 2nd of June, 2016, Kiev, Ukraine.

settled and the settlement rates reported – promptly by the end of the one- or two-year period of funding.[5]

Given the favourable legal framework in all procedural codes of Ukraine that allowed settlement at any stage of proceedings, it became possible to practice voluntary schemes of court mediation from as early as 1997 when the Donetsk Mediation Group secured a grant from the Eurasia Foundation to set up pilot mediation programs at courts in Donetsk and Odesa. In 1997 mediators from Odesa Regional Mediation Group mediated admittedly the first court-referred case in the former USSR region. The model developed within this project allowed judges to refer cases to mediation with the consent of the parties to a dispute. This scheme resulted in 9 court cases being mediated by external mediators.[6]

In 2009 the Ukrainian Mediation Center (UMC) piloted its referral system within the Dniprovskiy Kyiv Court of general instance. UMC's mediators were present at the court premises during the hearings and attempted to persuade parties to agree to mediate their case. Although mediators conducted more than 100 information sessions with litigants (always only one party) it was possible to conduct only a few mediations. These first experiences strongly suggested that until judges get interested in referring cases to mediation and actively direct litigants to mediation, mediators on their own will not be able to convince parties to take part in mediation.

Therefore, the subsequent court projects focused on judges. A large scale effort to introduce mediation into the Ukrainian court system was been launched by way of two grants from the European Commission and the Council of Europe – 'Judicial Selection and Appointment Procedure, Training, Disciplinary Liability, Case Management and Alternative Dispute Resolution' 2006–2007 and 'Transparency and Efficiency of the Judicial system of Ukraine' 2008–2011. The mediation component of these projects was aimed at promoting a model of judicial mediation suggested by Dutch and German experts.[7] The project trained judges from four Ukrainian courts – from Bila Tserkva, Vinnytsya, Donetsk and Ivano-Frankivsk[8]

---

5 For analysis of court-annexed mediation schemes, see Tatiana Kyselova, Integration of Mediation into Ukrainian Court System: Policy Paper, Council of Europe, 2017, available at http://ssrn.com/abstract=3054519.

6 Narrative report of the project, on file with the author.

7 Friedrich-Joachim Mehmel & Frans van Arem, Court-bounded and Commercial Mediation – a Pilot Project in Ukraine: a Story of Success (Council of Europe, 2011).

8 Bila Tserkva Miskrayonnyi Court, Vinnytsya Administrative Court, Donetsk Administrative Appeal Court, Ivano-Frankivsk City Court.

who mediated cases in 2010–2011. These efforts resulted in a total of 50 mediations in administrative, family, labour and land disputes with a 72 % settlement rate.[9] Apart from judges, the project trained lawyers, advocates, state officials and trainers in mediation; produced an educational film and conducted a number of awareness-raising public events including mediation weeks in pilot courts.[10]

In 2013–2016 another project 'Educating Judges for Economic Growth' was supported by the National Judicial Institute of Canada in cooperation with the High Qualification Commission of Judges of Ukraine. It opted for a different model - judicial settlement conferences - in two pilot administrative courts and one court of general jurisdiction in Odesa and Ivano-Frankivsk.[11] The project organized a few study visits of Ukrainian judges to Canada and trained a group of trainers who trained judges in other Ukrainian courts to settle disputes. The project did not collect case data, and the only information available from the interviews of this study suggests that in the six months of the project the number of settlement agreements in the Malinovsky court of Odesa increased from 50 to 150.

In 2001–2012 the Ukrainian Center for Common Ground implemented a number of projects on mediation in criminal matters that *inter alia* included referrals from courts. The projects connected the prosecutor office, police, courts, mediators, victims and offenders through a multilevel mechanism of interaction. This mechanism has been implemented in 8 regions of Ukraine and resulted in 541 mediated cases and 152 restorative circle conferences (2001–2012).[12]

The most recent (2014–2015) USAID "Fair Justice" project to support mediation in eight courts of the Volyn oblast relied on a model of mediation by external mediators and reported 47 information sessions and 38 mediated cases with a 37 % settlement rate.[13]

9 Iryna Zaretska, "The Way to Understanding or Negotiations without Giving in", available at http://jurliga.ligazakon.ua/yurtv_detail/211.

10 Educational video "The Way to Understanding or Negotiations without Giving In", available at https://youtu.be/QZYBPgxN4m8.

11 Odesa Administrative Court; Malinovsky Court of general jurisdiction, Odesa; Ivano-Frankivsk Administrative Court, Ivano-Frankivsk. See, Judges of Administrative Courts Take Part in Ukrainian-Canadian Project "Education of Judges for Economic Development", 16 March 2015, available at http://www.vasu.gov.ua/123378/.

12 Natallya Pylypiv, *Vidnovne Pravosuddia v Ukraini: Rezultaty ta Perspektyvy*, 17 VIDNOVNE PRAVOSUDDIA V UKRAINI (2011).

13 *Mediation in Courts: Myth or Relaity,* Volyn Regional Civic Organization "Center for Legal Aid", USAID, 2016, available at http://legalaid.in.ua/upload/files/3a4425083125 3ade03a28cb816844196.pdf.

All the court mediation projects offered mediation services to litigants on a *pro bono* basis. Similarly, all the pilot projects took an advantage of existing procedural legislation that permits settlements at any stage of the proceedings including the stage of the enforcement of judgements. Given the absence of a provision in law that directly allows mediation within the court system, all the projects relied heavily on the personal support of the presidents of the respective courts.

Put together, all the donor-sponsored projects summarized above resulted in approximately 40 mediated cases per year which is far below the minimum quantity identified, for example, for the EU countries in the 2014 Rebooting Mediation Study.[14] Thus, neither of the models of case referrals from courts to independent mediators or models of judicial mediation proved self-sustainable without financial assistance of the donors. The persistent approach of the donor-lead mediation projects with their focus on the judicial system does not seem to fulfill its promise in Ukraine. Moreover, it was seen as detrimental by some researchers. According to Yegor Vasylyev "The efforts to promote mediation in judicial system, making it a part of legal profession and prioritizing adoption of the law on mediation might be exactly the case of disregard to local specifics, which misguides the introduction of mediation'[15].

Promoting judicial mediation

Given that most donor agencies that supported mediation in Ukraine were bound to support almost exclusively court mediation programs, they invested a lot of resources into mediation skills training of judges. These projects promoted two competing mechanisms with regards to the role of judges in mediation – court mediation by external mediators and court mediation by a judge. These deferring approaches of international doors and experts (unwillingly) resulted into divide of Ukrainian judges on the question whether a judge can/should mediate the court cases similar to *Güterichter (conciliation judges)* in Germany.

After years of competition between these approaches, the Parliament finally legitimized the right of judges to conduct settlement procedure in three proce-

---

14 500 mediations per year. See 'Rebooting' the Mediation Directive: Assessing the Limited Impact of its Implementation and Proposing Measures to Increase the Number of Mediations in the EU, 2014, available at http://www.europarl.europa.eu/RegData/etudes/etudes/join/2014/493042/IPOL-JURI_ET(2014)493042_EN.pdf.

15 Y. Yegor Vasylyev, *Alternative Dispute Resolution in a Global Perspective: Legal, Political and Cultural Factors in Introducing Mediation to Post-Soviet Ukraine*, June 5, 2013 SSRN eLibrary (2013).at p. 26.

dural codes – Civil Procedural Code, Economic Procedural Code, and Code of Administrative Procedure.[16] The new procedural codes include a separate chapter that regulates settlement at the preparatory stage of court proceedings with the consent of both parties by the same judge, who is appointed to hear the case. The judge has a right to meet each party separately, without having to record these meetings. The procedural codes permit the judge to give advice as to the possible judgement in the case and to suggest solutions for the dispute during the settlement procedure. If the parties come to an agreement during the settlement conference, the judge confirms and stamps the settlement agreement. If they do not reach a settlement, another judge is appointed to make a final judgment in the case. This procedure, in the opinion of the mediators, has very little in common with mediation and rightly the new procedural codes do not call it mediation but rather "pre-trial settlement procedure by judge."

At the same time, new procedural codes also seem to leave the doors open to mediation by external mediators by mentioning mediation in the article that grants a mediator the right not to be called to the court as a witness. Moreover, the Draft Law on Mediation, that was voted in the first reading by the Parliament in November 2016 and is currently being prepared for the second reading, regulates mediation of court-referred cases by external mediators. Whether and how procedures of court mediation by external mediators (the Draft Law on Mediation) and by judge (the new procedural codes) are implemented and o-exist remains to be seen.

Raising public awareness about mediation

Despite several dozen of cases mediated within each donor-sponsored court project is indeed a drop in the ocean, the positive achievements of these projects are undeniably in the sphere of public awareness about mediation. Taken together, at least several thousand of Ukrainians including judges, court administrators, lawyers, psychologists, social workers and others, were trained at various mediation skills trainings and ADR awareness building seminars. Internal and external assessments of the donor-sponsored mediation projects present a wealth of posi-

---

16 Zakon Ukrainy pro vnesennya zmin do Gospodarskogo procesualnogo kodeksu Ukrayiny, Tsivilnogo procesualnogo kodeksu Ukrayiny, Kodeksu administratyvnogo sudochynstva Ukrayiny ta inshyh zakonodavchykh aktiv [Law of Ukraine On Amendments to Economic Procedural Code of Ukraine, Civil Procedural Code of Ukraine, Code of Administrative Procedure of Ukraine and other legislative acts], No 2147, Oct. 3, 2017, Golos Ukrayiny [Official Journal], Nov. 28, 2017 (Ukr.).

tive results in terms of client satisfaction with the process. Numerous mass media releases about public events held within the frameworks of the donor-sponsored projects were published in the main legal magazines and newspapers to provide the widest possible coverage. Several short movies revealing the values and major procedural characteristics of mediation were produced by the donor-sponsored projects and shown on TV and in the Internet[17].

Most importantly, donor-sponsored projects were able to reach the top state officials, such as the heads of the ministries, prosecutors, presidents of the high courts, heads of the Qualification Commission of Judges and others, and persuade them in importance of mediation. Thus, donor-sponsored mediation projects did a great job of promoting mediation within the state apparatus where NGOs have a restricted access.

II. Grass-root mediation movement

Donor-lead mediation does not make the whole story of mediation development in Ukraine. It is actually, only its half; the other half is the grass-root movement that remains in the shadow. By the second decade of this century, only a small number of people, who have been trained in the frameworks of the donor-sponsored projects, remain determined to practice as mediators and to develop a market for mediation services in Ukraine. These rather few mediators got disillusioned with the top-down approach of the donor-lead mediation.

The reasons for disillusionment were several. First, according to informants in this study, the structural location of mediation projects within judiciary reforms programs imposed the need to focus on courts and other state agencies in justice sector. However, local mediation NGOs saw business as a more powerful engine of mediation in Ukraine and felt the need to involve a much broader circle of stake-holders into mediation development.

Second, as suggested by the informants, it was important for donors to understand that before the cases can actually be mediated, Ukrainians have to raise the nation-wide demand for mediation services. The problem of insufficient demand in mediation services is neither new nor specific for Ukraine. Even the countries where mediation has been practiced for decades suffer from mediation underuse[18]. Yet, from the very first years of mediation development in Ukraine

17 http://jurliga.ligazakon.ua/yurtv_detail/211; http://ukrmediation.com.ua/en/.

18 In 2014 the European Parliament has published a policy paper that called for more energetic efforts from the governments to 'reboot' mediation in the EU. 'Rebooting' the Mediation Directive: Assessing the Limited Impact of Its Implementation and

the donors were looking for cases mediated and settlement rates reported. The donors were not willing to support massive PR-campaigns that were required to promote mediation to wider public. As one of the informants commented: "you cannot write a grant proposal for just persuading people to use mediation"[19]. And one cannot raise the local mediation market within a few years of the project's duration. Mediators believe that the projects should be supported at least for five and ideally for 10 years.

Finally, mediators who worked within the frameworks of donor-sponsored projects would have been happier with a more flexible approach of the donors. Sometimes the donors changed their priorities and strategies in the midst of project implementation and local NGOs had to adjust their activities accordingly. More often, the local circumstances changed more rapidly. Up to one and a half years can pass from the moment when grant proposal is written to the moment when NGO receives the money for its implementation. As recent events in Ukraine demonstrate, societal and political changes occur in this society more rapidly than elsewhere.

Given the above difficulties in working with donors, many Ukrainian mediators saw the efforts to attract external donor funding for development of mediation as not worth the effort. Consequently, instead of spending their limited resources on bidding for highly competitive and scarce funding through the international donor organizations, some NGOs began developing business approach to mediation practice.

The grass-root mediation initiatives that survived without outside support are of two types. The first group is represented by the NGOs attached to the higher educational institutions – for example, the Ukrainian Mediation Center at Kyiv-Mohyla Business School[20], the School of Mediation at the Academy of Advocacy, Kiev[21], the Ukrainian Academy of Mediation supported by the Odessa Law Academy[22], Mediation initiatives at the Lviv Polytechnic University[23]. These centers offer practical training courses in mediation and negotiation and certify mediators in the framework of the postgraduate education and vocational train-

---

Proposing Measures to Increase the Number of Mediations in the EU, 2014, available at http://www.europarl.europa.eu/RegData/etudes/etudes/join/2014/493042/IPOL-JURI_ET(2014)493042_EN.pdf.

19 Interview on 12th of May, 216, Kiev, Ukraine.

20 Ukrainian Mediation Center, http://ukrmediation.com.ua/en/.

21 School of Mediation, http://aau.edu.ua/ua/mediation-school/.

22 Ukrainian Academy of Mediation, http://mediation.ua/en/.

23 Lviv Polytechnika University, http://lp.edu.ua/node/3494/.

ing. Additionally, these centers have developed undergraduate and postgraduate courses in mediation and negotiation in law, psychology, social work, business administration, police service and others. Some courses have been formally approved by the Ministry of Education, officially incorporated into curriculum and are financed by the universities. The centers which are attached to the Universities also advertise and offer mediation services to population in all areas of practice but training remains their main source of profit.

The other, a less numerous but currently expanding group of grass-root mediation initiatives, includes various companies and self-employed persons who are focused on mediation services within legal practice, psychology and organizational management. For example, a number of Ukrainian law firms have trained and certified their counsels as mediators and are advertising their mediation services[24]. Furthermore, a family mediation field is growing now without any support from the donors. For example, in 2017 a pilot project in family mediation has been launched at the Kyiv Departments of Services in the Matters of Children in six districts of Kyiv. The group of around 20 certified mediators offer mediation services to divorcing couples in disputes regarding parenting and visitation rights and other matters of family law. At the moment, the project has signed a cooperation agreement with the Ukrainian Mediation Center, piloted referral scheme connecting state agencies and volunteer mediators who conduct mediations and ensure quality of their services including group and individual supervision of mediators, various methodological trainings and meetings. The project relies at the Standards of Mediation as a Social Service which was developed jointly by the mediators and the Ministry of Social Policy. The important aspect of their activity is that mediation services are offered to people on *pro bono* basis and volunteer mediators do not get paid. So far, the project proved to be very successful and is getting some support from the local government without involvement of international donors.

Difficulties of grass-root mediation movement

This grass-root mediation movement is hardly noticeable to international observers. Facing everyday financial challenges grass-root mediators have got no resources to maintain their webpages in English, to account for the number of conducted mediations systematically and to report the settlement rates. It is only the Ukrainian Mediation Center that publishes the short accounts of the success stories – cases mediated or negotiated by the graduates of its educational pro-

24 For the list of the law firms offering mediation services see http://ukrmediation.com.ua/en/dispute-resolution/collaborative-lawyers.

grams[25] but this is far from representing the statistical data. Even the approximate assessment of the number of cases annually mediated by the grass-root mediators requires a separate research. So far there are indications that they may exceed the cases mediated within donor-sponsored projects. Yet, according to informants in this study, it is unlikely that even grass-root mediation movement has produced more than hundred mediated cases per year.

Furthermore, grass-root mediation community in Ukraine lacked any unified vision and strategy of mediation development, except for the strategy of survival. In order to survive without financial support of donors they needed to meet the demands of the local market which were initially in training rather than mediation services. In order to launch self-sustainable mediation training programs mediators required a distinct professional identity. Despite the above difficulties, from the early days of mediation development in Ukraine, local mediators were keen on establishing a professional identity based upon the paradigm of interest-based facilitative mediation. The main goal of the mediator in this model is to elicit genuine interests of the conflict parties that underlie their initial positions in negotiations. Through enhanced communication and other techniques the mediator then helps the parties to generate creative solutions that meet at least some of their interests. To achieve this, the mediator must be neutral and independent and the process must be confidential. Facilitative aspect of the model emphasizes the focus on parties' self-empowerment, full responsibility of the parties for crafting their own solutions, and careful guidance by the mediator regarding procedural aspects of mediation.

In contrast, evaluative mediation practices permit the mediator to render advice with regards to the merits of the dispute, prospects of possible litigation, settlement options, etc.[26] Although it is admitted now that facilitative and evaluative mediation styles are quite difficult to distinguish in practice and that they form

25 Ukrainian Mediation Center, http://ukrmediation.com.ua/en/vrehuliuvannia-sporiv/istorii-uspikhu.

26 For facilitative-evaluative debate see: Leonard Riskin, *Understanding Mediators' Orientations, Strategies, and Techniques: A Grid for the Perplexed*, 1 Harvard Negotiation Law Review (1997); Leonard L Riskin, *Decision-making in Mediation: The New Old Grid and the New New Grid System*, 79 Notre Dame Law Review (2003); Kimberlee K Kovach & Lela P Love, *Mapping Mediation: The Risks of Riskin's Grid*, 3 Harvard Negotiation Law Review (1998); Joseph B Stulberg, *Facilitative versus Evaluative Mediator Orientations: Piercing the Grid Lock*, 24 Fla. St. UL Rev. (1996); Dorothy J. Della Noce, *Evaluative Mediation: In Search of Practice Competencies*, 27 Conflict Resolution Quarterly (2009).

a continuum of practices with various degrees of evaluation, the distinction is religiously maintained by Ukrainian mediators.

Establishment of a distinct professional identity allowed Ukrainian mediators to develop a number of high-quality training products in mediation and interest-based negotiation. Inspired by the experience of their foreign colleagues, Ukrainian mediators adapted simulation exercises written by the western educators to local Ukrainian circumstances and developed their own case-studies and innovative methodologies of training. Currently, the demand for mediation skills and training at Ukrainian market exceeds the demand for mediation as a dispute resolution service. Therefore, it is not surprising that the efforts to promote themselves as reputable training centers were taken seriously by the Ukrainian businesses and the outcomes of these efforts are the most visible. Currently, the most experienced Ukrainian mediators get more hired as trainers and have little time to actually mediate the cases and to develop the market for mediation services. Moreover, Ukrainian mediators have gained a sound image among their colleagues in the former Soviet Union and are often invited to train mediators in Russia, Georgia, Kazakhstan, Kyrgyzstan, Armenia, and other post-Soviet countries.

Finally, despite market orientation of the grass-root mediation movement in Ukraine, its key players managed to keep united.[27] Rather uniquely, although competing at the mediation market, Ukrainian mediators preserve cooperative stance at least in the areas of common interest. The need to draft and lobby legislation in mediation was seen as an interest that required joint efforts of all. While several attempts by the donor-sponsored projects to unite Ukrainian mediators under a single national umbrella organization did not work, since 2009 Ukrainian mediators began their own fruitful albeit informal cooperation. They organized themselves into an informal Coalition for Promotion of Mediation in Ukraine and focused their efforts on promotion of legislation and common ethical standards in mediation. The members of the Coalition have drafted and lobbied the first draft of mediation law registered at the Parliament in 2011 and were able to influence all the alternative drafts. In 2014 the Coalition of mediators managed to expand itself into the National Association of Mediators of Ukraine (NAMU)[28], which represented most of mediators and mediation organizations in all regions of Ukraine.

27 For analysis of Ukrainian mediators as professional community see Tatiana Kyselova, Professional Peacemakers in Ukraine: Mediators and Facilitators before and after 2014, 3 *Kyiv-Mohyla Law and Politics Journal*, 2017, 117–136, available at http://kmlpj.ukma.edu.ua/article/view/120119/115078.

28 National Association of Mediators, Ukraine; http://namu.com.ua/.

NAMU has individual membership and official partnerships with most mediation organizations in Ukraine. Its main goals are drafting and lobbying for legislation on mediation in coordination with all interested stakeholders in Ukraine and internationally; development of joint strategy of mediation development in Ukraine; coordination of efforts of mediators to set up and monitor professional standards of conduct; establishment of a national registry of mediators. NAMU is a co-organizer of the annual OSCE Mediation and Dialogue Forum in Kyiv, Ukraine and a leader in popularization campaign about mediation.

Conclusion

This article has outlined an overall development of mediation in Ukraine though highlighting co-existence and interaction of two mediation movements – the donor-lead and the grass-root movements. These two movements, despite seemingly competing, have jointly achieved noticeable progress in development of mediation as dispute resolution practice, as a social institution, and as a part of peaceful dispute settlement culture in Ukraine.

As analyzed in detail in the main part of this article, the donor-lead mediation movement originates in the rule of law foreign aid; focuses primarily at mediation within the court system; involves important state actors, such as the courts, police, Ministry of Justice and other state agencies; and relies upon the top-down approach. In contrast, grass-root mediation movement consists of local NGOs and private businesses who work towards satisfying demands of local market in mediation training and services, and use the bottom-up approach.

The donor-lead movement is well funded and able to present themselves through the central mass media and governmental agencies but so far has not managed to produce viable mediation models within justice system which are self-sustainable at the national level. The grass-root movement remains underfinanced, builds upon sheer enthusiasm of individual mediators, lacks resources to systematically account for mediated cases and visualize themselves to wider audience. Nevertheless, grass-root mediation movement achieved positive results in creation of a distinct professional identity based on facilitative interest-based mediation model; developing a market for training in mediation. Taken together both mediation movements so far did not manage to generate a strong nation-wide demand in mediation services in Ukraine. Yet, both movements have jointly done a great job of promoting and popularizing mediation from two ends. Donor-lead movement was more successful in conveying the benefits of mediation to the top-rank officials of the justice system, while grass-root mediators were campaigning for mediation within wider professional communities of lawyers, psychologists, social workers and others. Both movements contributed greatly to making mediation a recognizable phenomenon in today's Ukraine.

Under conditions of an on-going armed conflict in eastern Ukraine, mediation community mobilizes their scarce resources in order to help Ukraine to realize the promise of mediation.[29] In a similar way, European and international donor agencies try to find the ways to render assistance to Ukraine in the area of dialogue and mediation.[30] It seems that triggered by the Euromaidan Revolution and the armed conflict in Eastern Ukraine, the two movements have come closer together. For example, in 2017 such international organizations and donor agencies as OSCE (Project Coordinator Office in Ukraine) and USAID (New Justice" Program in Ukraine) have noticeably increased funding for capacity-building and organizational development of professional mediation community in Ukraine. They have supported various professional and public events of Ukrainian mediators, drafting of the law on mediation, development of the Code of Ethics of the National Association of Mediators of Ukraine and mechanisms of accreditation of mediation training programs. These policies signal of the better cooperation between donor-lead and grass-root mediation movements and give a hope that their joint efforts will raise mediation to its full capacity in Ukraine and empower Ukrainian mediators to deal with modern challenges of war and peace.

---

29 For analysis of challenges of the 2014 armed conflict in Eastern Ukraine, see Tatiana Kyselova, Mediation in Ukraine: Challenges of Peace and War 26 *Tulane Journal of International and Comparative Law* (2017–18), 1–39.

30 Tatiana Kyselova and Julia von Dobeneck, Track III Dialogue in Ukraine: Major Patterns and Resulting Risks, Center for Peace Mediation, 2017, available at http://www.peacemediation.de/uploads/7/3/9/1/73911539/track_iii_dialogue_ukraine_policy_paper_cpm_kma.pdf.

Dr. jur. Galyna Yeromenko*, Kiew

Interessen im zivilrechtlichen Kontext

Unter den Bedingungen der beschränkten Ressourcen sucht die Gesellschaft nach zusätzlichen Wegen zur Optimierung der Prozesse zur Erzielung eines jeweiligen Ergebnisses. Die gleichen Erscheinungen beobachtet man auch im Bereich der Rechtsnormanwendung. Die juristische Praxis und die Erfahrungen bei der Durchführung von Mediationen führen zu der Schlussfolgerung, dass die Menschen ihre Probleme nicht ausschließlich mithilfe des Rechts lösen. Die Menschen können eine Entscheidung erhalten, die ihrer Rechtsposition hundertprozentig entspricht, aber ihre Bedürfnisse keinerlei befriedigt. Darüber hinaus befriedigen die gerichtlichen Entscheidungen normalerweise die Interessen nur einer Partei, was die Unzufriedenheit der anderen Partei hervorrufen kann und es erforderlich macht, Mechanismen zur Zwangsvollstreckung solcher Entscheidungen zu schaffen.

Häufig geht es bei der Anrufung eines Gerichts nicht um „Ressourcenprobleme", d.h. um Rechtsansprüche hinsichtlich materieller Dinge, sondern um den Wunsch, eigene psychologische Interessen zu befriedigen, die darin bestehen können, sich an jemandem zu rächen oder einem anderen Menschen psychisches Unbehagen zu bereiten. Darüber hinaus ist die Einschätzung eines Problems (darunter auch die rechtliche Einschätzung), bei gerichtlichen Entscheidungen nicht immer von der Subjektivität seitens der Juristen gegenüber den Personen frei, die Rechtsschutz bei Gericht begehren. Das ist natürlich, erfordert es aber gleichzeitig nach den neuen Wegen zur gerechten Entscheidungsfindung in einer strittigen Frage zu suchen.

Eine Alternative zur gerichtlichen Verhandlung bildet die Verwendung der außergerichtlichen Mittel der Streitbeilegung, und zwar der Schiedsgerichtsbarkeit, der Mediation etc. Die Mediation bietet z.B. die Vorteile, dass sie sich auf die Suche nach Lösungen stützt, die die tatsächlichen Interessen und Bedürfnisse der Person befriedigen; sie basiert auf der Berücksichtigung der Wichtigkeit der Emotionen bei der Suche nach Lösungen, auf dem höchst möglichen Zugang zur Rechtspflege, wenn die Parteien selbst und nicht eine fremde dritte Person für die Entscheidungsfindung in ihrem eigenen Streit verantwortlich sind.

---

* *Oberste wissenschaftliche Mitarbeiterin des Koretzky-Instituts für Staat und Recht der NAW der Ukraine, Leiterin des Ukrainischen Mediationszentrums (kmbs).*

Die Frage der Interessen im Recht wurde von vielen Rechtswissenschaftlern untersucht. Während der Erforschung der Frage der Interessen im zivilrechtlichen Kontext wurde festgestellt:

1. Interessen entstehen aus Bedürfnissen, diese bestehen selbst dann faktisch, wenn die Ordnung ihrer Befriedigung vom Recht nicht geregelt wird. Daraus ergibt sich der Grundsatz „Erlaubt ist alles, was nicht verboten ist", denn es ist unmöglich, eine Ordnung zur Befriedigung aller Bedürfnisse und Interessen durch das Recht zu regeln.
2. Man beginnt, typische Situationen (wenn es um die Befriedigung der absoluten oder relativen Interessen geht) durch das Recht zu regeln, um die gegenseitigen Beziehungen zwischen den Rechtssubjekten zu ordnen, die „Spielregeln" zwischen ihnen zur Stabilität des zivilrechtlichen Umlaufs zu bestimmen. In diesem Kontext – der berechtigten Interessen – sind es die Interessen, die in Form einer Rechtsnorm bestehen. Die Rechtsform zur Formalisierung des Interesses ist eine Rechtsnorm oder eine gerichtliche Entscheidung.
3. Wenn das Recht auf Schutz eines berechtigten Interesses besteht, entstehen die Begriffe des absoluten Interesses und des relativen Interesses. Gleichzeitig hat der Begriff „rechtmäßiges Interesse" doppelte Bedeutung. Die „Rechtmäßigkeit der Interessen" kann solche Interessen bedeuten, die die Rechte anderer Personen nicht verletzen.
4. Die fürs Zivilrecht wesentlichen Interessen werden in zwei Gruppen eingeteilt: im weiteren Sinne (sie werden nicht geregelt, aber müssen das rechtlich geschützt werden), und im engeren Sinne (Rechtsnormen).
5. Die Rechtsprechung trifft auf Schwierigkeiten in Bezug auf die Einschätzung der Interessen im Zusammenhang mit ihrer Rechtmäßigkeit in den Fällen, in denen keine Rechtsnorm besteht. Es aktualisiert die Frage über die Suche nach einem objektiven Kriterium für die Einschätzung der Rechtmäßigkeit des Interesses. Die objektiven Kriterien für die Einschätzung der Rechtmäßigkeit der Interessen sind mehrschichtig, dazu gehören Kriterien, die sich auf das Gesetz, einen Vertrag oder die allgemeinen moralischen Grundlagen der Gesellschaft gründen. Es gibt folgende objektive Kriterien, die verhältnismäßig formell sind: a) die allgemeinen Rechtsgrundsätze, b) die direkte Erwähnung im Gesetz, c) die Übereinstimmung mit den Rechtsnormen unter Zulässigkeitskriterien, d) die Legalität vom Standpunkt des Geistes und nicht vom Buchstaben des Gesetzes aus.

Es gibt quantitative, qualitative und wirtschaftliche Einflussfaktoren auf die objektiven Kriterien der zulässigen (rechtmäßigen) Interessen. Das quantitative objektive Kriterium kann die rechtliche und gesellschaftliche Zweckmäßigkeit der Umsetzung des Grundsatzes „Erlaubt ist alles, was nicht verboten ist" sein. Wird das Interesse in den konkreten Rechtsformen nicht als subjektives Recht widergespiegelt, so bedeutet dies nicht, dass es fehlt oder das Recht auf seinen Schutz beschränkt ist. Das qualitative Kriterium kann bedeuten, dass man im Gesetzgebungs- und Rechtsraum nach anderen (neben den rechtlichen) Arten des Umgangs mit den Interessen der Personen suchen muss, bei denen die Personen eigene Kriterien zur Bestimmung und Einschätzung anwenden und die Zulässigkeit der objektiven Kriterien selbstständig bestimmen können.

Wirtschaftliche Ursachen ebenso wie wirtschaftliche Kriterien bilden ihrem Inhalt nach den Begriff der „wirtschaftlichen Zweckmäßigkeit", sie waren und bleiben immer am wichtigsten im Vergleich zu den quantitativen und qualitativen Kriterien.

Um das Interesse der Person bezüglich des Schutzes in vollem Umfang zu befriedigen, muss neben dem rechtlichen Interesse die rechtliche Bedeutsamkeit der psychologischen, wirtschaftlichen Interessen anerkannt werden, sowie ein System der außergerichtlichen Beilegung von Streitigkeiten geschaffen werden, in dem die Parteien die Möglichkeit haben mit Hilfe von speziell ausgebildeten Fachleuten im Bereich der „Arbeit mit den Interessen" (Mediatoren) selbstständig nach Lösungen zu suchen, die die Interessen der Parteien in vollem Umfang befriedigen. Auf diese Art und Weise erhöht sich die Wahrscheinlichkeit einer tatsächlich gerechten (vom Standpunkt der Personen aus) Entscheidungsfindung, gleichzeitig erhöht sich auch die Wahrscheinlichkeit der freiwilligen Erfüllung der erreichten Vereinbarungen.

Es ist erforderlich, die Vorschriften des Prozessrechts zu verbessern, wodurch auf der vorgerichtlichen Ebene das Recht (als Möglichkeit) gewährt wird, und manchmal über die imperativen Regelungen die Pflicht (als Notwendigkeit) auferlegt wird, einen Konflikt (im rechtlichen Sinne – eine Streitigkeit) mit außergerichtlichen Methoden, die die Arbeit mit dem vollständigen Komplex aller Interessen der Person beizulegen erlaubt, deren Verletzung zur Entstehung des Konflikts (der Streitigkeit) geführt hatte.

Es gibt eine enge Wechselbeziehung zwischen dem Verhalten eines Rechtssubjekts und seinen Interessen, sowie der Einflussmöglichkeit auf das Verhalten des Subjekts über die Beeinflussung seines Interesses (positiv oder negativ). Die subjektive Seite eines Rechtsverhältnisses entsteht unter dem Einfluss des Verhaltens von Personen. Das Interesse gibt dem Willen einen Impuls und weist die Richtung, in welche Richtung die Willenskraft gelenkt wird. Die Steuerung des Verhaltens einer Person erfolgt über das Interesse der Person: positiv oder negativ (Eintritt eines ge- oder unerwünschten Ergebnisses). Die subjektive Seite einer Rechtsverletzung, die über die juristisch als Verschulden der Person beurteilt wird und als die psychische Einstellung der Person zur begangenen Rechtsverletzung definiert wird, enthält ebenfalls Merkmale eines Interesses. Bei der Bewertung der Schuld der Person wird bewertet, ob die Person ein bestimmtes Interesse daran hatte, dass im Vermögens- oder Nicht-Vermögensbereich einer anderen Person ungünstige Folgen eintreten.

Interessant ist auch der Vergleich der öffentlichen und privaten Interessen, sowie des Gleichgewichts zwischen ihnen durch die Analyse der gemeinsamen und entgegengesetzten Interessen. Unserer Meinung nach ermöglicht die Analyse der öffentlichen und privaten Interessen Schlussfolgerungen über den Stand und die Entwicklungsphase des Staates als eines sozialen und wirtschaftlichen Gebildes.

Es entsteht die Frage, warum die Mediation, die den Streitparteien eine freiwillige, vertrauliche und schnelle Problemlösung bietet, noch keine Dienstleistung ist, die sich immer mehr verbreitet.

Eine der Ursachen besteht, unserer Meinung nach, im Fehlen einer gesetzlichen Regelung. Obwohl die Mediation ihrem Wesen nach ein Verhandlungsprozess ist, der keine besondere Regelung benötigt, könnte eine gesetzliche Regelung, das Vertrauen in diese Dienstleistung steigern, sowie den staatlichen Behörden und den Gerichten, die sie in Anspruch nehmen wollen, die Möglichkeit gewähren, die Mediation legitim einzusetzen.

Eine andere Ursache besteht darin, dass man die Mediation erst dann anwendet, wenn der Streit bereits ausgebrochen ist. In der Wahrnehmung der Streitparteien kann der Vorschlag, den Streit mithilfe der Mediation beizulegen, den Eindruck erwecken, dass der Mediationsinitiator eine schwache, ihrer Rechtspositionen nicht sichere Partei ist. Die Frage über den Mediationseinsatz muss also während des Vertragsabschlusses gelöst werden. Solche Möglichkeit kann durch die Verwendung einer „Mediationsklausel" in den Verträgen realisiert werden, wo die Parteien den Mediationseinsatz für den Fall vereinbaren, dass ein Streit entsteht. In diesem Fall wird die Mediation eingesetzt, wobei Verfahren genutzt werden, die die negativen Einschätzungen bezüglich der Schwäche oder Stärke der Rechtsposition ausgleichen.

Die Mediation hat ein größeres Potential, als sie lediglich in den Streitsituationen einzusetzen. In der Welt existiert auch die Praxis der „Vereinbarungsmediation". Es bedeutet, dass die Parteien mithilfe eines Vermittlers ihre echten Interessen bestimmen, die dann zum Gegenstand der Vereinbarungen werden. Ein solcher Ansatz erhöht die Wahrscheinlichkeit, dass die vertragsmäßigen Verpflichtungen erfüllt werden, und stellt eine starke präventive Maßnahme zur Vorbeugung der Entstehung zukünftigen Streitigkeiten dar.

Literatur

1. Малеин Н. С. Охраняемый законом интерес/Н. С. Малеин//Советское государство и право. – 1980. – № 1. – С. 33–51. -с.3
2. Чепис О. І. Законний інтерес як категорія цивільного права/О. І. Чепис// Форум права. – 2009. – № 1. – С. 551–559.- С.553 [Електронний ресурс]. – Режим доступу: http://www.nbuv.gov.ua/e-journals/FP/2009-1/09hoikcp.pdf
3. В.П. Грибанов В.П. Осуществление и защита гражданских прав. (Классика российской цивилистики).Изд. 2-е, стереотип. – М.: „Статут", 2001. – 411 с. – С. 240–241
4. Богатырев Ф.О.Интерес в гражданском праве//Журнал российского права, 2002. [Електронний ресурс] – Режим доступу: http://www.juristlib.ru/book_3304.html
5. Малько А.В. Законные интересы как правовая категория А.В. Малько, В.В. Субочев. СПб.: Изд-во Р. Асланова «Юридический центр Пресс», 2004. 359 с. – с. 203
6. Богатырев Ф.О.Интерес в гражданском праве//Журнал российского права, 2002. [Електронний ресурс] – Режим доступу: http://www.juristlib.ru/book_3304.html
7. Гукасян Р. Е. Проблема интереса в советском гражданском процессуальном праве/Р. Е. Гукасян. – Саратов: Право, 1970. – 190 с. – с.60.
8. Губин Е. П. Обеспечение интересов в гражданско-правовых обязательствах: дисс … кандидата юрид. наук: 12.00.03/Губи н Евгений Петрович. – М., 1980. – 198 с.- с.71
9. Личенко І.О. Категоріальний аналіз поняття законних інтересів громадян у сфері власності.//Митна справа.- №1(73)'2011, частина 2 145–148 [Електронний ресурс]- Режим доступу: http://www.nbuv.gov.ua/portal/soc_gum/ms/2011_1_2/145.pdf
10. Кубко А.Є Засоби реалізації публічних інтересів у цивільному праві України: деякі методологічні аспекти/А.Є. Кубко//Часопис Київського університету права. — 2010. — № 3. — С. 170–174. — Бібліогр.: 12 назв. — укр. [Електронний ресурс] – Режим доступу: http://dspace.nbuv.gov.ua/dspace/handle/123456789/23611
11. [1]Пікуля Т.О. «Суб'єктивне право» – «законний інтерес»:поняття та діалектика співвідношення//Кримський юридичний вісник. Випуск 3 (10) Частина ІІ. 2010 р. [Електронний ресурс] – Режим доступу: http://www.nbuv.gov.ua/portal/soc_gum/Kyuv/2010_3_2/15.pdf
12. Общая теория государства и права: Академический курс в 3-х томах. – 2-е изд., перераб. и доп./Отв. ред. проф. М. Н. Марченко. Том 1. – М.: ИКД „Зерцало – М", 2002. – 528 с. – с. 219; Пікуля Т.О. «Суб'єктивне право» – «законний інтерес»:поняття та діалектика

Dr. Alevtyna Santschenko*

Mediation als Alternative zur Gerichtsverhandlung: *pro und contra* (*acquis communautaire* und Erfahrungen des Europarates)

Mit der Erlangung der Unabhängigkeit hat sich das ukrainische Volk sich für gemeinsame europäische Werte und Prioritäten als Orientierungspunkte entschieden, und die Zukunft unseres Staates ist mit den europäischen rechtspolitischen, wirtschaftlichen und soziokulturellen Perspektiven eng verbunden. Deren Grundlage bildet die Mitgliedschaft der Ukraine im Europarat, in der Organisation für Sicherheit und Zusammenarbeit in Europa, der Zentraleuropäischen Initiative, der Schwarzmeer-Wirtschaftskooperation und in den Verträgen über die strukturierte Zusammenarbeit zwischen unserem Land und der Europäischen Union, der Organisation für wirtschaftliche Zusammenarbeit und Entwicklung u.a. Dank der Bemühungen dieser Völkerrechtssubjekte wurde das Europa des XXI. Jahrhunderts auf der Grundlage gemeinsamer Werte: Menschenrechte und Grundfreiheiten, Demokratie, Rechtsstaatlichkeit, Sicherheit und wirtschaftlicher Wohlstand – vereint. Zugleich gibt es, der Meinung von Experten nach, gute Gründe dafür, die Existenz des Phänomens „Europa der unterschiedlichen Geschwindigkeiten" festzustellen. Es ist kein Geheimnis, dass die europäischen Länder sich durch unterschiedliche Tempi bei der sozioökonomischen Entwicklung auszeichnen, die Europäer in verschiedenen Ländern und sogar innerhalb eines Landes unterschiedliche Traditionen, Lebensweisen und Bedürfnisse haben, unterschiedliche Rechte genießen, unterschiedliche Möglichkeiten erhalten. Dabei zeigt der schnelle Verlauf von schicksalhaften Ereignissen der letzten Jahrzehnte, dass Europa sich auf dem Weg zur Umsetzung seiner strategischen Ziele sehr schnell bewegt, die, u.a. durch die Ergebnisse der Sondertagung des Europäischen Rates (in Lissabon, am 23.–24. März 2000) umrissen sind: Europa soll zu einem Wirtschaftssystem werden, das wissensbasiert ist und die weltweit höchste

---

* *Bereichsleiterin Rechtliche Probleme der europäischen Integration im Referat Europäisches Recht und internationale Integration im Institut für Gesetzgebung der Verchowna Rada der Ukraine, Kandidatin der Rechtswissenschaften, wissenschaftliche Oberassistentin.*

Dynamik aufweist.[1] Daher soll die Ukraine, die die ehrgeizigen Ziele der europäischen Integration verfolgt, ihre eigenen Ressourcen und Fähigkeiten bündeln, die besten Entwicklungsmodelle studieren und diese durch den Einsatz der besten modernen Praktiken und Innovationen umsetzen. Es ist seit Langem bekannt, dass nur das Beste gut genug ist (*Nil Satis Nisi Optimum* (lat.)).

Bei der Harmonisierung des nationalen Rechts mit dem Gemeinschaftsrecht sind sich ukrainische Rechtswissenschaftler wohl bewusst, dass das europäische Recht, welches eine Gesamtheit der von allen internationalen europäischen Organisationen akzeptierten Rechtsnormen in den Bereichen des öffentlichen und des privaten Rechts enthält, als das Hauptinstrument geschaffen und entwickelt wurde, um die Rechte und Freiheiten zu sichern, die den modernen Europäern gewährt worden sind. Aber wir müssen den Risiken der Entstehung von bestimmten Schwierigkeiten in Zusammenhang mit der Implementierung begegnen, die durch europäische Experten bei der Analyse der Implementierung von europaweit geltenden Regelungen und europäischen Rechtsvorschriften festgestellt werden. Z.B. wird es anerkannt, dass übernommene Regelungen und Gesetze oft mit einer Vielzahl von Herausforderungen objektiver und subjektiver Art kollidieren. Sie sind nicht immer richtig ausgerichtet und abgestimmt; stehen nicht immer im Verhältnis zu den Bedürfnissen der Bevölkerung und der Wirtschaft und dadurch sind sie nicht vollkommen wirksam; werden nicht immer richtig umgesetzt, und darüber hinaus erfolgt ihre Umsetzung nicht immer auf dem entsprechenden Niveau.

Es ist jedoch klar, dass unter all diesen Bedingungen die Bewegungsdynamik des modernen Europas zunimmt, und die Europäer ihre Freiheiten und Rechte im Alltag genießen sollen, wie es durch die wichtigsten internationalen Akten, u.a. durch die EMRK[2], die ESC (revidiert)[3], die EU-Charta der Grundrechte[4] u.a. vorgesehen ist. Zugleich werden jedoch vor dem Hintergrund der Entstehung des europäischen Rechts die gesellschaftlichen Verhältnisse in vielerlei Hinsicht noch immer durch Traditionen, Bräuche und Regeln des guten Willens und der

---

1 Presidency Conclusions. Lisbon European Council 23 and 24 March 2000. [Elektronische Datenbank]. – Zugriffsmodus: http://www.europarl.europa.eu/summits/lis1_en.htm.

2 Konvention zum Schutze der Menschenrechte und Grundfreiheiten. [Elektronische Datenbank]. – Zugriffsmodus: http://zakon4.rada.gov.ua/rada/show/995_004.

3 Europäische Sozialcharta (revidiert). [Elektronische Datenbank]. – Zugriffsmodus: http://zakon3.rada.gov.ua/laws/show/994_062.

4 European Union Charter of Fundamental Rights. – [Elektronische Datenbank]. – Zugriffsmodus: http://www.eucharter.org/.

Zusammenarbeit geregelt. Dabei ist diese Tradition der friedlichen Koexistenz ein integrales Erbe der allgemeinen Kultur der Menschheit und der Entwicklung von internationalen Beziehungen.

In diesem Zusammenhang sehen die Anstrengungen der Öffentlichkeit bei der Einführung von flexiblen und für sie akzeptablen Instrumenten zur Sicherung der Existenz einer besseren Gesellschaft recht vorteilhaft aus. Eines von ihnen ist, unserer Auffassung nach, die Mediation. Sie ist eine demokratische Methode zur Sicherstellung des gemeinsamen Daseins unter der Voraussetzung der Überwindung von Missverständnissen, des Abbaus der Nichtakzeptanz, entstanden aufgrund der übermäßigen Sorgen und Ängste, der allzu konservativen Traditionen, des Fehlens oder des Mangels an Kommunikation, Kenntnissen, Wissen, Fertigkeiten und durch nicht angemessene Funktion der von Behörden und Mangel an Fachkunde der von ihnen autorisierten, für die Herbeiführung und den Vollzug von Entscheidungen verantwortlichen Beamten usw.

Es ist bekannt, dass das Institut der Mediation sich recht lange herausbildete und überwiegend als öffentliche und private Initiative in den Gesellschaften mit fortgeschrittenem Niveau der sozio-kulturellen und wirtschaftlichen Beziehungen entstand. Gegenwärtig ist die Mediation vom Europarat und der Europäische Union als ein pragmatisches und wirksames Mittel zur alternativen Streitbeilegung (*alternative dispute resolution – ADR*) anerkannt. Eine Reihe von europäischen Rechtsakten tragen zur Verbreitung und Verwurzelung der Mediation in dieser Eigenschaft bei. Dazu gehören die Richtlinie 2008/52/EG des Europäischen Parlaments und des Rates vom 21. Mai 2008 über bestimmte Aspekte der Mediation in Zivil- und Handelssachen[5], die mit den Bestimmungen einer Reihe von zuvor erlassenen Rechtsakten der EU[6] und den Dokumenten des Europarates übereinstimmt – den Empfehlungen des Ministerkomitees des Europarates an

5 Directive 2008/52/ec of the European Parliament and of the Council of 21 May 2008 on certain aspects of mediation in civil and commercial matters. [Elektronische Datenbank]. – Zugriffsmodus: eur-lex.europa.eu.

6 Regulation (EC) 2201/2003 of 27 November 2003 concerning jurisdiction and the recognition and enforcement of judgments in matrimonial matters and in matters of parental responsibility; Directive 2002/21/EC of the European Parliament and of the Council of 7 March 2002 on a common regulatory framework for electronic communications networks and services (Framework Directive); Council Directive 2002/8/EC of 27 January 2003 to improve access to justice in cross-border disputes by establishing minimum common rules relating to legal aid for such disputes; Directive 2000/31/EC on electronic commerce; Directive 98/10/EC of the European Parliament and of the Council of 26 February 1998 on the application of open network provision (ONP) to voice telephony and on universal service for telecommunications in a competitive envi-

die Mitgliedsstaaten Rec (2002) 10 vom 18. September 2002 über die Mediation in Zivilsachen[7], Rec (2001) 9 vom 5. September 2001 über die Alternativen zu Rechtsstreitigkeiten zwischen Verwaltungsbehörden und privaten Parteien[8], Nr. R (99) 19 am 15. September 1999 über die Mediation in Strafsachen[9], № R (98) 1 vom 21. Januar 1998 über die Familienmediation[10] und der Empfehlung der Parlamentarischen Versammlung des Europarates 1639 (2003) vom 25. November 2003 über die Familienmediation und die Gleichstellung der Geschlechter[11], Entschließung Nr. 1 der 23. Konferenz der europäischen Justizminister „Über die Rechtspflege im 21. Jahrhundert" aus dem Jahre 2000[12] u. a. Die Anwendung der Mediation ist vorgesehen und wird unterstützt durch die Regelungen des *acquis*[13] des Europarates und der Europäischen Union, und damit durch die Gesetze der europäischen Länder als ein Mittel für recht wirksame außergerichtliche, flexible, kostengünstige, schnelle und vertrauliche Beilegung von Streitigkeiten/Konflikten, Beseitigung von Differenzen und Missverständnissen zwischen den Parteien.

Die Mediation hat ihre Nische auch im System der internationalen Bemühungen zur Steigerung der Effizienz der Justiz gefunden, die u. a. im Rahmen der Arbeit der Europäischen Kommission für die Effizienz der Justiz (European Commission for the Efficiency of Justice, im Folgenden – Kommission) entwickelt

---

ronment [Elektronische Datenbank]. – Zugriffsmodus: http://ec.europa.eu/civiljustice/adr/adr_ec_en.htm.

7 Recommendation Rec(2002)10 of the Council of Europe Committee of Ministers to Member States on mediation in civil matters. – [Elektronische Datenbank]. – Zugriffsmodus: https://wcd.coe.int.

8 Recommendation Rec(2002)10 of the Council of Europe Committee of Ministers to Member States on mediation in civil matters. – [Elektronische Datenbank]. – Zugriffsmodus: https://wcd.coe.int.

9 Recommendation No. R(99)19 of the Council of Europe Committee of Ministers to Member States on mediation in penal matters. [Elektronische Datenbank]. – Zugriffsmodus: https://wcd.coe.int.

10 Recommendation No. R(99)19 of the Council of Europe Committee of Ministers to Member States on mediation in penal matters. [Elektronische Datenbank]. – Zugriffsmodus: https://wcd.coe.int.

11 Recommendation No. R(99)19 of the Council of Europe Committee of Ministers to Member States on mediation in penal matters. [Elektronische Datenbank]. – Zugriffsmodus: https://wcd.coe.int.

12 Recommendation No. R(99)19 of the Council of Europe Committee of Ministers to Member States on mediation in penal matters. [Elektronische Datenbank]. – Zugriffsmodus: https://wcd.coe.int.

13 „*Acquis*" – gemeinschaftlicher Besitzstand (vom französischen „*acquis*" – Kenntnisse, Erfahrungen, Recht).

und umgesetzt werden, die seit 2002 gemäß der Resolution des Ministerkomitees Res (2002)12[14] dessen Arbeitsorgan mit speziellen Befugnissen ist.

Durch die Prüfung der Frage über die Anwendung der Mediation erarbeitet die Kommission entsprechende Vorschläge für das Ministerkomitee und die Mitgliedstaaten. Dafür regte die Kommission eine Diskussion über diese Problematik im Rahmen von Plenarsitzungen und Expertengesprächen, nationalen und internationalen Konferenzen und Foren, Vorbereitung von Berichten der Staaten über den Stand der Umsetzung von Empfehlungen des Europarates und Best Practices, thematische Forschungen, Konzipierung von Handbüchern und Leitlinien sowie zielgerichtete Aktivitäten im Rahmen einer eigens dafür geschaffenen Arbeitsgruppe von Experten für Mediation sowie Einzelprogramme und Pilotprojekte in den Mitgliedsstaaten des Europarates an.

So wurde im Jahre 2003 auf der Grundlage der Bearbeitung eines thematischen Fragebogens der Bericht „Mediation“[15] vorbereitet, der es ermöglichte, die Besonderheiten der durch verschiedene Länder vorgenommenen Umsetzung der Empfehlungen des Europarats bezüglich der Mediation zu beurteilen und daraus Schlussfolgerungen über notwendige weitere Maßnahmen zu ziehen. Dieses Dokument bietet einen Überblick über die Erfahrungen der Anwendung von Mediation in Slowenien, Dänemark, England und Wales. Die Autoren fassen die Forschungsergebnisse mithilfe der Schlussfolgerungen über die Zweckmäßigkeit der Verbreitung der Anwendung von Mediation zusammen, indem sie im Großen und Ganzen ihre positive Wirkung zwar unterstreichen, aber zugleich auf gewisse Bedenken und negative Merkmale des Prozesses ihrer Anwendung hinweisen.

U.a. stellt die Anwendung der Mediation, der Auffassung des Präsidenten des Bezirksgerichts Ljubljana nach, der an einem Experiment zur Einführung der Mediation in Zivil-, Familien- und Handelssachen in Slowenien teilgenommen hat, ein Mittel der Rechtspflege mit „menschlichem Antlitz“ dar, weil, seiner Aussage zufolge, die Mediation zur Durchsetzung des Modells „therapeutischer Rechtspflege“ beiträgt, die auf die Gewährleistung angemessener Dienstleistungen der Justiz ausgerichtet ist. Der Experte ist der Meinung, dass die Förderung der Praxis

---

14 Resolution Res(2002)12 establishing the European Commission for the efficiency of justice (CEPEJ) *(Adopted by the Committee of Ministers on 18 September 2002 at the 808th meeting of the Ministers' Deputies)* [Elektronische Datenbank]. – Zugriffsmodus: https://wcd.coe.int.

15 Resolution Res(2002)12 establishing the European Commission for the efficiency of justice (CEPEJ) *(Adopted by the Committee of Ministers on 18 September 2002 at the 808th meeting of the Ministers' Deputies)* [Elektronische Datenbank]. – Zugriffsmodus: https://wcd.coe.int.

verschiedener Formen der Streitschlichtung durch die Gerichte bedeutet, dass der Staat die Politik der „vielen Optionen" unterstützt, indem er den Bürgern die Möglichkeit gewährt, sich frei für das Verfahren zu entscheiden, das für sie am günstigsten ist – Gerichts- bzw. Schiedsgerichtsverfahren, Mediation usw. Die in dem slowenischen Experiment gewonnenen Erfahrungen haben die Teilnehmer davon überzeugt, dass die Mediation ein nützliches Werkzeug der Rechtspflege ist, weil sie durch die Parteien eines Rechtsstreits selbst erfolgt, und das Prinzip der Selbstbestimmung ein Schlüsselmerkmal darstellt, das die Mediation von einem Gericht unterscheidet. Der als Richter tätige Experte ist davon überzeugt, dass die Mediation eine regelmäßige und obligatorische Komponente der Tätigkeit der Gerichte sein sollte, und hebt eine Reihe ihrer Vorteile hervor. Dazu gehören: die Sicherstellung eines besseren Zugangs zur Justiz für die Bürger, ein faires Verfahren und eine breite Basis für das System der öffentlichen Rechtsprechung, wenn sie die Rechtspflege ergänzt; die Förderung der Streitbeilegung, indem die dem Rechtsstreit zugrunde liegenden Bedürfnisse und Interessen der Parteien und nicht die gesetzlichen Rechte und Pflichten berücksichtigt werden; die Hilfeleistung, um eine kompromissbasierte Beilegung des Konflikts herbeizuführen oder verschiedene Risiken zu bewerten usw.; die Flexibilität und Formfreiheit des Verfahrens, die Möglichkeit, Zeit und Geld einzusparen (vor allem bei der Anwendung der Mediation in einem frühen Stadium eines Rechtsstreits) oder zumindest die Kostenkontrolle, die Gewährleistung von einem hohen Maß an Zufriedenheit der Parteien in Bezug auf die Integrität des Verfahrens, die Rolle von Mediatoren und die Ergebnisse des Verfahrens ungeachtet dessen, ob die Mediation während der Gerichtsverhandlung oder außerhalb ihres Rahmens erfolgte, die Gewährleistung einer aktiven Rolle für die Parteien und die Schaffung eines Raumes für kreative Lösungen und damit für die Erreichung von Win-Win-Ergebnissen, die Ermöglichung der Aufrechterhaltung von freundschaftlichen Beziehungen zwischen den Parteien (in Familien- und Handelssachen), die Stärkung einer Kultur der Lenkung, die die Verhinderung von Streitigkeiten und nicht deren Bekämpfung zum Ziel hat.

Ein Mitverfasser des Berichts „Mediation", ein Professor aus Großbritannien, stellt einen Trend zur signifikanten und dauerhaften Aktivierung der Anwendung von Mediation in Zivil- und Familiensachen fest und weist darauf hin, dass in den letzten Jahren die Anwendung von speziellen Vermittlungs-/Mediationsschemata und -initiativen zunehmend in andere Bereiche der sozialen Beziehungen Einzug hält: der Erziehung von Kindern mit besonderen Bedürfnissen, das Inkasso, die medizinische Vernachlässigung, der schlechte Zustand von Wohnräumen, Streitigkeiten mit den Grundbesitzern, opferorientierte Justiz u. a. Er beschreibt die Vorteile der Mediation sowohl für die Parteien eines Rechtsstreits als auch für Behörden. Die von seinem slowenischen Amtskollegen formulierte Liste ergänzt er mit solchen Themen wie: Möglichkeit für das Opfer, gehört zu werden und die Möglichkeit, sich zu entschuldigen, das Fehlen von rechtlichen Formalitäten und die Verringerung von Problemen der Rechtsanwendung, die Konzentration auf das Wesentliche der Streitigkeit und die Schnelligkeit der Erzielung von Ergebnissen usw. Zu den potenziellen Vorteilen der Mediation für die Verwaltung gehören, seiner Meinung nach, die Entlastung der Gerichte, die Kürzung der Dauer der gerichtlichen Verhandlung und der für die Rechtshilfe erforderlichen Kosten, die sozialen Vorteile der Beilegung oder zumindest einer Nivellierung eines Konflikts sind größer als die seiner Vertiefung.

Interessant ist auch die Meinung des dritten Mitverfassers des Berichts, einer Forscherin aus Dänemark, die darauf hinweist, dass in ihrem Lande schon seit 1952 das Zivilprozessgesetz eine Bestimmung (jetzt § 268) enthält, wonach die Richter verpflichtet sind, Mediation bei allen Zivilsachen in erstinstanzlichen Gerichten zu versuchen, wenn dies von Beginn als sinnvoll erscheint. Für jedes Berufungsgericht ist die Mediation freiwillig. Sollte die Mediation bei Gericht zu einer Kompromisslösung führen, gilt diese als eine ordentliche gerichtliche Entscheidung. Dabei legt das Gesetz nicht fest, wie das Mediationsverfahren vor Gericht verlaufen soll, welche Maßnahmen zu ergreifen sind und wie hoch der Druck auf die Parteien der Streitigkeit seitens des Richters sein kann, um einen Kompromiss zu erreichen. Die Verfasserin betont, dass solche Mediation sehr wenig mit dem gemein hat, was heute üblicherweise als Mediation im Rahmen von ADR bezeichnet wird, da Druckausübung, Konzentration auf rechtliche Argumentation, Argumentation statt Dialog u. a. als die dominierenden Merkmale der üblichen gerichtlichen Mediation gelten.

Sie definiert die Mediation (als Teil von ADR) als freiwillige und vertrauliche Methode zur Konfliktlösung, die von unvoreingenommenen Dritten im Rahmen eines strukturierten Prozesses angewendet wird, um die Konfliktparteien dabei zu unterstützen, ihre Problemlösung in der Weise herbeizuführen, dass diese zufriedengestellt werden. In diesem Falle wird die Sache nicht vom Mediator entschieden. Es wird darauf hingewiesen, dass diese Art der Mediation auf solchen Werten wie Autonomie, Würde und Gerechtigkeit sowie auf bestimmten Grundprinzipien basiert: a) das Verständnis von Konflikten als nicht gut oder schlecht, sondern als Lebensbedingungen. Die Sachlichkeit oder Destruktivität von Konflikten ist davon abhängig, wie sie wahrgenommen werden und wie man mit ihnen umgeht. b) Das Vertrauen in die Fähigkeit der Parteien, sich bewusst zu werden, was für sie besser sei; und dies bedeutet, dass sie als Experten in Angelegenheiten ihres eigenen Lebens betrachtet werden. c) Der Glaube an die Möglichkeit, eine für beide (alle) Seiten zufriedenstellende Lösung zu erreichen.

d) Die Überzeugung, dass der Dialog in jedem Konflikt wünschenswert und Mittel zum Zweck ist. e) Der Bereitschaft, verschiedene Formen der Wahrnehmung der Realität zu akzeptieren.

Die Expertin umreißt positive Eigenschaften der Mediation vom Standpunkt der Parteien aus und betrachtet als Priorität deren Zufriedenstellung, die durch die nichtautoritäre Art der Konfliktlösung erreicht wird, die Fähigkeit der Parteien, auf den Prozess der Lösung der Streitfrage und die Ergebnisse einzuwirken, Würde und Respekt zu sich selbst zu bewahren und die Möglichkeit gewinnen, den Konflikt hinter sich zu lassen. Darüber hinaus äußerten einige Parteien ihre Zufriedenheit damit, dass sie dank der Mediation neue Erkenntnisse gewonnen haben (über Konflikte, über sich selbst und/oder die andere Partei usw.). Allerdings stößt die Begeisterung für den innovativen Ansatz zur Beilegung von Streitigkeiten auf einige Bedenken und Vorbehalte, was auch natürlich ist.

So weist die besagte dänische Expertin auf einige Aspekte hin. Ihrer Ansicht nach können negative Seiten der Mediation im Großen und Ganzen mit unklarer Regelung des Verfahrens selbst, dem Mediationsverfahren und der Rolle von Mediatoren im Zusammenhang stehen, weil – insbesondere, wenn sie Richter oder Anwälte sind – die Möglichkeit besteht, dass sie ihre Befugnisse missbrauchen und die Gefahr einer Manipulation der Parteien und des Prozesses entsteht, indem sie den Parteien Lösungen in den Mund legen oder sich die Freiheit nehmen, die Sache zu entscheiden oder nach eigenem Ermessen Zeugen am Prozess zu beteiligen usw. Es wird auch auf die Wichtigkeit hingewiesen, sich über die Vertraulichkeit im Prozess der Mediation klar zu werden: Bedeutet sie Vertraulichkeit der Information in Bezug auf einen bestimmten Personenkreis und bis zu einem gewissen Grad? Dieser Aspekt bezieht sich auf eine Vielzahl von Fragen, wie z. B. ob es möglich ist, es den Parteien zu erlauben, Details mit ihren Ehepartnern, Kollegen und der Öffentlichkeit zu besprechen; ob es dem Mediator gestattet ist, mit anderen Mediatoren über den Fall zu sprechen; ob die Parteien das Recht haben, die während der Mediation offen gelegten Informationen zu nutzen, wenn die Mediation gescheitert ist, und sie gegebenenfalls vor Gericht zu verwenden; ob der Mediator als Zeuge agieren kann, u. a. Fehlt eine rechtliche Regelung der Mediation oder ist diese Regelung unklar, so vergrößert sich dieser Problemkomplex, und die guten Absichten zur Vereinfachung und Beschleunigung der Konfliktbeilegung werden nicht zum Erfolg führen, sondern schaffen eine zusätzliche Belastung für das Gericht und die Parteien. Diese Bedenken und Schlussfolgerungen stimmen mit den Bemerkungen des britischen Experten überein, der unter eventuellen, die Parteien betreffenden negativen Aspekten der Mediation folgende nennt: Die Parteien sind gezwungen, unter einem gewissen Druck nach

Kompromissen zu suchen; beide Parteien können gleichzeitig sowohl Gewinner als auch in Verlierer werden; die Mediation konzentriert sich auf das Problem, das die Parteien trennt, und auf das Ziel der Überwindung von Differenzen/Konflikten unter dem Verzicht auf das Konzept der Rechte der Parteien; der Mangel an Verantwortung von Mediatoren und die für sie bestehende Möglichkeit, parteiisch oder der „attraktiveren" Partei des Rechtsstreits zugeneigt zu sein; Problem mit der Wahrung der Vertraulichkeit, u. a. in dem Falle, wenn der Rechtsstreit doch bei Gericht landet; die zynische Ausnutzung des Mediationsverfahrens, um eine gerichtliche Verhandlung zu verschleppen oder um Informationen über den Sachstand der anderen Streitpartei zu erhalten. Der Experte kommt jedoch nach einem Abgleich von positiven und eventuell negativen Seiten der Mediation zu dem Schluss, dass die Mediation eine wichtige Ergänzung zum herkömmlichen Verfahren der gerichtlichen Verhandlung darstellt.

Ähnliche Bedenken sind in den Folgerungen des am meisten optimistischen Mitverfassers des Berichts – des Richters aus Slowenien enthalten. Seine Erfahrung zeigt, dass die Parteien des Rechtsstreits die Anwendung von Mediation dann als Alternative zu Gerichtsverfahren betrachten, wenn sie vorgeschrieben ist und die Parteien an private Mediatoren vermittelt werden. Eine solche, verbindlich vorgeschriebene Mediation kann Skeptiker zur Teilnahme an der Mediation ermutigen. Diese Verbindlichkeit kann jedoch auch die Gefahr bergen, dass Parteien, die unter dem Zwang zur Entscheidung über den Rechtsstreit stehen, nicht ganz gewissenhaft bei der Mediation mitwirken würden. Darüber hinaus könnten Parteien, die zur Tragung der Kosten der Mediation verpflichtet sind (vor allem, wenn diese verbindlich vorgeschrieben ist), als Haupteinwand gegen ihre Beteiligung anführen, dass ihnen damit eine übermäßige finanzielle Belastung auferlegt wird, obwohl sie einen Anspruch auf eine faire gerichtliche Verhandlung haben. Zudem kann die Verbindlichkeit der Mediation die Möglichkeiten der wohlhabenderen Partei des Rechtsstreits erweitern, den Prozess zulasten der minderbemittelten Partei zu manipulieren. Es ist auch nicht auszuschließen, dass die Parteien eine Mediation ausnutzen, um mehr über die Stärken und Schwächen des Gegners zu erfahren und im Falle einer misslungenen Vermittlung einen Gerichtsprozess zu verschleppen und somit den Erlass einer Entscheidung hinauszuzögern. Die flexible Natur der Mediation kann zu unerwünschten Nebenwirkungen bei der Erzielung eines Kompromisses in Form von rechtswidrigen Absprachen oder von Diskriminierung führen. U.a. äußert der slowenische Richter seine Besorgnis darüber, dass die Einführung von öffentlich geförderten Mediationsprogrammen zusätzliche Ressourcen beanspruchen wird, die den traditionellen Programmen genommen werden.

Der Bericht „Mediation" trug zur Umsetzung von Pilotprojekten in den Mitgliedstaaten des Europarates und zum breiten Meinungsaustausch zwischen den Experten in den Bereichen Justiz, Recht und Gesetzgebung sowie zwischen praktizierenden Mediatoren und der Öffentlichkeit bei, der bis heute andauert. Das Ergebnis dieser Aktivitäten wurde durch die Evaluierung der Einwirkung der Anwendung der Empfehlungen des Europarats bzgl. der Mediation in Straf-, Familien- und Zivilsachen und als einer Alternative zu Rechtsstreitigkeiten zwischen den Verwaltungsbehörden und privaten Parteien in Bezug auf Mediation und die drei Leitlinien zur besseren Umsetzung dieser Empfehlungen, die von der EU-Kommission für die Effizienz der Justiz im Jahre 2007 veröffentlicht wurden, festgehalten. Die obige Analyse fasst die Antworten von einzelnen Mitgliedstaaten des Europarates auf den von der Arbeitsgruppe für Mediation vorbereiteten Fragebogen zusammen, und die auf dieser Grundlage erstellten Leitlinien legen Standards für die gewünschten rechtlichen Normen und Praktiken fest. Sie geben Antworten auf die Argumente contra Mediation, indem sie die auf dem Dritten Gipfel des Europarates (Warschau, Mai 2005) von den Staats- und Regierungschefs eingegangenen Verpflichtungen betonen, das Regelungspotential des Europarates in vollem Masse zu nutzen, um den Mitgliedstaaten zu helfen, Rechtspflege fair und schnell auszuüben sowie alternative Verfahren zur Streitbeilegung zu entwickeln.

Die Annahme dieser Dokumente und die Tatsache, dass in den letzten Jahren über die Zukunft der E-Mediation debattiert wird, zeugt von der wachsenden Unterstützung für die Mediation seitens der europäischen Institutionen und der Europäer selbst. Dieses Verfahren findet Resonanz in der Gesellschaft, weil nach gesundem Menschenverstand, die Entscheidung der Frage, ob eine Mediation durchgeführt werden soll, die Parteien selbst entscheiden sollten, und es die Sache des Staates ist, Mediationsleistungen anzubieten. Die Ukraine versucht schon seit Langem, Mediation zu etablieren und Normen für diese neue Methode der Streitbeilegung festzusetzen, indem entsprechende Gesetzentwürfe vorgeschlagen werden, aber auf diesem Wege noch viele schwierige Schritte zu gehen. Gleichzeitig tröstet uns die Tatsache, dass im Großen und Ganzen die moderne Gesellschaft, deren Teil auch die Staatsbürger der Ukraine sind, auf die Verhältnisse der Eintracht eingestellt ist, denn: „Ubi Concordia, ibi Victoria – Wo Eintracht ist, dort ist der Sieg".

Prof. Dr. Andriy Girnyk*, Kiew

Soziale und psychologische Grundlagen der Konfliktsteuerung

In der Psychologie ist die These allgemein bekannt, dass ein Konflikt ab dem Zeitpunkt ausbricht, wenn eine Partei entscheidet, dass die Ansprüche der anderen Partei mit ihren eigenen Ansprüchen unvereinbar sind. D.h, eine Situation wird durch einen Menschen als Konfliktsituation eingeschätzt, nachdem die Abbildung der Situation im Bewusstsein erfolgte und im konstruierten inneren Bild der Ereignisse die andere Partei als ein Hindernis für die Realisierung unserer Ansprüche dargestellt wurde.

Die Sozialpsychologie bestreitet die Auslegung eines Konflikts in den Sozialwissenschaften als Interessenkollision nicht, aber ihr Ansatz stützt sich darauf, dass das Wirklichkeitsbild vom Subjekt konstruiert wird, d.h. die tatsächlichen Ereignisse werden nicht passiv widerspiegelt, sondern in das Wirklichkeitsbild eingetragen, das der Mensch bereits hatte. Dementsprechend wird das Verhalten des Menschen in einem Konflikt nicht durch die Situation bestimmt, die vom Standpunkt eines unabhängigen Beobachters beschrieben werden könnte, sondern durch die Situation, die in seinem eigenen Kopf konstruiert wurde.

Ein Beispiel kann dazu angeführt werden. Die dauernde Unzufriedenheit der Bevölkerung damit, wie sich die Situation in der Ukraine entwickelt, basiert objektiv auf dem bemerkenswerten Rückgang der Produktion: Das Bruttoinlandsprodukt des Landes betrug in den Jahren 1998–1999 etwa 41 % des Niveaus des Jahres 1990. In den nächsten 15 Jahren schaffte man es nur, es bis auf 70 % des Niveaus des Jahres 1990 zu erhöhen. Das wirkte sich auf den Wohlstand der Bürgerinnen und Bürger der Ukraine aus, dazu kam die stattgefundene Spaltung der Bevölkerung in Reiche und Arme, infolge derer die meisten Ukrainerinnen und Ukrainer meinten, dass sie in ihren Erwartungen betrogen worden seien. Gleichzeitig wurde die Unzufriedenheit, die durch die sozialen Widersprüche verursacht wurde, auf die Ebene eines interregionalen (der Westen – der Osten der Ukraine) Sprachenkonfliktes verschoben, sowie auf die Ebene des Konfliktes um die außenpolitischen Entwicklungsvektoren (ob wir uns zur Europäischen Union begeben oder zur Zollunion (mit Russland), ob wir der NATO

* *Leiter des Zentrums für Konfliktuntersuchung und Psychoanalyse der Nationalen Universität „Kyjewo-Mohyljansjka Akademija", Doktor der Philosophie, Professor.*

beitreten oder den Status außerhalb der Blöcke beibehalten). Die Forderungen, die die Anhänger der Föderalisierung der Ukraine und der Gewährung der russischen Sprache des Status einer staatlichen Sprache erheben, stellen in der Tat verschobenen Forderungen der sozialen Gerechtigkeit dar, ihr vorrangiges Ziel besteht im Abbau der emotionellen Spannung, die durch den sogenannten „biographischen Stress“, d.h. den Stress der vorhergehenden Lebensperiode bedingt ist. Es ist der sogenannte „unrealistische Konflikt“, der laut L. Coser (1) die Entsprechung der Frustration darstellt. Wichtig ist es, dass eine Partei des Konflikts ihn nicht als verschoben wahrnimmt (über verschobene Konflikte spricht man, wenn ein offensichtlicher Konflikt einen anderen verbirgt, der den offensichtlichen Konflikt bedingt) und ihre Aggressivität und ihre Unnachgiebigkeit mit den pseudorationellen Argumenten erklärt. Im inneren Weltbild wird das eigene aggressive Verhalten durch die Erforderlichkeit berechtigt, eigene wichtigste Interessen vor der möglichen Aggression der anderen Partei zu schützen.

Die These über das „innere Bild“, das kognitive Konfliktschema scheint dem Begriff „des unbewussten Konflikts“ zu widersprechen, der durch S. Freud und seine Nachfolger fruchtbar entwickelt wurde. Wollen wir aber das genauer betrachten, was Freud als „unbewussten Konflikt“ bezeichnet. Es ist die Inkompatibilität der Bestrebungen, der Motive, die der Mensch selbst nicht sieht (nicht sehen will) und die von einem Psychoanalytiker festgestellt werden sollen. Es bedeutet, dass der Konflikt der instinktiven Neigungen und Forderungen der Moral, über den Freud schrieb, eine bestimmte Konstruktion, ein Schema darstellt, die es dem Psychoanalytiker ermöglichen, die Situation des Patienten als eine spezifisch strukturierte Situation zu definieren. Der Psychoanalytiker füllt diese Struktur mit den konkreten, vom Patienten erhaltenen Informationen und zeichnet dem Patienten das Bild seines inneren Konflikts. Dadurch trägt der Psychoanalytiker dazu bei, dass der Patient die Situation besser kontrolliert. Man könnte behaupten, dass der Begriff „unbewusster Konflikt“ innerlich widersprüchlich ist, er beschreibt die Situation nicht von der Ausgangsposition des Subjekts (das in sich keine Konflikte sieht) aus, sondern vom Standpunkt eines auswärtigen Beobachters, der diese Konstruktion ins Bewusstsein des Patienten einbringt und dadurch hilft, die Situation zu beherrschen.

Wenn wir zum Begriff „kognitives Konfliktschema“ zurückgehen, können wir darauf hinweisen, dass er die individuellen Erfahrungen und Kenntnisse mit der Schlüsselüberzeugung von der Inkompatibilität der Ziele der Parteien verknüpft. Das bereits herausgebildete Konfliktschema steuert die Kodierung, die Organisation und die Suche nach Informationen. Die Schlüsselüberzeugung bezüglich der Inkompatibilität der Ziele kann für die Handlungen unterschiedlicher Subjekte unterschiedliche Folgen haben. Zum Beispiel sah die europäische Wahl der Ukraine (d.h. die Anerkennung der Unvereinbarkeit des Weges und der Ziele, die das gegenwärtige Russland realisiert, mit den Zielen der Ukraine) für die Ukraine lediglich die Abstimmung einiger Fragen mit dem Nachbar im Norden vor, während sie in Russland als ein feindlicher Schritt empfunden wurde, was mit Notwendigkeit den gewaltsamen Druck und die Aggression erforderte.

Das Verhalten in einer bestimmten Situation wird auch vom Vorhandensein eines Schemas im Repertoire und von seiner Zugänglichkeit bedingt. Wenn wir das Beispiel der Beziehungen zwischen der Ukraine und Russland weiter verfolgen, ist darauf aufmerksam zu machen, dass das Modell der Unterstützung (mit Waffen, mit militärischen Beratern) der separatistischen und der Bewegungen, die den Regierungen oppositionell waren, im Ausland durch die Sowjetunion oft verwendet wurde, deren Rechtsnachfolger Russland ist; das Modell der aggressiven Eroberung fremder Territorien durch Russland wurde bereits in Bezug auf Georgien (es stand auch im Repertoire) umgesetzt, das Modell des gewaltsamen Drucks auf die Nachbarländer wurde durch Russland mehrmals realisiert (dieses Modell, das in der Vergangenheit umgesetzt und mehrmals wiederholt verwendet wurde, ist im Repertoire am zugänglichsten, und die meisten Russen nehmen es als die routinemäßige Verteidigung der staatlichen Interessen wahr, und nicht als einen Verstoß gegen das Völkerrecht). Ausgehend von diesen Positionen und unter Berücksichtigung der wirtschaftlichen Stärkung Russlands war seine Aggression vollkommen vorhersagbar (obwohl sie für die Ukrainer unerwartet war).

Jede der in einen Konflikt verwickelten Personen hat ihr eigenes kognitives Schema oder ein inneres Konfliktbild (IKB), das außerdem im Verlaufe des Konflikts mehrere Änderungen erlebt. Im IKB wird die Strukturierung der Konfliktsituation durch den Konfliktteilnehmer verkörpert; darin bringt das Subjekt die Situationsteilnehmer in einem subjektiven Raum in einem bestimmten Verhältnis zueinander unter, verleiht ihnen bestimmte Charakteristiken und Verbindungen sowie die Fähigkeit, den Platz im vorgegebenen Inhaltsfeld zu wechseln. Dadurch wird es ermöglicht, in der Phantasie den Verlauf der Konfliktsituation zu „spielen", die möglichen Varianten der eigenen Handlungen und der Handlungen der Beteiligten zu prüfen und das Ergebnis zu prognostizieren, das diesen Handlungen entspricht. Die Herausbildung des IKB wird wie eine bestimmte „Einsicht" in die Situation empfunden, wo die Handlungen der anderen Partei nicht als Signal über das Vorhandensein eines Problems, sondern als feindliche, gegen uns (gegen unsere Rechte, unsere Interessen, unsere Ehre) ausgerichtete Handlungen ausgelegt werden. Mit anderen Worten stellt das IKB das Ergebnis der Entschlüsselung bestimmter Informationen mit dem Ziel dar, ihren Sinn und ihre versteckte Bedeutung zu finden.

Das IKB enthält eine rationelle, eine emotionelle und eine motivationsgebundene Komponente. Die emotionelle Komponente entsteht momentan und ist wahrscheinlich mit bestimmten Markern verbunden, die die Strukturierung des Wahrnehmungsfeldes der Situation bedingen, sowie mit dem Einfluss der vorhandenen Einstellungen. Falls die emotionelle Komponente im IKB dominiert, reagiert die Person bis zu einem bestimmten Maße „automatisch" (es können sowohl die automatische Aggressivität als auch die automatische Ängstlichkeit, Nachgiebigkeit sein). Aus diesem Grund betreffen die meisten Empfehlungen in Bezug auf das Verhalten in einem Konflikt die Hemmung der „automatischen Reaktion" („Gehen Sie zum Balkon hinauf" (Ch. P. Lickson), «Streichen Sie ihre Federchen glatt" (R. Schaler), beeilen Sie sich nicht zu sehr, zu reagieren) und die Erhöhung der Rolle der intellektuellen Komponente (analysieren Sie die Situation, präzisieren Sie ihre Ziele, erheben Sie zusätzliche Informationen). Gleichzeitig kann in einer Kultur auch die Forderung ausgerechnet der automatischen und momentanen Reaktion auf die Beleidigung vorhanden sein (Bushido-Kodex, die geschriebenen und die ungeschriebenen Kodizes der männlichen Ehre). Die motivationsgebundene Komponente hängt mit der Einstellung des Subjekts gegenüber dem Konflikt, mit den Verhaltensänderungen unter den Konfliktbedingungen und mit der Aktualisierung der Tätigkeit zur Konfliktbewältigung zusammen. Wenn wir übers IKB eines Konfliktteilnehmers Bescheid wissen, können wir sein Verhalten voraussehen und unter anderem seine Position im Konflikt als aktiv oder passiv, flexibel oder rigide, hart oder sanft diagnostizieren, aber auch als aktiv-adaptiv, d.h. die Position, die auf die Maximierung des Gewinns ausgerichtet ist, oder als passiv-adaptiv, „leidend" bzw. als eine Zwischenstellung zwischen diesen Positionen. Je weniger sich die Person des eigenen IKB bewusst wird, desto weniger kann sie ihr eigenes Verhalten steuern. Die Herausbildung des IKB beeinflusst ein solches soziales und psychologisches Phänomen wie die Neigung zugunsten des eigenen „Ich". Die Forschungen erwiesen, dass die Mehrheit der Zeitgenossen die Neigung hat, sich in Bezug auf die gewünschten Möglichkeiten und Fähigkeiten so einzuschätzen, als würden ihre eigenen Möglichkeiten und Fähigkeiten über dem Durchschnitt liegen. Wir überschätzen die Verbreitung der uns eigenen Mängel unter anderen Menschen (der fehlerhafte Konsens) und unterschätzen die Häufigkeit der Fähigkeiten und Tugenden, die wir als uns eigen betrachten (die fehlerhafte Alleinstellung). Wie D. Myers meinte, „halten die Menschen ihre Mängel für die Norm und ihre Tugenden – für eine Seltenheit" (2, S. 86).

Die Neigung zugunsten des eigenen „Ich“, die im Glauben an sein Potential zum Ausdruck kommt, fördert die hartnäckige Überwindung der Schwierigkeiten, regt uns dazu an, uns trotz eines unglücklichen Anfangs einer Angelegenheit nicht zu verzweifeln; diese Neigung stellt eine positive Erscheinung dar. Gleichzeitig führt die Neigung zugunsten des eigenen „Ich“ im Verlauf des Konflikts zur Herausbildung eines inadäquaten IKB, in dem wir besser als in der Wirklichkeit aussehen, und der Gegner – schlechter. Deshalb trägt die Vermittlung bei der Klärung der Positionen und Absichten der Parteien dazu bei, ein adäquateres IKB herauszubilden, und dadurch den Übergang von der Konfrontation der Positionen zur Analyse der Interessen und Möglichkeiten zu erleichtern, was einen Schritt zur Erreichung der Vereinbarungen darstellt. Wenn wir das IKB der wichtigsten Konfliktteilnehmer kennen, können wir die zu erwartende Wirksamkeit der Handlungen von den Konfliktteilnehmern einschätzen und die Merkmale einer Position entdecken, die eine Niederlage verspricht.

Darüber hinaus neigen die Menschen dazu, den Einfluss der Situation auf andere Personen zu unterschätzen sowie die Rolle ihrer Eigenschaften und ihrer Einstellungen, die für ihre Persönlichkeiten charakteristisch sind, zu überschätzen, die Lee Ross als den fundamentalen Fehler der Attribution bezeichnete. Es bedeutet, dass wir uns in einem Konflikt meistens auf die Handlungen der anderen Partei konzentrieren, ausgerechnet sie scheint uns die Ursache der Unannehmlichkeiten zu bilden, und die Situation wird lediglich als Hintergrund wahrgenommen. Auf diese Art und Weise werden die gegenseitigen Vorurteile über die moralischen Eigenschaften der anderen Partei gebildet, was die Orientierung auf die Zusammenarbeit verhindert und die Konfrontation verstärkt. Wenn wir den Parteien des Konflikts den Mechanismus der Bildung von Vorurteilen erklären, kann es zu einem der Wege der Senkung der Spannungen zwischen ihnen werden. Als einen anderen Weg kann man die Vornahme von Schritten mit dem Ziel der Entspannung betrachten – die Initiative einer der Parteien zur Gewährung einer bestimmten kleinen Leistung an die andere Partei, die nach der Erklärung über das Streben nach Frieden realisiert wird. Eine solche Initiative enthält Vorschläge an die andere Partei, ähnliche Gegenhandlungen vorzunehmen, und ist auf die Herstellung von Vertrauen zwischen den Parteien gerichtet.

Der Prozess der Steuerung des Konflikts durch die dritte Partei kann man als Organisation des schrittweisen Vorrückens der Parteien zu einer gegenseitig annehmbaren Lösung betrachten. Folgende Schrittfolge scheint sinnvoll zu sein:

1. Die Organisation eines annehmbaren Regimes des Zusammenwirkens zwischen den Konfliktparteien.
2. Die Analyse und die Diagnostik der Konfliktsituation.

3. Die Bestimmung der wichtigsten Interessen und Strategien der Parteien.
4. Die Prognostizierung des Einflusses der unterschiedlichen Umstände und Bedingungen auf den Verlauf des Konflikts.
5. Die Planung und die organisatorische Unterstützung der vorgesehenen Maßnahmen.
6. Die Motivierung der Parteien zur konstruktiven Beilegung des Konflikts.
7. Die Registrierung der von den Parteien geäußerten Vorschläge, die Auswahl und die Nachbearbeitung der besten Lösungen.
8. Die Fassung des Endbeschlusses und die Analyse der eventuellen Hindernisse bei seiner Umsetzung.
9. Die Analyse der Erfahrungen, die die Parteien im Verlauf des Konflikts gewannen, und der stattgefundenen Änderungen.

Es gibt vier Ebenen der Konfliktbeilegung:

1) die Aussetzung des Konflikts, d. h. das Erreichen einer Vereinbarung über die Einstellung der Handlungen, die der anderen Partei Schäden zufügen;
2) die Vereinbarung über konkrete umstrittene Fragen;
3) die Entdeckung und die Liquidation der Ursachen, die den Konflikt hervorriefen;
4) die vollständige Versöhnung der Parteien.

Manchmal glaubt man (was unserer Meinung nach ein Fehler ist), dass der Mangel an Machtbefugnissen ein spezifisches Merkmal der Vermittlung als einer der Möglichkeiten der Konfliktsteuerung darstellt. In diesem Fall wird die Tatsache, dass die Entscheidungsfindung in Bezug auf die Beilegung einer Konfliktsituation das Vorrecht der Konfliktparteien ist, als ein Mangel an Macht beim Vermittler ausgelegt. Aber die Befugnis, Entscheidungen zu treffen, ist lediglich eine Art von Macht.

Wie der amerikanische Wissenschaftler Jack R. O'Donnell meinte, werden sich die Menschen oft einiger Arten der Macht nicht bewusst, die sie anwenden könnten. Er unterscheidet neun Arten der Macht und führt sie entsprechend der Steigerung ihres Preises (von der preiswertesten bis zur teuersten) an.

1. Die Verfahrensmacht – die Fähigkeit, den Prozess des Zusammenwirkens in gestuften Schritten zu organisieren, die auf die Lösung beliebiger Widersprüche ausgerichtet sind.
2. Die Macht der Persönlichkeit – die Fähigkeit, die Entscheidungen, die Handlungen und das Verhalten von anderen Personen mit den Mitteln der Logik, des Verständnisses, der Hartnäckigkeit, des Vertrauens, der Freundschaft etc. zu beeinflussen.

3. Die Referenzmacht – die Fähigkeit, die Handlungen von anderen Menschen zu steuern, indem man sich an Präzedenzfälle, die bestehenden Standards, die Beispiele, das Ansehen und die öffentliche Meinung richtet.
4. Die Expertenmacht – die Fähigkeit, die Kenntnisse und die Erfahrungen zu einer Frage zur Beeinflussung der Entscheidungen von anderen Menschen zu nutzen.
5. Die Macht, die Reserven zu nutzen, – die Fähigkeit, die materiellen Ressourcen, die Zeit, die Prognose für die Zukunft, die Unterstützung der Kollegen zum Treffen der erforderlichen Entscheidung zu nutzen.
6. Die Macht des Tausches – die Fähigkeit, das eine gegen das andere zur Erreichung einer erforderlichen Entscheidung auszutauschen.
7. Die Macht der Belohnung – die Fähigkeit, die Menschen in dem Fall zu belohnen, wenn sie die bestimmten Handlungen vornehmen.
8. Die Hierarchiemacht – die Fähigkeit, die eigene Dienststellung zur Beeinflussung von anderen Menschen zu nutzen.
9. Die Macht der Bestrafung – die Fähigkeit, die Unterstützung zu entziehen oder mit der Bestrafung, mit der Eskalation des Konflikts, mit der öffentlichen Preisgabe der Lage der Dinge zu drohen. Eine Macht, die sehr viel kostet, wenn wir die künftigen Beziehungen zwischen den Parteien berücksichtigen.

Die genannten Arten der Macht sind den Parteien eines Streits in unterschiedlichem Maße eigen. Der Vermittler (der Mediator) ist daran interessiert, dass die Parteien die ihnen eigene Macht nicht gegeneinander anwenden, sondern sie auf den Weg der Problemlösung ausrichten. Um zum konstruktiven Zusammenwirken der Parteien beizutragen, braucht er ebenfalls Macht. Gleichzeitig darf er nicht vergessen, dass das ausschließliche Recht, die Entscheidungen zu treffen, die Konfliktparteien haben, falls sie eine Entscheidung vereinbaren.

Der Vermittlungsprozess hat zwei Orientierungen:

- die Orientierung auf das Erreichen einer Vereinbarung;
- die Orientierung auf die Verbesserung der Beziehungen zwischen den Parteien.

Im realen Vermittlungsprozess sind in der Regel beide Orientierungen vorhanden, ihr Verhältnis wird vom Vermittler aufgrund der Analyse der konkreten Situation bestimmt. In der Literatur werden mehrere Stile genannt, die man in der Tätigkeit der Mediatoren aussondern könnte: der evaluative Stil, der fördernde Stil, der transformative Stil. Diese Stile sind durch die Orientierung auf einen engeren Ansatz oder einen breiteren Ansatz und durch die Orientierung auf den Bewertungsansatz bzw. auf den fördernden Ansatz bedingt.

Die Mediatoren, die sich auf den engen und Bewertungsansatz (die evaluative Mediation) orientieren, gehen davon aus, dass sich die Parteien an sie wandten, um bei der Lösung eines bestimmten technischen Problems Hilfe zu bekommen. Oft hatten die Parteien selbst solche Probleme bereits bestimmt, und sie werden ungefähr in der Form formuliert: „Wer schuldet wem wieviel?“. Ein evaluativer Mediator hilft den Parteien, das Einvernehmen auf dem Wege der ehrlichen Bewertung ihrer Positionen, der Verluste und der Gewinne zu erreichen. Die eigentliche Evaluation stellt die Bewertung der rechtlichen Aspekte der Gerechtigkeit einer bestimmten Entscheidung dar. Der Mediator handelt wie ein Schiedsrichter und Berater. Am häufigsten wird die „die Pendeldiplomatie“ und die separaten Gespräche mit den Parteien genutzt. Der Mediator orientiert sich mehr darauf, die juristischen Rechte der Parteien zu sichern, als auf die Realisierung ihrer Interessen. Wenn er sich darauf konzentriert, bei der Lösung eines bestimmten Problems zu helfen, das den Konflikt bedingte, macht er vom evaluativ-engen Ansatz Gebrauch, wenn er sich darauf konzentriert, die Parteien zu versöhnen, nutzt er den evaluativ-breiten Ansatz.

Abb. 1. Mediationsstile

	Bewertungsstil		
	Enger Bewertungsstil (Schiedsrichter - Berater)	Breiter Bewertungsstil (friedensstiftender Stil)	breit
eng	Fördernder enger Stil (federführender Sekretär)	Fördernder breiter Stil (Therapeut)	
	Fördernder Stil		

Ein Mediator, der sich auf den engen und fördernden Ansatz orientiert (fördernde Mediation), hält es für seine Mission, die Kommunikation zwischen den Parteien mit dem Ziel zu verbessern, ihnen zu helfen, selbst zu entscheiden, was gemacht werden soll. Er sorgt für die Sicherstellung des Verhandlungsverfahrens zwischen den Parteien. Er bietet keine Ratschläge, keine Empfehlungen, er äußert seine Meinung nicht und genehmigt sich keine Voraussagen darüber, wie die gerichtliche Entscheidung ausfallen könnte. Sich selbst hält er für jemanden, der für die Einhaltung der Verfahrensfeinheiten zuständig ist, während die Parteien für den Inhalt der Verhandlungen und die Suche nach einer annehmbaren Entscheidung zuständig sind. In den Verhandlungen nimmt er vor allem die Funktion des federführenden Sekretärs wahr. Die fördernde Mediation entstand in der Arbeitspraxis der Volontär-Mediatoren, obwohl dieser Mediationsstil zurzeit auch von berufsmäßigen Mediatoren genutzt wird.

Ein Mediator, der sich an dem fördernden und breiten Ansatz (der Transformationsmediation) orientiert, will den Parteien dabei helfen, die verborgenen Interessen zu realisieren. Er erwartet, dass sich die Beziehungen zwischen den Parteien grundsätzlich ändern, dass sie sich von Konfrontationsbeziehungen zu freundlichen Beziehungen wandeln, und dass der Übergang von einem Kampf zu einer Zusammenarbeit bei der Problemlösung im Mediationsprozess vollzogen wird. Er hält es für erforderlich, die Grenzen des Konfliktgegenstandes mit dem Ziel zu überschreiten, die Ressourcen und Bedürfnisse zu entdecken, die infolge des Ressourcenaustauschs oder ihrer gemeinsamen Nutzung befriedigt werden können. In der Transformationsmediation werden die Verhaltensregeln im Mediationsprozess meistens durch die Parteien selbst festgelegt und die Bewertungskriterien der Vorschläge erarbeitet.

Man ist der Meinung, dass die fördernde Mediation und die Transformationsmediation mehr Zeit in Anspruch nehmen. Die Anhänger der Evaluationsmediation behaupten, dass selbst wenn die Parteien keine Einigung finden können, sie trotzdem wissen wollen, welche Lösung gerecht ist. Die Anhänger der fördernden Mediation und der Transformationsmediation halten es für den Vorteil dieser Stile, dass sie den Parteien helfen, ihre Verantwortung für die Entscheidungsfindung zu begreifen. Die Anhänger der Transformationsmediation behaupten, dass die Anhänger anderer Stile mehr Druck auf die Kunden ausüben, um eine Einigung zu erreichen.

Berkowitz, ich und andere analysierten 284 Fälle des Einsatzes der internationalen Vermittlung im Zeitraum von 1945 bis 1989. Wir behaupten, dass der Erfolg der Vermittlung nicht nur von der angewandten Strategie abhängt, sondern auch von einer Reihe von Bedingungen. So lassen sich unter anderem die Konflikte mit einer verhältnismäßig geringen Intensivität (mit einer geringen Geltungsfrist und einer geringen Anzahl von Opfern) viel besser durch die friedensstiftenden Bemühungen der Vermittler beeinflussen, als die intensiveren Konflikte. In den Fällen, in denen die Kräfte der Konfliktparteien ungefähr gleich waren, konnten

35 % der Konflikte erfolgreich beigelegt werden, während bei den Streitigkeiten zwischen den Staaten, die ihren Kräften nach nicht gleich waren, lediglich 6 % der Vermittlerbemühungen Erfolg brachten. Die Wahrscheinlichkeit eines Erfolgs war in den Fällen am höchsten, in denen die Parteien nicht nur ihren Kräften nach gleich waren, sondern auch verhältnismäßig gleich schwach.

Literatur

1. Козер Л. Функции социального конфликта.- М.: Идея-Пресс, 2000.
2. Майерс Д. Социальная психология.- СПб.: Питер, 2000.

Studien des Instituts für Ostrecht München

Begründet von Professor Dr. Reinhart Maurach
Herausgegeben von Professor Dr. Friedrich-Christian Schroeder, Dr. h.c. (Breslau), Regensburg

Band 41 Manfred Gratzl: Die Reform der tschechischen Strafprozeßordnung nach 1989. Im Spannungsfeld von Rechtsstaatlichkeit, Verfahrensökonomie und Effizienz. 2002.

Band 42 Thomas Paintner: Die Insolvenz des Unternehmers in Polen. 2003.

Band 43 Niels von Redecker (Hrsg.): Deutsch-Estnische Rechtsfragen. 2003.

Band 44 Niels von Redecker: Die polnischen Vertreibungsdekrete und die offenen Vermögensfragen zwischen Deutschland und Polen. 2003. 2., durchgesehene Auflage 2004.

Band 45 Niels von Redecker: Das polnische Beamtenrecht. Entwicklung und Stand beim Beitritt Polens zur Europäischen Gemeinschaft. 2003.

Band 46 Cornelia Stefanie Wölk: Das Deliktsrecht Rußlands nach dem neuen Zivilgesetzbuch. 2003.

Band 47 Petr Bohata: Untersuchungshaft im deutschen und tschechischen Recht. 2003.

Band 48 Attila Széchényi: Das neue ungarische Strafprozessrecht im Spannungsverhältnis zwischen Rechtsstaatsprinzip, Verfahrensökonomie und Effizienz. 2003.

Band 49 Agnes Balawejder: Das polnische Telekommunikationsrecht. Umsetzungsbemühungen und -stand des telekommunikationsrechtlichen acquis communautaire im polnischen TK-Recht vor dem Unionsbeitritt Polens. 2004.

Band 50 Sven I. Oksaar / Niels von Redecker (Hrsg.): Deutsch-Estnische Rechtsvergleichung und Europa. 2004.

Band 51 Friedrich-Christian Schroeder (Hrsg.): Justizreform in Osteuropa. 2004.

Band 52 Herbert Küpper: Kollektive Rechte in der Wiedergutmachung von Systemunrecht. Teil I und Teil II. 2004.

Band 53 Sören Langner: Der GmbH-Geschäftsführer im tschechischen Recht. Organstellung und Anstellung im Rechtsvergleich. 2005.

Band 54 Herbert Küpper: Einführung in die Rechtsgeschichte Osteuropas. 2005.

Band 55 Anja Spitzweg: Das russische föderale Gesetz „Über Investmentfonds". 2007.

Band 56 Herbert Küpper: Die ungarische Verfassung nach zwei Jahrzehnten des Übergangs. Einführung mit Textübersetzung. 2007.

Band 57 Axel Boës: Die Gesellschaft mit beschränkter Haftung im russischen und deutschen Recht. 2007.

Band 58 Katrin Heinritz: „Defekte Demokratisierung" – ein Weg zur Diktatur? Turkmenistan und die Republik Sacha (Jakutien) in der Russischen Förderation nach dem Ende der Sowjetunion. 2007.

Band 59 Stefan Hülshörster: Recht im Umbruch. Die Transformation des Rechtssystems in der Ukraine unter ausländischer Beratung. 2008.

Band 60 Carsten Dewald-Werner: Versicherungsmarkt und Versicherungsaufsicht in der Russischen Föderation. 2008.

Band 61 Oleksiy Feliv: Die Hypothek im deutschen und ukrainischen Recht. Der systematische Vergleich des Hypothekenrechts in Deutschland und der Ukraine einschließlich der rechtstheoretischen Grundlagen und der Ausblicke für das gemeinsame Hypothekenrecht. 2009.

Band 62 Christoph Kurzböck: Die Abwicklung deutsch-tschechischer Erbfälle. 2010.

Band 63 Friedrich-Christian Schroeder / Herbert Küpper (Hrsg.): Die rechtliche Aufarbeitung der kommunistischen Vergangenheit in Osteuropa. 2010.

Band 64 Herbert Küpper / Wolfgang Brenn (Hrsg.): Rechtstransfer und internationale rechtliche Zusammenarbeit. Deutsche und japanische Erfahrungen bei der Kooperation mit Osteuropa und Zentralasien. 2010.

Band 65 Daniela Horner / Dragan Bataveljić: Grundeigentum und Registrierung von Liegenschaften in Serbien. Eigentumsschutz in der Praxis. 2010.

Band 66 Nail Mammadov: Die Straffreistellungsgründe im russischen und aserbaidschanischen Strafrecht im Vergleich zur deutschen Strafrechtsdogmatik. 2010.

Band 67 Matthias Farian: Dingliche Nutzungsrechte an fremden Grundstücken im russischen Recht. 2010.

Band 68 Manuchehr Kudratov: Die Straftatausschließungsgründe nach tadschikischem Strafrecht. Eine Analyse aus deutscher Perspektive. 2011.

Band 69 Michael Holland: Die Staatsanwaltschaft im russischen Strafprozess. 2012.

Band 70 Herbert Küpper: Ungarns Verfassung vom 25. April 2011. Einführung – Übersetzung – Materialien. 2012.

Band 71 Friedrich-Christian Schroeder / Manuchehr Kudratov (Hrsg.): Das strafprozessuale Vorverfahren in Zentralasien zwischen inquisitorischem und adversatorischem Modell. 2012.

Band 72 Tina de Vries (Hrsg.): Mediation als Verfahren konsensualer Streitbeilegung. Die deutsche, polnische und ukrainische Perspektive. 2012.

Band 73 Monika Lipińska: Die Sexualstraftaten im polnischen Strafkodex im Vergleich zum deutschen Strafgesetzbuch. 2013.

Band 74 Mirona Marisch: Das System der Arbeitnehmervertretung und des Sozialen Dialogs im rumänischen Recht im Vergleich zum deutschen Recht. 2013.

Band 75 Friedrich-Christian Schroeder / Manuchehr Kudratov (Hrsg.): Die strafprozessuale Hauptverhandlung zwischen inquisitorischem und adversatorischem Modell. Eine rechtsvergleichende Analyse am Beispiel des deutschen und des zentralasiatischen Strafprozessrechts. 2014.

Band 76 Evren Somer: Direct Democracy in the Baltic States. Institutions, Procedures and Practice in Estonia, Latvia and Lithuania. 2014.

Band 77 Florian Plagemann: Die russische Aktiengesellschaft. Darstellung aus Sicht des ausländischen Investors. 2014.

Band 78 Tatjana Seibel: Das russische Zwangsvollstreckungsrecht. Darstellung des Föderalen Gesetzes vom 02.10.2007 Nr. 229-FZ „Über das Vollstreckungsverfahren" unter Hervorhebung der Gemeinsamkeiten und Unterschiede zum deutschen Zwangsvollstreckungsrecht. 2015.

Band 79 Friedrich-Christian Schroeder / Tina de Vries (Hrsg.): Neue Tendenzen im Strafprozessrecht – Deutschland, Polen und die Ukraine. 2015.

Band 80 Herbert Küpper / Zoltán Csehi / Csaba Láng (Hrsg.): Vier Jahre ungarisches Grundgesetz. 2016.

Band 81 Friedrich-Christian Schroeder / Herbert Küpper (Hrsg.): Ist die Transformation gelungen? Eigentum und Eigentumsordnung im postsozialistischen Europa. 2017.

Band 82 Tina de Vries (Hrsg.): Die Förderung der Rule of Law durch außergerichtliche Streitbeilegung. 2018.

www.peterlang.com

Studien des Instituts für Ostrecht München

Begründet von Professor Dr. Reinhart Maurach
Herausgegeben von Professor Dr. Friedrich-Christian Schroeder, Dr. h.c. (Breslau), Regensburg

Band 63 Friedrich-Christian Schroeder / Herbert Küpper (Hrsg.): Die rechtliche Aufarbeitung der kommunistischen Vergangenheit in Osteuropa. 2010.

Band 64 Herbert Küpper / Wolfgang Brenn (Hrsg.): Rechtstransfer und internationale rechtliche Zusammenarbeit. Deutsche und japanische Erfahrungen bei der Kooperation mit Osteuropa und Zentralasien. 2010.

Band 65 Daniela Horner / Dragan Bataveljić: Grundeigentum und Registrierung von Liegenschaften in Serbien. Eigentumsschutz in der Praxis. 2010.

Band 66 Nail Mammadov: Die Straffreistellungsgründe im russischen und aserbaidschanischen Strafrecht im Vergleich zur deutschen Strafrechtsdogmatik. 2010.

Band 67 Matthias Farian: Dingliche Nutzungsrechte an fremden Grundstücken im russischen Recht. 2010.

Band 68 Manuchehr Kudratov: Die Straftatausschließungsgründe nach tadschikischem Strafrecht. Eine Analyse aus deutscher Perspektive. 2011.

Band 69 Michael Holland: Die Staatsanwaltschaft im russischen Strafprozess. 2012.

Band 70 Herbert Küpper: Ungarns Verfassung vom 25. April 2011. Einführung – Übersetzung – Materialien. 2012.

Band 71 Friedrich-Christian Schroeder / Manuchehr Kudratov (Hrsg.): Das strafprozessuale Vorverfahren in Zentralasien zwischen inquisitorischem und adversatorischem Modell. 2012.

Band 72 Tina de Vries (Hrsg.): Mediation als Verfahren konsensualer Streitbeilegung. Die deutsche, polnische und ukrainische Perspektive. 2012.

Band 73 Monika Lipińska: Die Sexualstraftaten im polnischen Strafkodex im Vergleich zum deutschen Strafgesetzbuch. 2013.

Band 74 Mirona Marisch: Das System der Arbeitnehmervertretung und des Sozialen Dialogs im rumänischen Recht im Vergleich zum deutschen Recht. 2013.

Band 75 Friedrich-Christian Schroeder / Manuchehr Kudratov (Hrsg.): Die strafprozessuale Hauptverhandlung zwischen inquisitorischem und adversatorischem Modell. Eine rechtsvergleichende Analyse am Beispiel des deutschen und des zentralasiatischen Strafprozessrechts. 2014.

Band 76 Evren Somer: Direct Democracy in the Baltic States. Institutions, Procedures and Practice in Estonia, Latvia and Lithuania. 2014.

Band 77 Florian Plagemann: Die russische Aktiengesellschaft. Darstellung aus Sicht des ausländischen Investors. 2014.

Band 78 Tatjana Seibel: Das russische Zwangsvollstreckungsrecht. Darstellung des Föderalen Gesetzes vom 02.10.2007 Nr. 229-FZ „Über das Vollstreckungsverfahren" unter Hervorhebung der Gemeinsamkeiten und Unterschiede zum deutschen Zwangsvollstreckungsrecht. 2015.

Band 79 Friedrich-Christian Schroeder / Tina de Vries (Hrsg.): Neue Tendenzen im Strafprozessrecht – Deutschland, Polen und die Ukraine. 2015.

Band 80 Herbert Küpper / Zoltán Csehi / Csaba Láng (Hrsg.): Vier Jahre ungarisches Grundgesetz. 2016.

Band 81 Friedrich-Christian Schroeder / Herbert Küpper (Hrsg.): Ist die Transformation gelungen? Eigentum und Eigentumsordnung im postsozialistischen Europa. 2017.

Band 82 Tina de Vries (Hrsg.): Die Förderung der Rule of Law durch außergerichtliche Streitbeilegung. 2018.

www.peterlang.com